45 ヤクーツク
46 トゥインダ
47 スコヴォロジノ
48 ブラゴヴェシチェンスク
49 オホーツク
50 コムソモリスクナアムーレ
51 ハバロフスク
52 ウラジオストク
53 マガダン
54 ユジノサハリンスク
55 ウスチカムチャツク
56 ペトロパヴロフスクカムチャツキー
57 カリーニングラード

<ロシアの周辺国>
a ドイツ
b チェコ
c スロバキア
d ルーマニア
e モルドバ
f ポーランド
g ウクライナ
h トルコ
i ジョージア
j アルメニア
k イラン
l アゼルバイジャン
m デンマーク
n リトアニア
o ラトビア
p エストニア
q ベラルーシ
r ノルウェー
s スウェーデン
t フィンランド
u トルクメニスタン
v ウズベキスタン
w カザフスタン
x タジキスタン
y キルギス
z 中華人民共和国
α モンゴル
β 北朝鮮
γ アメリカ合衆国
δ 日本

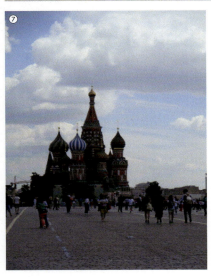
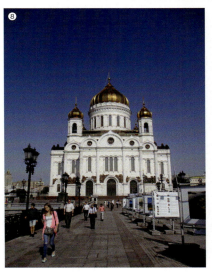

①氷河を頂くスンタルハイアタ山脈（2001年7月，白岩孝行撮影）
②カスピ海　③タイガ　④ステップ（Shutterstock）
⑤サマルカンド・レギスタン広場（2014年9月，米家志乃布撮影）
⑥タシケントの中央市場（2014年9月，米家志乃布撮影）
⑦モスクワ・赤の広場（2016年6月，米家志乃布撮影）
⑧モスクワ・救世主キリスト教会（2016年6月，米家志乃布撮影）
⑨モスクワ・グム百貨店（2016年8月，大城直樹撮影）
⑩モスクワシティ
⑪モスクワ市内のマクドナルド（2014年8月，米家志乃布撮影）
⑫サンクトペテルブルクの水路
⑬サンクトペテルブルクのスーパーマーケット
　（2013年9月，米家志乃布撮影）
⑭モスクワ市郊外，ジョージア・カフェの料理（ヒンカリ）
　（2011年8月，吉田　睦撮影）
⑮ダーチャ　⑯ウラジオストク駅（2008年2月，米家志乃布撮影）

世界地誌シリーズ ⑨

ロシア

加賀美 雅弘 編

朝倉書店

編集者

加賀美雅弘（かがみまさひろ）　東京学芸大学教育学部

執筆者

（　）は担当章

大城直樹（おおしろなおき）　明治大学文学部（8章）

小野寺淳（おのでらじゅん）　横浜市立大学学術院国際総合科学群（11章）

小俣利男（おまたとしお）　前東洋大学社会学部（5，6，7章）

加賀美雅弘（かがみまさひろ）　東京学芸大学教育学部（1，12章）

米家志乃布（こめいえしのぶ）　法政大学文学部（3.1，3.2節，9章）

白岩孝行（しらいわたかゆき）　北海道大学低温科学研究所（2章）

吉田睦（よしだあつし）　千葉大学大学院人文科学研究院（4，10章）

渡辺悌二（わたなべていじ）　北海道大学大学院地球環境科学研究院（3.3，3.4節，コラム3）

（50音順）

まえがき

　世界最大の国土と膨大な人口をかかえるロシアは，いうまでもなく世界の巨大パワーの1つである．東は日本や中国など東アジア諸国，南は中央アジアのイスラーム諸国，西はEUをはじめとするヨーロッパ，北は北極海を経てアメリカ合衆国やカナダと接しており，国際政治への影響力は計り知れない．また，農業や工業などの産業部門ぬきに世界経済は語れない．高度な科学技術や世界屈指の軍事力も，ロシアを際立たせている．ロシアを学ぶことによって世界が理解できるといわれるゆえんである．

　一方，ロシア国内に目を転じると，そこにはきわめて多様な地域がある．ヨーロッパからアジアへと進出したロシア人の歴史と，各地で独自の文化をはぐくんできた民族との共存を図ってきたこの国には，底知れぬ国家統合のエネルギーと，異文化間の葛藤があった．多様な環境に対処してきた人々の営みがロシアの地域的な多様性をより豊かにしてきた一方で，大規模な開発にともなって環境は大きく改変された．ロシアは，地理学の命題である自然と人間の関係を理解する上でも見逃せない国といえよう．

　さらに，ロシアがかつて社会主義体制にあったことも特筆されるべき点である．ロシア革命を経て生まれた世界最初の社会主義国ソ連は，徹底した中央集権による計画経済を進め，独自の国づくりを行ってきた．東欧諸国など社会主義国同士の強い連携を図りながら，アメリカ合衆国を中心にした資本主義体制の国々とは一線を画し，政治的な対立による東西冷戦をももたらした．1992年に起こったソ連崩壊によってロシアが生まれ，他の社会主義諸国と同様，急速な自由経済化が進められた．変動する世界情勢を追跡してゆく上でも，ロシアを理解することは有効であろう．

　こうしたロシア学習の意義を踏まえて，本書は企画・編集された．近年，国際情勢への関心の高まりを反映してか，ロシアに関する著作物はかなり出回っている．しかし，ロシア国内の地域的な特性や近隣諸国との国境地域といったロシアの国土に目を向けると，その理解を深めるための書籍は意外に少ない．地理学では，中村泰三氏によるソ連に関する多くの著作が残されているが，ソ連崩壊後のロシアを理解するためのテキストづくりはまだ途上といわざるを得ない．

　そこで，ロシアを多面的に理解できるように，可能な限り多彩なテーマを設定し，国内各地が拾い上げられるような構成づくりを心がけた．そしてロシアの地理学研究者を中心にして，文化人類学の成果も取り入れた．ロシアの自然環境は，ユーラシアの山岳地域を専門とする白岩氏が担当した．開発の歴史はロシアの文化地理研究に取り組む米家氏がまとめ，開発と環境破壊については資源・災害が専門の渡辺氏が解説した．農業と民族については，文化人類学の視点から吉田氏が論じた．工業をはじめとする経済全般については，地理学会きってのロシア通である小俣氏が詳述した．都市については，都市空間研究に取り組む大城氏がモスクワとサンクトペテルブルクを中心にして論じた．ロシアの伝統文化や社会は，米家氏が記述した．ロシアと近隣諸国との関係については，特に極東に注目し，中国地域研究の小野寺氏が解説した．

　他の地域と同様，ロシアも変化を続けている．現時点でのロシアを描いた本書が，ロシアへの関心を一層高め，理解を深めることにつながることを筆者一同，心から願っている．最後に，朝倉書店編集部には，企画から刊行までたいへんにお世話になった．記してお礼を申し上げる．

　2017年8月

加賀美　雅弘

目　　　次

1.　総論——ロシアの地域形成とその特性··*1*

　1.1　巨大な国土をもつロシア　　1

　1.2　ソ連解体とロシアの変化　　3

　1.3　多様な人々と地域からなるロシア　　4

　1.4　ロシアの地誌学的アプローチ　　7

　　コラム　『ヨーロッパとの別れ』　9

2.　広大な国土と多様な自然···*10*

　2.1　ロシアの地形　　10

　2.2　ロシアの気候・植生　　14

　2.3　タイガ　　16

　2.4　ステップ　　18

　　コラム　永久凍土地帯の夏　19

3.　開発の歴史，豊かな資源···*20*

　3.1　ロシアの歴史的発展——西から東へ資源と空間を求めた開拓史　　20

　3.2　ステップ地帯の交易路——シルクロードの歴史と発展　　24

　3.3　ロシアの天然資源とその開発　　26

　3.4　自然改造計画と環境破壊（アラル海），環境問題　　29

　　コラム　シベリア鉄道とバム鉄道（第二シベリア鉄道）の恩恵　35

4.　世界の穀倉地帯——ロシアとその周辺：ウクライナ，中央アジア························*37*

　4.1　ロシアの農業地域，農産物輸出国　　37

　4.2　ウクライナの農業（穀倉地帯）　　44

　4.3　中央アジアの綿花地帯　　46

　4.4　農業の国有化・集団化と民営化　　48

　　コラム　モスクワ市内のパン事情　52

5.　産業化と工業地域の形成···*53*

　5.1　ロシアの工業地域　　53

　5.2　社会主義時代の工業化——資源依存型工業と機械工業　　60

6. ハイテク化と資源依存 ··· *66*

6.1 ソ連解体後の工業の変化──イノベーション，ハイテク産業　66

6.2 鉱産資源とパイプライン　75

コラム　日系企業の進出：自動車工業を中心に　80

7. ポスト社会主義で変わる社会経済 ·· *81*

7.1 市場経済化と巨大商業施設の出現　81

7.2 交通の発達と国際観光化　87

7.3 多様化するサービス業　92

7.4 生活水準の変化，社会の二極化（富裕層の出現）　95

コラム　ソ連へのノスタルジー　99

8. 発達する都市──ロシア全域，モスクワ，サンクトペテルブルク ················· *101*

8.1 ロシアの都市発達の歴史と分布　101

8.2 社会主義型都市から経済拠点都市へ　104

8.3 首都モスクワの発達と特性　105

8.4 古都サンクトペテルブルクの発達と特性　111

コラム　ロシアの文化遺産　115

9. ロシアの伝統文化，人の暮らし ·· *117*

9.1 ロシアの伝統文化　117

9.2 ロシアの人口の変化，少子高齢化，福祉　121

9.3 ロシアの教育制度　122

9.4 ロシアの人々の日常生活，住居，余暇・レジャー　124

コラム　ロシアの冬の過ごし方──音楽と芸術の都を楽しむ　127

10. 多様な民族と地域文化 ··· *128*

10.1 ロシア人の移動とロシア化　128

10.2 シベリア遊牧民の暮らしと文化　132

10.3 中央アジアのイスラームの暮らしと文化　135

10.4 カフカスの民族の暮らしと文化　137

コラム　多民族国家ロシア──モスクワの民族料理店事情　141

11. 日本，東アジアとの関係──ロシア極東地域 ······························· *143*

11.1 日本との接触の歴史　143

11.2 ロシア極東地域の変容　145

11.3 近隣との関係　150

11.4　アジアと結ばれるロシア極東地域　　153

　　コラム　中国側からみた国境地帯　158

12.　世界の中のロシア——EU との関わり……………………………………………………*159*

12.1　世界とつながるロシア　　159

12.2　深まる EU との関係　　160

12.3　フィンランド，ラトビアとの EU 国境　　162

12.4　EU に浮かぶ島——カリーニングラード州　　164

　　コラム　大祖国戦争とヨーロッパ　166

さらなる学習のための参考文献　　*167*

付録　統計資料　　*170*

索　　引　　*173*

1 総論——ロシアの地域形成とその特性

　ロシアは広大な国土をもち，多様な地域で構成されている．それは，ヨーロッパからアジアに向かうロシアの拡大と開発の歴史の中ではぐくまれてきた．その間，自然を克服し，資源を獲得・利用し，都市を建設し，産業を発達させてきた．また，全国にわたってロシア化が進み，ソ連時代には計画経済によって社会・経済の均質化が顕在化した．一方，ソ連が崩壊して自由主義体制に移行すると，ロシアでは計画経済がもたらした均質化の反動が経済・社会に現れ，また少数民族集団には固有の文化を強調して自立を求める動きが活発になるなど，地域的多様化の傾向も目立っている．ロシア地誌の理解には，こうした地域の均質性と多様性の両面を念頭に置くことが求められる．

1.1 巨大な国土をもつロシア

　世界最大の国土をもつロシア連邦（以下，ロシア）は，ユーラシア大陸の北半部，すなわちヨーロッパ東部から東北アジアにまたがる大国である．面積 1,709.8 万 km^2 は日本の約 45 倍で，南は北緯 40 度付近に位置するカフカス山脈から，北は 80 度を越える北極海沿岸地域にまで及び，西はバルト海に臨むカリーニングラードの東経 20 度付近から，東はベーリング海峡に臨むチュコト半島の西経 170 度付近まで広がっている．西端のカリーニングラードと東端のシベリア最東部のチュコト半島やカムチャツカ半島との間には，実に 9 時間の時差がある．

　それゆえに，ロシアはきわめて多くの国と接している．1992 年にソヴィエト社会主義共和国連邦（以下，ソ連）が崩壊したことから，ロシアは旧ソ連の国々と国境を接しており，多くは新しい国境線である．

　西は旧ソ連のウクライナ，ベラルーシ，ラトビアとエストニアが隣接している．これに加えてフィンランドとノルウェーとも接しており，エストニアとラトビア，フィンランドとの国境は EU（欧州連合）との国境でもある．さらに，飛地のカリーニングラードはポーランドとリトアニアに接しており，EU 域内における島のような位置にある．ロシアにとって EU との国境が，政治的にも経済的にもきわめて重要なスポットであることはいう

までもない．

　一方，ロシアの南に接するジョージアとアゼルバイジャン，カザフスタンは，いずれも旧ソ連の国々である．その南のアルメニア，トルクメニスタン，ウズベキスタン，キルギス，タジキスタンとともにソ連時代以来の緊密な関係がある地域である．さらにその東では，中国とモンゴル，北朝鮮と国境を接しており，アジア諸国との関係もロシアにとって大きな関心事になっている．

　また，長大な海岸線をもつこともロシアの大きな特徴である．北極海に面する海岸線は，ノルウェーとの国境線からユーラシア大陸最東端のデジニョーフ岬まで伸びている．西からバレンツ海，カラ海，ラプテフ海，東シベリア海，チュコト海が並び，さらに最西端にはコラ半島に囲まれた内海のような白海がある．このほか，太平洋からオホーツク海と日本海，さらにバルト海と黒海にも海岸線をもっている．

　これほどの巨大な領土をもつ国について，その特徴を理解することは，島国に住む日本人にとって容易ではないだろう．単一の標準時を使用し，他国との陸上の国境をもたない日本の環境とはかけ離れた事情がロシアにはある．それゆえに，ロシアがなぜこれほどの巨大な領土をもつことになったのか，考えることを理解の糸口にしてみよう．以下では，近代以降のロシア拡大の歴史をたどりながら，その経緯をとらえることにする．

　ロシアは帝政ロシア時代に領土を拡張してき

1.1　巨大な国土をもつロシア　　*1*

た．ロシアの出発点は13世紀に誕生したモスクワ大公国に遡る．以来，東ヨーロッパ平原に領土を拡張し，都市をつくり，人口を増加させてきた．特にピョートル大帝の時代以降，ヨーロッパとの関係を強化し，バルト海沿岸に進出してヨーロッパとの関係を強化した．18世紀に建設された都市サンクトペテルブルクでは，西欧を強く志向した街づくりがなされ，モスクワとは異なる風情が漂うロシアの首都として繁栄した．以来，ロシアは，バルト海に面するヨーロッパの一部として位置づけられるようになった．

一方，17世紀以降，ロシアは東方に大きく拡大することになる（図1.1）．特にピョートル大帝とエカチェリーナ2世の時代には，西欧諸国との関係を強めると同時に，毛皮や木材の輸出を拡大させて経済の発展をめざし，ロシアの国力を高めていった．狩猟・漁撈と交易を糧にしつつロシア人の生活空間は大きく拡大し，18世紀にはシベリア全域がロシアの領域となった．

さらに，一時はベーリング海峡を越えてアラスカまで進出するなど，資源を求めたロシアの拡張はきわめて大規模かつ継続的に行われた．その結果，シベリアや中央アジア各地で遊牧など多様な生活文化を営む先住民が暮らしてきた地域が，ロシアに飲み込まれていった．なお，アラスカについては，クリミア戦争（1853-56年）による経済的疲弊にあえぐロシアが，1867年にアメリカ合衆国に売却してしまう．以来，ロシアの国土はユーラシア大陸にとどまっている．ともあれ，広大な国土における資源開発がロシア経済の基盤を成すという構造は，その後のロシアの特徴であり続け，しかも現在もなお，全く変わりない点は重要であろう．

また，1860年に清との間で結ばれた北京条約

図1.1 ロシア帝国（1914年以前）の国土の拡大
（加賀美・木村，2007）

によって，ロシアの領土は日本海にまで到達した．このことがロシアの国土の拡大において大きな意義があるのは，以下2点についてである．1つは，これによってウラジオストクという港をロシアが手に入れ，アジア・太平洋地域への経済的・軍事的な進出が容易になったこと，そしてもう1つは，シベリア鉄道の建設により，日本海からバルト海までユーラシア大陸の東西を結ぶ交通が整備され，ロシアが東西交易にとって多大な利益を得るようになったことである．シベリア鉄道は19世紀半ばに構想され，1904年に全通した．ロシアの東西を結びつけ，バルト海に面するサンクトペテルブルクとウラジオストクの間での大量の物資輸送が実現された．東アジアの経済的価値が高まるにつれ，シベリア鉄道はますます重要視されるようになった．今日もなお，ユーラシア大陸の交通の要として機能している．

1917年に起こったロシア革命によってロマノフ王朝が断絶し，ロシア帝国が崩壊すると，それまでロシアの支配下にあったポーランドやバルト三国があいついで独立し，ロシアの領土はいくらか縮小する．しかし，帝国時代以来の広大な地域は，同年に樹立されたソヴィエト政権にほぼ引き継がれる．

1922年に成立したソ連が1992年に解体するまで，かつてのロシアの版図はほぼ保持されてきた．それどころか，第二次世界大戦（ソ連では大祖国戦争）によって，バルト三国を再び併合したほか，ポーランド東部やルーマニア領の一部であるモルドバを領有した．さらに戦後は，旧ドイツ領のカリーニングラードや旧日本領のサハリンなどを確保するなど，ソ連時代にはスターリンの政治力もあって国土の保全がなされていた．

1992年にソ連を構成していた共和国がそれぞれが独立してソ連は崩壊し，ロシアも単独の主権国家となり，現在の国土となった．エストニアや中国との間で懸案だった国境線問題を解決し，日本の北方領土をめぐる議論もなされるなど，ロシアは隣国との関係に目を配りつつ，ロシア帝国以来の広大な国土をまもっている．

1.2　ソ連解体とロシアの変化

ロシア革命をきっかけにして成立したソ連は，レーニンが打ち立てた社会主義国家であり，マルクス・レーニン主義に基づいて多様な民族の枠を越えた共産社会を目指した国家であった．経済活動は国によって統制され，計画経済のもとで農林水産業・鉱工業・商業などあらゆる経済部門が発展した．農業部門では，個人農を原則として廃止して，国営農場（ソフホーズ）と集団農場（コルホーズ）に再編した．工業部門では，コンビナートなどの産業拠点が建設され，重点的な開発が進められてきた．また第二次世界大戦後は，宇宙開発，原子力産業やIT産業などの先端産業の発展もめざましく，強大な軍事力を背景にして，アメリカ合衆国と並ぶ超大国として君臨した．ベルリン封鎖，世界最初の人工衛星，キューバ危機，アフガニスタン侵攻など，ソ連は世界の政治・経済を大きく左右するパワーを誇示していた．

しかし，計画経済は自由な競争を伴わないことから，生産効率や品質の向上への関心が低く，優れた商品の開発が出にくい環境をもたらした．そもそも社会主義国家は，社会主義体制の基本原則として，共産党の一党独裁，資産の国有制，計画経済に基づいて成立した．ただし，それは国民の労働意欲をおさえ，結果として経済発展は頭打ちとなった．しかも冷戦体制下において膨大な軍事費が計上・支出されたことから，やがて経済は停滞から破たんに向かった．1980年代になると，経済成長を遂げる西側諸国に対する経済の後進性は歴然としたものになり，管理された社会，不足がちな生活物資など国民の間にも体制への不満が高まっていった．

1985年に政権についたゴルバチョフは，こうした硬直化した社会主義体制を批判し，グラスノスチ（情報公開）とペレストロイカ（改革）を掲げた政策転換を行い，民主化を進めた．その結果，国民に自由が提供された反面，それまでソ連を構成した民族集団が自治や独立を求める運動を強めることになった．独立の機運が高まったバルト三国，さらにウクライナが1991年に相いついで

1.2　ソ連解体とロシアの変化　　3

独立したのを皮切りにして，ソ連の体制は大きく揺らいでいく．同年12月に残る12のソ連構成国による連合体としてのCIS（独立国家共同体）が発足すると，ソ連にはもはや存在意義は失われ，この年，ロシア連邦を含む15の主権国家へと一気に解体したのである．

CISは，ソ連時代に構築されてきた共和国間の経済的関係が独立後の国々にとってきわめて重要であることから，現在に至るまでロシアをはじめ，実質的にはベラルーシ，カザフスタン，ウズベキスタン，タジキスタン，キルギス，アゼルバイジャン，アルメニア，モルドバ，トルクメニスタンの10の旧ソ連構成国によって構成され，政治的，経済的協力関係が維持されている．ただし，この組織はソ連時代に続くロシアの影響力が強いとされることから，CIS発足以前に独立したバルト三国はいうまでもなく，ジョージアは2008年の南オセチア紛争でロシアと対立したために2009年に脱退．ウクライナも2014年のクリミア危機に直面して脱退を表明したが，こちらは受理されず，名目上の加盟国のままになっている．

解体後のロシアでは，ソ連時代の経済の要であった国営企業や集団農場に対して国家からの資金や資材の支援が途絶え，経済は混乱をきたした．また，資本主義への転換とともに積極的な経済の効率化を進めた結果，社会主義時代に実現されていた国民総就労体制が崩壊し，女性や高齢者層を中心にして失業率も上昇した．

社会主義時代には，ほとんどの労働者の給与体系が国によって規定されており，国民が所得格差を実感することはほとんどなかった．しかし，急激な体制の転換が進む中，混乱に乗じて国家資産や既得権益の私物化が横行し，外国との商取引で巨額の富を得た人々も少なくなかった．他方，公的企業や病院，学校などに勤務する人々の所得は以前と大きく変わらず，据え置かれるケースも少なくなかった．結果として，富裕層と貧困層の違いは顕著になり，国民の間には大きな所得格差が目立ち，資本主義体制への批判が噴出したり，共産党時代の社会主義体制の復活を望む人々がデモを展開したりした．

その後，原油や天然ガスなどの鉱産物の採掘の拡大，小麦などの農産物や木材生産量の増大，外国企業の進出による石油化学工業や自動車産業，IT産業などの発達に伴って，2000年前後頃から経済成長率は飛躍的に伸びた．EU向けの天然ガスの供給は拡大の一途にあるほか，日本企業も進出しており，ロシアの産業は右肩上がりの推移をたどっている．2013年の国内総生産（GDP）は2,096,774ドルで，アメリカ合衆国，中国，日本，ドイツ，フランス，イギリス，ブラジルに次ぐ世界第8位の規模である．同年の1人当り国民総所得（GNI）も14,119ドルで，先進諸国の水準に近づいている．実際，世界でも特に経済発展のめざましいBRICsの一国としても注目されている．

ただし，ロシアの経済成長は，主要輸出品である石油や天然ガスの価格高騰に支えられており，これらの価格がロシア経済に重要な影響を与えかねない状況にある．しかもEUなど先進諸国が重要なエネルギー源として天然ガスの多くをロシアから購入していることから，これら輸出品はしばしば政治的に利用されたりしている．例えば，ロシアはウクライナに対して，2009年1月のグルジア紛争でウクライナがグルジア（ジョージア）を支援したことに反発し，天然ガス供給を一時停止した．その結果，ウクライナを経由するパイプラインによるヨーロッパ諸国への天然ガス供給がストップして大混乱に陥った．最終的にはロシアが天然ガス価格を値上げすることによってようやく解決したが，まさにロシアは天然ガスを外交ツールとして利用したわけである．

2013年のロシアの輸出総額5,272億6,600万ドルに対して，原油・天然ガス・石炭の総額は2,533億2,300万ドルであり，実に48％を占めている．広大な国土が産する資源に依存した経済はロシアの伝統ともいえるが，今後のロシア経済の発展にとって，工業部門での多面的な生産部門の拡大が強く求められている．

1.3　多様な人々と地域からなるロシア

ロシアの広大な国土には地域的に著しい多様性

4　1. 総論——ロシアの地域形成とその特性

がみられる．自然環境についていえば，例えば気候の多様性は，南部のステップのような乾燥地域から落葉広葉樹帯，タイガと呼ばれる広大な針葉樹林帯を経て，北極海に面したツンドラに至るまで多様な自然環境がみられる．しかし，農業に適した地域はステップと落葉広葉樹林帯に限られており，その北には永久凍土地帯が広がり，居住には厳しい環境になっている．特に東部のシベリアでは冬期に著しく低温になり，永久凍土地帯は北緯50度の中国国境付近にまで南下している．

そのためにロシアの人口分布は著しく偏っている．ロシアの総人口は約1億4,345万（2015年），そのうち人口が多いのはウラル以西の東ヨーロッパ平原で，北緯60度付近にまで多くの都市が分布している．ロシアには2010年時点で百万都市が15あるが，そのうちの10都市，すなわちモスクワ，サンクトペテルブルク，ニジニーノヴゴロド，サマラ，カザニ，ロストフ，ウファ，ヴォルゴグラード，ペルミ，ヴォロネジが，ウラル以西の地域に立地している．ウラル山脈をアジアとヨーロッパの境とする一般的な理解に基づけば，ロシアの大都市はいわゆるヨーロッパロシアにある．また，ヨーロッパロシアにはモスクワを中心にした放射状の鉄道・道路網が発達し，モスクワからポーランドのワルシャワ，ドイツのベルリンを経て，パリに向かう鉄道幹線の整備も進んでいる．加えて水路網も充実しており，ヴォルガ＝ドン運河などによって黒海からモスクワを経てサンクトペテルブルクに至る水路が構築され，地中海とバルト海が連結されている．これらを俯瞰しただけでも，ヨーロッパロシアがヨーロッパと密接に結びついた地域として理解することができるだろう．

一方，ウラル以東でも，シベリアの開発とともに人口が西から移動して，各地に都市が建設されてきた．特にシベリア鉄道沿いに人口が集まり，ウラル山脈東麓のエカテリンブルクとチェリャビンスクをはじめ，オムスク，ノヴォシビルスク，クラスノヤルスクといった百万都市が発達した．さらにその先では，バイカル湖畔のイルクーツク，アムール川渡河点のハバロフスク，日本海の港町ウラジオストクに向かって回廊状に人口が比較的多い地帯が延びている．

しかし，シベリアの大部分は人口の分布が著しく希薄であり，オビ川流域のチュメニ油田や，エニセイ川に近いノリリスクにある世界有数のニッケル鉱山，シベリアに点在する金やダイヤモンドの採掘場などでの開発がみられるほかは，先住民の生活空間であり続けている．

ところで，ロシアはきわめて多様な民族集団で構成されている．2010年の国勢調査によると，ロシア人が1億1,102万人で，全体の約77.8％を占めている．これに続いて，テュルク系のタタール人が約531万人（3.7％），ウクライナ人が約193万人（1.3％），テュルク系のバシキール人とチュヴァシ人がそれぞれ約158万人（1.1％）と約144万人（1.0％），カフカス系のチェチェン人が約143万人（1.0％），インド・ヨーロッパ系のアルメニア人が約118万人（0.8％）の順になっている．

ロシアではロシア語が公用語である．しかし，主要な少数民族集団のために21の自治共和国が設定されており，それぞれの民族言語が公用語として認められている（図1.2）．以下，自治共和国を列記しておこう．なお，括弧内は，自治を獲得した民族名（言語によって分類された）である．ただし，各地で多くのロシア人が流入してきたことから，人口割合において彼らは必ずしも最大規模の集団にはなっていない．

シベリアには，サハ（テュルク系のヤクート人），ブリヤート（モンゴル系のブリヤート人），トゥヴァ（テュルク系のトゥヴァ人），ハカシヤ（テュルク系のハカス人），アルタイ（テュルク系アルタイ人）の5つの共和国がある．ウラル山脈北部にはコミ共和国（フィン・ウゴール系のコミ人），ウラル山脈西部にはバシコルトスタン（テュルク系のバシキール人），ウドムルト（フィン・ウゴール系のウドムルト人），タタールスタン（テュルク系のタタール人），モルドヴィア（フィン・ウゴール系のモルドヴィン人），チュヴァシ（テュルク系のチュヴァシ人），マリ・エル（フィン・ウゴール系のマリ人）の6つの共和国，フィンランド国境に隣接したカレリア共和国（フィン・ウゴー

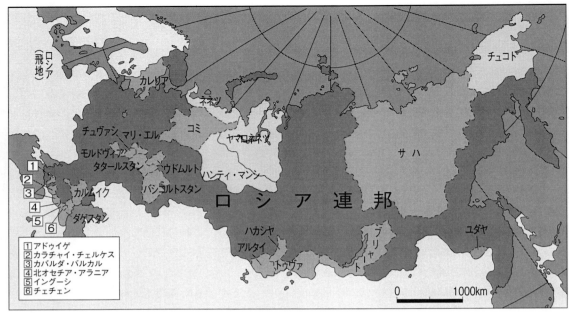

図 1.2 ロシアの行政区分

ル系のフィン人), カスピ海沿岸のカルムイク共和国(モンゴル系のカルムイク人), さらにカフカス山脈北麓には, アドゥイゲ(カフカス系のアディゲ人), カラチャイ・チェルケス(テュルク系のカラチャイ人), カバルダ・バルカル(カフカス系のカバルダ人), 北オセチア・アラニア(インド・ヨーロッパ系のオセチア人), イングーシ(カフカス系のイングーシ人), チェチェン(カフカス系のチェチェン人), ダゲスタン(カフカス系アグール人など)の7つの共和国が並ぶ.

また, 民族ごとに宗教も異なり, ロシア人の間ではロシア正教の信仰がみられる一方で, チェチェン人やタタール人はイスラームの信仰に沿った生活を営んでいる.

こうした多様な民族集団からなるロシアは, 多民族国家として性格を強くもってきた. とはいえ, 基本的には, 進出したロシア人によって先住民は征服され, 同化が著しく進行してきた. その結果, 先に指摘したように, 自治共和国においてもロシア人が多く居住し, またかなりの混血もみられる. 各地でロシア化の傾向が顕著であり, ロシアの文化が浸透している. しかも, 広大な国土でありながら, 各地で比較的均質なロシア文化が浸透した. 先住民族の伝統文化が農村や高齢者の間で受け継がれつつも, 都市や若者の間ではロシア語が浸透し, ロシアの生活様式を取り入れる傾向が強くなっている.

その一方で, 少数民族集団の中には, 民族としてのアイデンティティを強くもち, ロシアからの分離を求める動きをみせるところもある. 特にチェチェン共和国ではチェチェン人がロシアからの独立を要求し, 同共和国内のイングーシ人がロシア残留を求めて対立し, しばしばテロが発生している. また, 周辺の旧ソ連諸国でも, ジョージアの南オセチア自治州では, オセチア人がジョージアからの分離独立を要求して紛争に発展した. アゼルバイジャン国内のナゴルノ・カラバフ自治州では, アルメニア系住民がアルメニアへの帰属を要求しつつ暴徒化する事態もみられる.

ロシア化が進んだロシア国内において, 民族の独自性を主張する人々や地域の存在は, ロシアの政治的安定をしばしば脅かしている. 近年はモスクワなど大都市における爆弾テロが起こるなど, 国民生活にも深刻な脅威になっている.

かつて社会主義体制を誇示したソ連は，赤色の国旗に労働者のハンマーと共産党の星印を描いたが，その赤色は革命で流された血を象徴したものだった．ソ連崩壊後のロシアの旗は，帝政ロシア時代のものが使われ，白・青・赤の3色で構成されている．白は高貴と率直を，青は名誉と純潔を，赤は愛と勇気を表し，それぞれベラルーシ人，ウクライナ人，ロシア人のスラヴ系3民族を象徴しているという．しかし，多様な民族集団からなるロシアにおいて，スラヴ系でない人々の血も流されてきた事実をみると，国土拡大を続け，多くの民族集団を飲み込んできたロシアが抱え込んでいる宿命的ともいえるひずみに，あらためて気がつくであろう．

1.4 ロシアの地誌学的アプローチ

ロシアの巨大な空間を地誌学の視点からどのようにとらえたらよいだろうか．ロシア国内には，自然環境と農業，工業地域と都市，民族集団などにおいてきわめて多様な地域がある．しかも，それらはロシアの東方への拡大による征服・開発・開墾といった一連の時間の経過とともに変化してきた．それゆえにロシア地誌においては，時間軸も決して無視してはならない，きわめて重要なキーとして位置づけられる．

そこで，ロシアが広大なユーラシアの大地に開発の手を加えてきた歴史をもち，これが今日のロシアの政治・経済・社会を形作っているとの視点から，地理学の基本的テーゼである自然的条件と人文的条件を念頭に置きつつ，地域を論じる手法をとることにする．そしてロシア国内の多様性をもたらす条件と，統一性をもたらす条件を整理して，ロシア地誌を描くことにする．

以下のように，各章では地域の諸側面を自然・人文的側面からできるだけ網羅的に描いていく．

まず，ロシアの広大な国土における多様な自然環境を述べることから始める．第2章では，ロシア国内の地形と気候の多様性を説明するとともに，ロシアの発展にとって重要な資源とみなされたタイガとステップについて，その特性を論じる．これによって，自然環境がまさにロシアの歴史形成に重要な役割を果たしてきたことを理解する．

次に，ロシアにおける開発の歴史をたどる．第3章では，様々な資源を求めてヨーロッパロシアからシベリアと中央アジアに向かってロシア人が進出した歴史と，それに伴うロシアの発展の経緯を，時間の経過を踏まえて論じる．また，ソ連時代の自然改造計画と環境破壊にも言及し，ロシアにおいて自然は克服されるべき対象として，過度の開発の手が加えられてきたことを理解する．

自然環境と密接に関係する農業は，地域理解の基本となろう．第4章では，ロシアの農業地域を概観し，自然環境に恵まれたウクライナと，自然を克服した中央アジアについて論じる．また，社会主義時代の計画経済から市場経済へと移行するとともに農業が大きく変化している点についても論じ，ロシアの変容の姿を浮き彫りにする．

工業は，ロシアの経済発展のバロメータであり，ソ連時代に国家政策によって，資源をフルに活用した工業地域の形成が強力に進められた．第5章は，ロシア国内各地の工業地域の特色を述べるとともに，社会主義時代に新たに形成された工業について論じる．そして第6章では，ソ連解体後の工業の変化のプロセスを追跡する．そして，現代のロシアの工業が，石油・天然ガスのような国内の資源に依存した工業とともに，自動車やハイテク産業など新しい工業の発展によっても特徴づけられることを指摘する．

社会主義体制が崩壊して市場経済が浸透するにつれて，ロシアの社会と経済は大きく変化した．第7章は，商業，交通・観光・サービス業の劇的な変化を指摘し，これに対応する生活水準の変化を論じる．また，富裕層と貧困層の拡大という現代ロシアの社会問題にも触れ，先進国の仲間入りを果たそうとするロシアの実情に迫る．

ロシアの変化が劇的なまでに生じているのが都市である．第8章では，ロシアの都市の発達の経緯，社会主義時代の変容を踏まえた上で，近年の都市の変化を論じる．特にロシアの二大都市であるモスクワとサンクトペテルブルクの実情をみることによって，ロシアの変化を考える．

こうしたロシアの変化は人々の暮らしをも大きく変えている．第9章ではまず，人の移動とともに国内に定着したロシア人の伝統文化を宗教や食文化などを例にして論じる．ついで，体制の転換とともに人々の暮らしが大きく変化したことを福祉や教育，余暇といった日常の暮らしに注目して明らかにする．

ロシア人の移動によるロシア化が進んだ一方で，ロシア各地で先住民による個性ある暮らしが営まれ，それが地域的な個性を維持している．第10章は，ロシア化のプロセスを論じた上で，シベリアの遊牧民，中央アジアのイスラーム，カフカスの民族集団に注目し，それぞれの生活文化を論じつつ，地域文化の特性に迫る．

ロシアの東方への関心は，日本や中国など東アジア諸国との関係を強める結果になっている．第11章は，環日本海経済圏，サハリン開発など日本との経済交流，中ロ国境地域，北方領土などの領土問題，北極海航路のような新しい交流の可能性について論じる．

世界の大国に数えられ，ロシアは政治的にも経済的にも大きな影響力を発揮している．第12章は，特にEUとの関係に注目し，ロシアの動向について検討する．

以上の流れを踏まえながら，これからロシアの地誌について学んでみよう．　　　**[加賀美雅弘]**

引用・参考文献

加賀美雅弘・木村　汎編（2007）：東ヨーロッパ・ロシア（朝倉世界地理講座10）．朝倉書店．

ジョーダン＝ビチコフ，T. G. 著，山本正三・石井英也・三木一彦訳（2005）：ヨーロッパ—文化地域の形成と構造．二宮書店．

松戸清裕（2011）：ソ連史．筑摩書房．

矢ケ﨑典隆・加賀美雅弘・古田悦造編（2007）：地誌学概論（地理学基礎シリーズ3）．朝倉書店．

和田春樹（2002）：ロシア史．山川出版社．

コラム 『ヨーロッパとの別れ』

　ロシアの広大な国土はヨーロッパとアジアにまたがっており，その境界はウラル山脈とされている．しかし，この山脈はそれほど急峻ではなく，北部に1,800 mを超す山もあるが，中部の標高は600〜800 m程度にすぎない．この2つの地域を分ける障壁としては，なだらかすぎる山脈なのである．実際，ウラル山脈の西側と東側とで，地域の景観や文化に劇的な違いはほとんどみられない．つまり山を越えても，ヨーロッパとアジアの違いを実感することはほとんどない．にもかかわらず，ウラル山脈はユーラシア大陸の西と東を分けるとされ，ウラル山中には現在，ヨーロッパとアジアの境を示すオベリスクや記念塔がいくつも建てられている．

　なぜウラル山脈がヨーロッパとアジアの境界なのか．これには諸説あるので　ここでは触れない．ただおそらくいえるのは，この境界がヨーロッパからみたものであること，言い換えれば，ヨーロッパが終わる場所を意味しているということである．ヨーロッパがそこで終わる．このことを示したのがこの境界だといえるだろう．

　それは単に地理的な領域を意味するものではない．というのは，ヨーロッパの人々にとってこの境界を越えることが，しばしば暗澹たる記憶と結びつき，絶望や無惨といった思いが伴ってきたからである．

　ここに1枚の絵がある．19世紀のポーランドの画家，アレクサンデル・ソハチェフスキ (1843-1923) が描いた『ヨーロッパとの別れ』である（写真C1.1）．彼は，1863年1月にポーランドで起きた一月蜂起の後，ヨーロッパとアジアの境界を示すオベリスクのところまで連行されてきたポーランドの人々を描いた．一月蜂起とは，長くロシア帝国の支配下に置かれたポーランドで，ロシアの徴兵に青年たちが反抗したことに端を発して起きた反ロシアの武力闘争である．ロシアの圧倒的な戦闘力によって蜂起は翌1864年4月に鎮圧される．するとロシアはポーランド人に対して残酷なまでの報復措置をとり，ロシアの公式記録によれば396人が処刑され，18,672人がシベリアに送られたという．『ヨーロッパとの別れ』は，これから「最果ての地」に向かう絶望感に打ちひしがれたポーランド人の姿を描いたものである．

　実は，絵の中央に建つオベリスクの右脇には，ソハチェフスキ自身の立ち姿も加えられている．ソハチェフスキは，ワルシャワ西方の村でユダヤ人の家庭に生まれた．ワルシャワ造形美術アカデミーで絵画を学び，1860年代に高まったポーランドの独立運動に参加．仲間の学生らとともに反ロシア運動に加わった．1862年9月2日に逮捕され，家宅捜索で武器の製造など反政府運動の証拠品が押収されたため，シベリアでの強制労働の判決が下されたのであった．

　なお，彼は21年間のシベリアでの収容所生活を終えて，1883年にミュンヘンからウィーンへと居を移している．しかし，シベリアの厳しい生活を忘れることはなく，その後も一貫して囚人や流刑者，収容所での強制労働や惨めな暮らしなど，悲惨で絶望的なシベリアの生活を絵にしてきた．彼の作品はヨーロッパ各地で喝采を受け，一月蜂起50周年にあたる1913年には，オーストリア・ガリチア地方の町レンベルク（現在のウクライナのリヴォフ）で開催された展覧会で大評判になった．絵の大部分は現在，リヴォフの国立博物館に所蔵されている．

　しかし，この『ヨーロッパとの別れ』は，祖国ポーランドのワルシャワ独立博物館に収められている．ポーランド人にとってウラル山脈はヨーロッパの終わりであり，それを越えることは重い記憶と結びついている．シベリアに送られたポーランド人を意味するシビラク (Sybirak) という語があるが，この絵と同様，ヨーロッパと決別した人々の厳しい心情をあらわしている．そしておそらくそれは，ソハチェフスキの絵を称賛したヨーロッパにおいて，今でも多くの人々に共通する世界観なのであろう．

　ヨーロッパとアジアからなるロシア．その境界への人々の思いを語るのは容易ではない．　　[加賀美雅弘]

写真 C1.1　ソハチェフスキ『ヨーロッパとの別れ』

2 広大な国土と多様な自然

"ロシアでは100 kmの距離，100人の友達，100gのウォトカはないに等しい"．極東に住むロシアの友人はロシアの広大さと文化をこう例える．あるいは日本からヨーロッパに飛行機で夏に旅をする．日本海を一瞬で横切った飛行機は，アムール川流域を飛び，レナ川の上流域を横切って，白夜に輝くエニセイ川，オビ川の西シベリア低地を越えていく．なだらかなウラル山脈を越える頃には嫌というほどロシアの大きさを実感することになる．ヨーロッパの東の玄関口，フィンランドはロシアを挟んで日本の隣国であるという事実に改めてロシアの大きさを思う．

2.1 ロシアの地形

面積1,709.8万km^{2}を有するロシア連邦はユーラシア大陸のかなりの部分を占める世界最大の国家である．ヨーロッパに隣接する西部から太平洋に臨むカムチャツカ半島に至る東部まで，その東西幅は11,000 kmに及ぶ．また，北極海沿岸に沿ったツンドラ帯から，その南縁は中央アジアからモンゴル・中国の国境へと続く東西に延びる山脈に達し，広大なステップや草原帯へと至り，隣接する中央アジアの国々には砂漠が広がる（図2.1）．

ロシアの大地形は，大別して安定大陸（安定陸塊）と変動帯の2つに区分できる．ロシアの大部分を占める安定大陸は，山脈をつくるような大きな変動をすでに古い地質時代に停止し，それ以降，侵食されながら安定的に存在してきた地域である．一般に，安定大陸のうち先カンブリア時代の地層が直接表面に露出する地域を盾状地，先カ

図2.1 ロシアとその周辺の地形
1．グルジア，2．アゼルバイジャン，3．アルメニア，4．トルクメニスタン，5．ウズベキスタン，6．タジキスタン，7．キルギス．
（田辺，2010を改変）

ンブリア時代や古生代の岩石がそれ以降の地質時代に堆積した水平な地層に覆われる地域を卓状地と呼ぶ．ウラル山脈の西側に広がり，主としてヴォルガ川流域に広がる低平な東ヨーロッパ平原は卓状地の1つで，ロシア卓状地と呼ばれることもある．ウラル山脈の西にはオビ川流域に広がる西シベリア低地があり，その東側にはエニセイ川流域に広がる中央シベリア高原がある．これらはいずれも卓状地である．ウラル山脈は，おおよそ2億8,000万年前に隆起した古い山脈で，古生代に変動帯であった地域であり，それ以降は侵食を受けている．このような古い山脈も安定大陸の一部と考えることができる．

レナ川より東に広がるヴェルホヤンスク山脈からチュコト半島にかけての地域，およびサヤン山脈からスタノヴォイ山脈を経て日本海の西岸に位置するシホテアリニ山脈にかけての地域は，ウラル山脈に比べてより新しい中生代から新生代にかけて変動帯だった地域である．現在は安定大陸に区分される．

一方，カフカス山脈からパミール高原，天山山脈，アルタイ山脈などのロシアの南縁を限る地域は，古い山脈がいったん侵食されて低平化した後，ふたたび変動帯となって隆起した山脈である．そのため，最近では安定大陸ではなく，変動帯に位置づけられるようになった（岩田，2013）．これらの地域では，活発ではないものの地震活動や火山活動が今日でも生じており，山岳地形も一般に起伏に富んだ地形を呈している．

ロシアの最東端に位置するカムチャッカ半島は，ロシアで最も活動的な変動帯であり，地震活動と火山活動が活発で，急峻な山岳地形が特徴的である．

以下，ロシアの大地形をまとまりのある地域ごとに概観しよう．

2.1.1 東ヨーロッパ平原（ロシア卓状地）

北は白海とバレンツ海，西はカルパチア山脈，南はカフカス山脈と黒海・カスピ海に，そして東をウラル山脈に囲まれるヨーロッパで最大の平地である．地質学的には先カンブリア時代の基盤岩の上に中生代から新生代にかけての地層が堆積し，これが侵食されてできた卓状地である．卓状地の被覆層がほぼ水平であることが，低地に平坦な地形が広く発達している原因である．地質的な特徴に注目して，ロシア卓状地とも呼ばれる．平原内にはヴァルダイ丘陵や中央ロシア高地などの丘陵が広がるが，標高はヴァルダイ丘陵にある最高点でも350 mにすぎない．

東ヨーロッパ平原には，ヴォルガ川，ドニエプル川，ドン川などの大河川が流れている．モスク

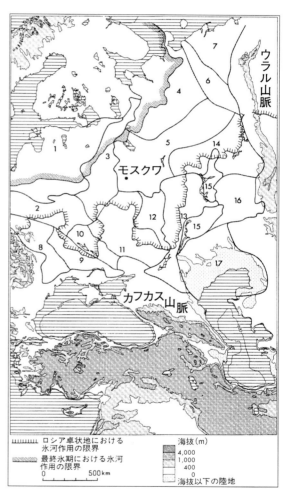

図 2.2 東ヨーロッパ平原（ロシア卓状地）の主要な地形区と氷河作用を受けた範囲
1. 東バルト低地．2. ブーク-プリピャト低地．3. スモレンスク-ヴァルダイ丘陵．4. オネガ-メゼニ平野．5. 中央モスクワ地域．6. ティマン山脈．7. ペチョラ低地．8. ルブリン-モルダビア高地．9. ウクライナ楯状地．10. ドニエプル-ドネツ低地．11. 中央ロシア高地．12. オカ-ドン低地．13. ヴォルガ高地とエルゲニ丘陵．14. ヴォルガ-カマ平野．15. 下サボロージェ平野．16. ウラル前縁高地・高原．17. カスピ低地．
（大矢・坂，1997を改変）

ワの北西ヴァルダイ丘陵中の標高225 mの湿原に源流をもつヴォルガ川は, 長さ3,530 km, 流域面積136万 km², 河口から400 kmにあるヴォルゴグラードにおける平均流量は8,141 m³/秒を有し, ヨーロッパ最長の河川である. また, ロシアの大河川の中では数少ない南流する河川でもある. 上流域では11月下旬～4月中旬, 下流域では12月上旬～3月中旬の期間結氷する.

この地域は, 更新世の氷期に北半分が氷河によって侵食された歴史があるが, 最終氷期の氷河作用は, 東ヨーロッパ平原の北部のみでとどまっていたと考えられている (図2.2).

2.1.2 ウラル山脈

南北3,000 kmにわたって延びるウラル山脈は, 東ヨーロッパ平原の東を限る境界をなしている. 山脈は, その地質と構造から8つの単位に分けられており, 北から順に, パイホイ, 外極地ウラル, 極地ウラル, 亜極地ウラル, 北ウラル, 中央ウラル, 南ウラル, ムゴッジャイルからなる. 北極海に浮かぶ氷河に覆われた島, ノヴァヤゼムリャ島はウラル山脈の北への延長にあたる.

北部のツンドラ帯から南部のステップに至るウラル山脈の平均高度はおおよそ1,000～1,300 mで, 最高峰は亜極地ウラルにあるナロードナヤ山 (標高1,894 m) である (写真2.1). これ以外の高峰は, パイホイ山脈で1,467 m, 北ウラルのテリポシズ山で1,617 m, 同じく北ウラルのコンジャコフスキーカメニ山で1,569 mである. これに対して, 中央ウラルは低く, その最高点は746 mにすぎない. ムゴッジャイル山地もまた675 mどまりである. 南ウラルには, 標高1,640 mのヤマンタウ山がある.

ウラル山脈は先カンブリア時代と古生代の岩石からなり, 中生代にはすでに侵食されるだけ標高が高かったらしい. 地球上に存在する最も古い山脈の1つといわれている.

第四紀更新世にはウラル山脈の広い範囲で氷河が発達した. しかし, その規模は限られており, 西麓では西シベリア低地に達することはなかった. 亜極地ウラル, 極地ウラル, 外極地ウラルの高山地域では, 氷期に氷河によって侵食されたカール地形やU字谷がみられる. 現在, これらの地域には小規模ではあるが, 143個の氷河が確認されている.

2.1.3 西シベリア低地

ウラル山脈の東に広がる西シベリア低地は, アルタイ山脈に源をもつオビ川流域から東のエニセイ川左岸までを占める広大な低地である. 地質的には卓状地に区分される. 支流のイルトゥイシ川まで含めると, 長さ5,410 km, 流域面積243万 km², 平均流量12,480 m³/秒のオビ川は, カラ海に面するオビ湾に流れる国際河川であり, 流量は大きく季節変化し, 6月の後半に融雪水によって年間最大の35,000 m³/秒に達する. オビ川流域はチュメニ油田として知られるロシア最大の石油・天然ガス産地である.

2.1.4 中央シベリア高原

中央シベリア高原は, エニセイ川とレナ川の間に広がる卓状地である. 東サヤン山脈を源流とする大エニセイ川と, タンヌオラ山脈を源流とする小エニセイ川がモンゴルとの国境で合流し, エニセイ川となる. 西岸に西シベリア低地, 東岸に中央シベリア高原をみながら北流し, カラ海に流入する長さ4,102 km, 流域面積270万 km², 平均流量17,380 m³/秒の河川である. エニセイ川の支流の1つ, アンガラ川上流には, 世界の凍結していない淡水の2割近くを湖水として有するバイカル湖が存在する. その面積は31,500 km², 最大水深は1,940 mに達し, 世界で最も深い湖である.

中央シベリア高原の東端を区切るレナ川は, 長さ4,400 km, 流域面積242万 km², 平均流量

写真2.1　ナロードナヤ山 (Shutterstock)

写真 2.2　プトラナ台地（Shutterstock）

12,100 m³/秒の河川である．流域の大部分はツンドラ帯，タイガ林に占められ，地中には厚い永久凍土が発達する．

　中央シベリア高原の最高点は1,701 mで，プトラナ台地と呼ばれる台地上にある．2億5,100万年前頃に200万年以上続いたと考えられる大規模な火山噴火によって噴出した玄武岩がプトラナ台地を形成している（写真2.2）．この玄武岩の台地を氷期に発達した氷河が侵食し，氷河が融解した現在では多くの氷食湖が台地上に存在し，比類のない自然景観を形作っている．プトラナ台地は，その自然美と独特の生態系により，2010年に世界自然遺産に登録された．

2.1.5　レナ川以東の安定大陸としての山岳地域

　レナ川の右岸から東は，山脈と低地が複雑に入り組んだ地域となる．レナ川以西が古生代にはすでに安定し，安定大陸（古期造山帯としてのウラル山脈を含む）となったのに対し，以東の地域は北アメリカプレートとユーラシアプレートの境界に位置し，中生代から新生代にかけて隆起し，その後安定した．この地域には，レナ川東岸に南北に伸びるヴェルホヤンスク山脈，チェルスキー山脈，スンタルハイアタ山脈（写真2.3），コルイマ山脈，チュコト半島の山地があり，南では日本海の西岸を限るシホテアリニ山脈が含まれる．これらの山脈の間には，谷や盆地が発達する．チェルスキー山脈とスンタルハイアタ山脈の間にある谷沿いの村，オイミャコンは，北半球で最も低温を記録した村として著名である．

　シホテアリニ山脈は南北900 kmほどの長大な山脈で，最高峰は山脈北部にあるトルドキヤニ山（標高2,077 m）であり，南部には雲の山という意味をもつオブラーチナヤ山（標高1,854 m）がある（写真2.4）．標高に比べ，緩やかな山並みをもち，その裾野には広大な針広混合林が広がっている．シホテアリニ山脈は，ロシア極東の大河アムール川流域の東を縁取っている．アムール川は長さ4,400 km，流域面積205万 km²，平均流量8,321 m³/秒であり，この川が運ぶ溶存鉄は，オホーツク海や隣接する千島海流（親潮）が流れる海域の植物プランクトンの光合成に寄与していることが知られている（白岩，2011）．

2.1.6　ロシアの変動帯

　ロシアの最東端にあるカムチャツカ半島は，日本と同様，地震や火山活動がきわめて活発な地域である．中央（スレジンヌイ）山脈と東（ヴォストーチヌイ）山脈がカムチャツカ半島の代表的な山脈である．カムチャツカ半島で現在でも活発な

写真 2.3　氷河を頂くスンタルハイアタ山脈（2001年7月）
オホーツク海と北極海の分水嶺をなす．

写真 2.4　オブラーチナヤ山（標高1,854m）への登路から望むシホテアリニ山脈南部のたおやかな山並（2014年8月）

2.1　ロシアの地形　　13

写真 2.5 クリュチェフスカヤ火山群 (Shutterstock)

火山活動がみられるのは，東山脈の北部にあるクリュチェフスカヤ火山群であり，最高峰のクリュチェフスカヤ火山 (標高 4,750 m) やシヴェルチ山 (標高 3,307 m) などの活発な成層火山が毎年のように噴火を繰り返している (写真 2.5)．

また，ヨーロッパから極東まで東西 11,000 km にわたってユーラシア大陸に横たわるロシアは，その南縁を数々の山脈によって隔されており，カムチャツカに次ぐ，ロシアの変動帯を構成する．西から順に主な山脈を挙げると，カフカス山脈，パミール，天山山脈と続く．これらの山脈は，中生代より前にできた古い山脈が，いったん低い丘陵や平原になった後，ふたたび新生代第三紀後半に入って山地として復活したものである．ウラル山脈のような安定大陸の古い山脈とは異なり，急峻な地形を特徴とする．とりわけ，カフカス山脈，パミール，天山山脈，アルタイ山脈は標高が高く，広大な氷河を有することにより，麓に広がる乾燥地域に水資源を供給する重要な役割も果たしている (写真 2.6)．カムチャツカ半島と同様に，程度の差こそあれ，地震活動や火山活動もみられ，しばしば災害が発生する地域でもある．

2.2 ロシアの気候・植生

ロシアが寒い国であるというイメージは一般に広く定着している．事実，地球の最低気温は，北半球に関する限り，ロシア極東のオイミャコンで

(a) カフカス山脈

(c) 天山山脈

(b) パミール

(d) アルタイ山脈

写真 2.6 ロシアの変動帯 (Shutterstock)

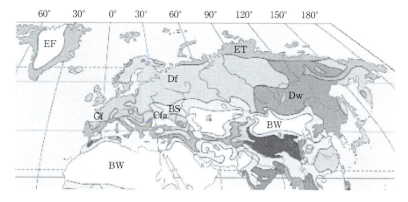

図 2.3 ロシアの気候区分
BW：砂漠気候，BS：ステップ気候，
Cf：温帯多雨気候，Df：冷温湿潤気候，
Dw：冷温夏雨気候，ET：ツンドラ気候，EF：氷雪気候．
（小池ほか，2017 を改変）

記録された −67.7℃（1933 年）とされている．一方，黒海に面したソチは，ロシアで最も有名な保養地で，年間を通して温暖な気候に恵まれている．一般的にいって，ロシアでは，西北端の地域を除いて暖かい大洋の影響を受けないため，その気候は大陸性気候である．冬と夏の大きな気温格差，春と秋の季節の短さ，降雨の少なさと風の強さを特徴とする．

ロシアから中央アジアにかけての平地は，北から南に向かって植生に着目した 4 つの地域に区分される．ツンドラ，森林，草原，砂漠である．これらの植生帯は，気候条件をよく反映している．そこで，気候の記述にあたっては，ケッペンの気候区分（図 2.3）をもとにして，以下，ロシアと中央アジアの気候を概観しよう．

2.2.1 寒帯（E）：ツンドラの広がる大地

最暖月の平均気温が 0℃ 未満である北極海に浮かぶノヴァヤゼムリャ島やセヴェルナヤゼムリャ島は，島のほぼ全域が氷河に覆われるため氷雪気候（EF）に区分される．パミールやアルタイ山脈をはじめとする変動帯の高山の山頂付近にも氷雪気候が存在する．この気候帯には植生はみられず，1 年を通じて数百 m の厚さの雪氷に覆われる厳しい気候であるため，人間や生物の活動に適さない．

一方，北極海の沿岸や，レナ川デルタの沖合に浮かぶ新シベリア諸島などの北極海の島，そして内陸の山岳地域の標高の高い場所で，最暖月の平均気温が 10℃ 程度まで上昇すると，地衣類やコケ，草本類が生育する．このような場所をツンドラ（写真 2.7）と呼び，ツンドラが発達するような気候をツンドラ気候（ET）と呼ぶ．ここでは，コケや地衣類を食べるトナカイを利用した放牧が主たる生業である．

2.2.2 冷帯（D）：大森林帯タイガ

バルト海に面する西部から東部のカムチャツカ半島にかけて，ロシアを東西に大きく横断する地域には，タイガと呼ばれる針葉樹を中心とする樹

写真 2.7 ツンドラ（Shutterstock）

写真 2.8 タイガ（Shutterstock）

2.2 ロシアの気候・植生　15

木が繁茂する（写真2.8）．冬期の気温は-3℃未満となり，かなり冷え込む一方，夏期には平均気温が10℃以上になる月が1～3か月出現する．このような気候帯を冷温湿潤気候，別名タイガ気候（Dfc）と呼ぶ．ここでは年間を通じてほぼ均等に降水がある．

冷温湿潤気候は，大陸の東部に行くと冷温夏雨気候（Dwd）に移行する．依然としてタイガが広がるが，それはこの地域では，冬期に発達する強力なシベリア高気圧により，降水がほとんどもたらされなくなるからである．

一方，タイガ気候の南側には，東ヨーロッパから西シベリア低地のノヴォシビルスク付近にかけては，針広混合林を特徴とする冷帯湿潤気候（Dfa, Dfb）が広がっている．ロシア西部にあるモスクワなどの主要な人口密集地は，この気候帯に所属する．

2.2.3　乾燥帯（BS）：草地としてのステップ

ヴォルガ川の下流からカザフスタンを東西に横切り，ロシア南縁を縁取る変動帯の山脈の北麓に沿っては丈の短い草を中心とする草原が広がる（写真2.9）．このような地域をステップと呼び，この景観を成立させる気候をステップ気候（BS）と呼ぶ．草原は牛や馬，ヒツジやヤギなどの放牧・移牧に重要な資源であり，中央アジアから東アジアの歴史は，この地域を支配した遊牧民に大きく影響されてきた．

2.2.4　温帯（C）：針広混合林

黒海の沿岸にあるクリミア半島からカフカス山脈の北麓を経てカスピ海に至る地域は，ロシアでもめずらしい温帯湿潤気候（Cfa）に所属する．1年を通して雨が降り，最暖月の平均気温が22℃以上になるため，ロシア中から人が集まるリゾート地として重要な位置を占めている．

2.2.5　砂漠（BW）

中央アジアの砂漠では，広大な乾燥地には湿気の集まる例外的な小陥没地を除いてほとんど草木がない（写真2.10）．北部には灌漑によって耕作できる豊かな黄土土壌があるが，ほかのところでは風食によってごく薄い土壌をもつ岩石が残され，また広い地域にわたって砂が吹き寄せられて移動する砂丘が列をなしている．

2.3　タイガ

タイガはもともと山地の針葉樹林帯を指すロシア語（Тайга）であったが，後にシベリアおよびロシア平原北部を占める広大な亜寒帯林を指すようになった．さらに，シホテアリニ山脈にみられるような針広混合林もタイガと呼ばれる場合がある．本来の意味である亜寒帯の針葉樹を指す場合には，北方林（boreal forest）と同義語として使われる場合もある（図2.4）．

北はツンドラ帯に接し，南限は西でサンクトペテルブルク，ニジニーノヴゴロド，ペルミを結ぶ線の北方に，ウラル山脈以東ではほぼシベリア鉄道に沿っている．

主要構成樹種はマツ，トウヒ，モミ，ツガ，ネズ，カラマツなどの針葉樹と，カバノキ，ヤナギ，ハコヤナギそのほかの落葉広葉樹である．シベリア中央部のエニセイ川を境にその東西で森林

写真2.9　ステップ（Shutterstock）

写真2.10　砂漠（中央アジア）（Shutterstock）

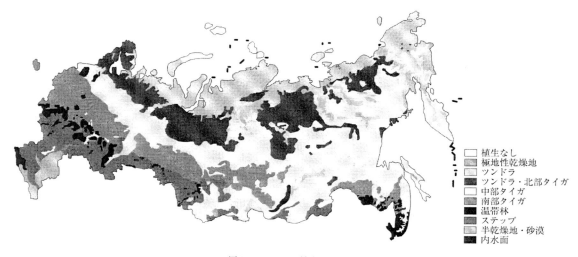

図 2.4 ロシアの植生図
(山根, 2003 を改変)

凡例:
植生なし
極地性乾燥地
ツンドラ
ツンドラ・北部タイガ
中部タイガ
南部タイガ
温帯林
ステップ
半乾燥地・砂漠
内水面

の組成が異なり、西側ではモミ属、トウヒ属の常緑針葉樹を中心とした暗いうっそうとした森であり、東側ではカラマツ属の落葉針葉樹を中心とした明るい森となる。極東に至ると、再びモミ属、トウヒ属が優勢な森となる。

タイガの成立には永久凍土の存在が大きな役割を果たしているといわれている。永久凍土とは、連続した2年以上0℃以下の状態にある土地と定義され、タイガの約3分の2は永久凍土帯にある。もともと降水量の少ないロシアの内陸部でタイガのような大森林が成立するためには、凍土中の水分がタイガに水を供給すること、凍土が不透水層となって、地表面状態を夏期でも加湿に保つことが重要と考えられている。また、タイガの存在は、永久凍土を夏の日射から保護するため、タイガと永久凍土は相互依存の関係にあるといえよう。このため、森林火災や森林伐採によってタイガが失われると、凍土の融解が促進され、アラスと呼ばれる池ができ、森林への復帰が難しい状況が出現することが知られている(写真2.11)。

タイガ帯を中心とする寒帯の森林では、ポドゾルと呼ばれる灰白色の土壌が発達する。針葉樹林帯では林床に堆積した針葉樹の落葉が寒さのために分解されず、厚い腐植層が形成される。この腐植層は酸性のため、土壌中の鉄やアルミニウムを溶脱する。溶けた鉄やアルミは土壌下層に移動し、そこで酸化・集積する。この化学的なプロセスによって、土壌中には溶脱を受けた灰白色の層と、その下方の錆色の集積層が形成される。ポドゾルは肥沃度が低いため、農業には適していない。

タイガを中心としてロシアで発生している森林火災は、森林の樹種構成や齢級構成あるいは森林の遷移を決定する大きな要因であると同時に、その規模や頻度によって動植物相に破壊的な影響を及ぼし、土壌侵食や大気汚染など環境に大きな負荷を与える。特に極東ロシアにおける森林火災は粗放な森林伐採と並んで森林資源劣化を招く主要な原因の1つである。

写真 2.11 ヤクーツクのレナ川周辺に発達したアラス (2001年7月)
永久凍土の融解により、円形の凹地が発達する。

2.4 ステップ

ステップはロシア語の степь（草原）に語源をもち，温帯草原，荒草原などともいう．砂漠の外側でこれよりもやや湿潤度の高い地域に成立し，さらに外側では森林またはサバンナに遷移する．カスピ海，アラル海の北側に広がるカザフ・ステップを中心に，東は天山山脈の山麓を経てモンゴル高原の草原に至る一帯が代表的である．

ステップ地域では一般に，年降水量が 1,000 mm 未満で数か月の乾季があり，気温の年較差も大きい．川沿いを除けば高木はみられず，ときに低木をまじえる程度である．乾性のイネ科硬草が中心となった草原であるが，地域によってはキク科，マメ科，ユリ科などの草木も多く，降水量の少ない中央アジアの乾燥ステップではヨモギ類が主体となっている（佐藤，2004）．

ステップを特徴づける土壌は黒土であり，ロシア語でチェルノーゼムという．ステップに広く繁茂するイネ科植物の地上部は，秋に枯れて堆積する．また地下部の根の一部も冬に枯れる．これらの根が分解されて腐植となり，土中に厚い腐植層を形成する．この腐植層にはカリウムやリンなどの植物に必要な栄養塩が多量に含まれており，黒土地帯はコムギ，オオムギ，トウモロコシなど，ロシアの主要な穀倉地帯となっている．

[白岩孝行]

引用・参考文献

岩田修二（2013）：高校地理教科書の「造山帯」を改訂するための提案．E-Journal GEO，**8**（1）：153-164.

大矢雅彦・坂　幸恭監訳（1997）：第6章 ロシア卓状地．ヨーロッパの地形（上），pp.113-134，大明堂［Azeev, A. A., Bashenina, N. V. and Rubina, E. A.］.

小池一之ほか編（2017）：自然地理学事典．朝倉書店．

佐藤　久（2004）：ステップ．川端香男里ほか監修：新版ロシアを知る事典，p.387，平凡社．

高橋　裕・寳　馨・野々村邦夫・春山茂子（2013）：全世界の河川事典．丸善出版．

田辺　裕監修，木村英亮訳（2010）：ロシア・北ユーラシア（図説大百科 世界の地理 普及版）．朝倉書店．

水野一晴（2015）：自然のしくみがわかる地理学入門．ベレ出版．

山根正伸（2003）：頻発する森林火災．柿澤宏昭・山根正伸編著：ロシア 森林大国の内実，pp.104-120，J-FIC.

コラム　永久凍土地帯の夏

　地平線の彼方に輝く白夜の太陽，どこまでも続く低平な大地，その大地を覆うワタスゲやミズゴケの植生群落（写真C2.1）．永久凍土帯は一見ロマンチックな景観をみせてくれる．しかし，現実には厳しい環境である．無数という言葉がこれほど実感をもって語られることもないほどにその数に圧倒される蚊の大群．足元はぬかるみ，沈まぬ太陽はテントでの安眠を妨げる．もしかしたら睡眠中に襲って来るかもしれないシロクマにおびえ，寝袋の横には常にライフルを置いておく．夏の永久凍土帯は，大いなる自然の美と困難が同居する，フィールドワーカーにとって魅力的な調査対象である．

　凍った大地，永久凍土．寒冷な気候条件下では冬になると大地が凍る．春になると，強い日差しを受けて大地は融け始めるが，冬の寒さが厳しいと，春から夏にかけて大地にもたらされる熱は，地中の深いところを融かすことができず，大地の中には何年にもわたって0℃以下の温度が保たれる部分が生じることになる．これを永久凍土という．ロシアやカナダ・アラスカ，そしてチベット高原に広く分布し，北半球の全陸地の25%を占めるといわれている．

　ロシアという国ほど永久凍土と深く関わってきた国はないだろう．今からおよそ2万年前に最寒期を迎えた頃，大きな氷床が発達しなかったシベリアは，大地が寒冷な空気に直接さらされた．このため，大地は深くまで凍結し，1万年前以降に訪れた温暖期に入っても，深いところでは1,400mくらいの深度まで永久凍土が発達している．

　永久凍土があるからといって，必ずしも氷があるとは限らない．永久凍土は温度によって定義されているので，乾ききった極地の砂漠でも永久凍土は存在する．しかし，ロシアの大地に広がる永久凍土層には豊富な氷が含まれている．この氷は，凍結と融解を繰り返す過程で，大地を変形し，その上に建っている家屋を歪ませる．

　永久凍土が発達するシベリアの山岳地帯で面白い景色をみた．川の周囲に広がる膨大な氷原（写真C2.2），これらは氷河ではない．被圧された地下水が冬期に地上に噴出し，そこで凍った氷である．ロシアではナレディと呼ぶ．この氷も夏の暖かさで融けきることはない．いわば，地上に現れた永久凍土といえよう．

　永久凍土帯にはまだまだ不思議がたくさんある．

［白岩孝行］

写真C2.1　永久凍土の大地を覆うワタスゲやミズゴケの植生群落（Shutterstock）

写真C2.2　谷底を埋めるナレディ（ロシア語）（2001年7月）ドイツ語ではアウフアイス（aufeis）と呼ばれる．日本語には適当な訳語がないが，延流氷と呼ばれることもある．

3 開発の歴史，豊かな資源

ロシアは，ロシア帝国時代におけるシベリアや中央アジア進出により，広大な国土を獲得した．また，ソ連時代においてはその領域に存在する天然資源を武器に，工業地域を発展させ，国土開発を積極的に行った．しかし，このような大規模なロシアの開発の歴史は，寒冷地の脆弱な自然環境を蝕み，現在においてもなお大きな課題を残している．本章前半では，ロシア帝国のシベリア進出と植民都市建設の特徴，中央アジアを核としたユーラシア大陸を横断する交易網の発展史について述べる．さらに後半では，ソ連時代の自然資源の開発，工業地域の分布，自然改造計画の特徴をおさえ，それらに深く関連し，現在もなお深刻な状況にある環境問題について考える．

3.1 ロシアの歴史的発展——西から東へ資源と空間を求めた開拓史

現在のヨーロッパロシアにおいて，ロシアのもととなる国家が誕生したのは，現在のウクライナの首都であるキエフであった．9世紀に誕生したキエフ・ルーシは，キリスト教の中でもギリシア正教を国教として選び，ギリシア文字をもとにしたキリル文字が導入された．その後，キエフ・ルーシは衰退し始め，ウラジーミル大公国をはじめとした大公国が乱立する時代となる．しかし，13世紀になると，チンギス・ハーンの孫であるバトゥ率いるタタール軍によって，ロシアの各公国は征服された．これがいわゆる「タタールのくびき」であり，ロシアのアジア化が進んだ時代である．

15世紀末，モスクワ大公国のイワン3世はタタールを破り，乱立していた大公国を統一し，この頃から文献には「ロシア」という語が使われるようになり，16～17世紀頃からロシアという国号になった．また，イワン3世は，最後のビザンティン皇帝の姪であるソフィアを王妃とし，モスクワを「第3のローマ」と位置づけたことでも知られる．この「第3のローマ」説は，ロシア西部の都市プスコフの修道士フィロフェイが唱えた専制君主賛美の政治思想であり，モスクワ大公のみが「地上の全キリスト教のツァーリ」であり，「全世界の普遍的使徒教会の神の玉座の統御者」としてふさわしくあらねばと説いた．

次のイワン4世（雷帝）は，モスクワの東に位置するタタール人を中心としたイスラーム国家のカザン・ハーンを倒し，これがロシアの本格的な東方進出への始まりとなる．モスクワの赤の広場前にあるカザン・ハーンへの戦勝を記念して建てられた聖ワシーリー聖堂は，ビザンツ正教建築の伝統よりも，イスラームのミナレットを想起させ，これが異文化融合のシンボルともいえる（写真3.1）．

16世紀初頭，ロシアはウラル山脈を越え，シベリアへ進出する．これは「陸の大航海時代」ともいわれた．まずは，「シベリア」という地名の語源ともなったシベリア・ハーン国を征服し，シベリアのロシア支配の拠点であるトボリスク（1587

写真3.1 モスクワの「赤の広場」にある聖ワシリー聖堂（2016年6月）

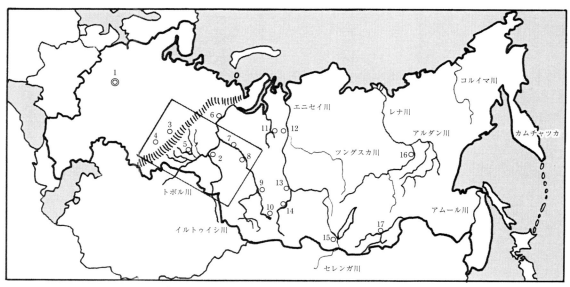

図 3.1 17〜18世紀初期のシベリアにおけるロシアの拠点
1. モスクワ, 2. トボリスク, 3. ペルミ, 4. ウファ, 5. チュメニ, 6. ベリョーゾボ, 7. スルグト, 8. ナルイム, 9. トムスク, 10. クズネック, 11. マンガゼヤ, 12. トゥルクハンスク, 13. エニセイスク, 14. クラスノヤルスク, 15. イルクーツク, 16. ヤクーツク, 17. ネルチンスク.
国境線は現在のロシア連邦の範囲を示している. 図中の□が示す範囲は図 3.2 の範囲である.
(米家, 2013 を改変. "Универсалъный историко-географический атлас России" (Москва, 2008. C.18-19) より作成)

年) やチュメニ (1586年) のほか, 西シベリアに位置するチュラ川流域およびオビ川流域の各都市が建設された. 17世紀には, オビ川上流のトムスク (1604年), クズネック (1618年), エニセイ川流域にエニセイスク (1610年), クラスノヤルスク (1628年), エニセイ川の支流であるアンガラ川にはイルクーツク (1652年), レナ川にはヤクーツク (1632年) が建設された.

17世紀のロシアのシベリア進出に際し, 情報収集の拠点はトボリスクであった. 当初は先に建設されたチュメニの管轄下にあったものの, 1590年にシベリアの首都となり, シベリア全体の軍事・行政・経済・文化の中心地となった (図 3.1, 3.2). トボリスクは, シベリア西部の大河オビ川に流れ込むイルトゥイシ川と, さらにその支流のトボル川の分岐点に位置する交通の要衝である. ウラル山脈方面を源流とする各河川の上流地域には, 1645年までに建設されたロシア人集落が分布している. しかし, 当該地域には, 遊牧民族のバシキール人の勢力範囲も隣接しており, ロシア

人の進出は容易ではなかった. それでも17世紀末には, バシキール人の反乱をおさえる形で, ロシア人集落が次々と建設されている (図 3.2). このように, シベリア全体において, 各郡の拠点都市の周囲には, 農奴制から逃れたロシア農民による自由村が次々と建設され, ロシア人の人口は徐々に増加していった.

18世紀になると, 中央アジア方面への進出の拠点となるオムスク (1716年), ペトロパヴロフスクカムチャッキー (1740年), コルサコフ (1790年), クシュンコタン, コルサコフ (1875年, 1905年大泊) など, カムチャツカ半島やサハリン島に拠点建設が移った. ロシアは, 18世紀末にはアラスカ半島やアメリカ北西岸にも進出し, その支配領域はさらに東へ拡大した. この頃になると, バイカル湖西側, アンガラ河畔に立地するイルクーツクが, ロシア・シベリア・中国の貿易都市として重要な地位を占めた. また, ロシアのシベリア支配の拠点であるシベリア総督府も置かれ, シベリアの首都は, 名実ともにトボリスクか

3.1 ロシアの歴史的発展——西から東へ資源と空間を求めた開拓史 21

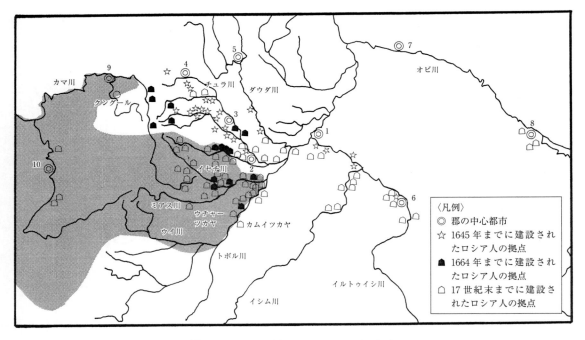

図3.2 トボリスク周辺におけるロシア人の拠点
1．トボリスク，2．チュメニ，3．トゥリンスク，4．ベルホトゥリエ，5．ペリム，6．タラ，7．スルグト，8．ナルイム，9．ペルミ，10．ウファ．
（米家，2013を改変．"Сибирь-атлас Азиатской России"（Москва, 2007. C.510-511）より作成）

らイルクーツクに移った．イルクーツクは，アンガラ河畔に位置する「シベリアのパリ」とも称される美しい町並みの都市である（写真3.2）．東シベリアにおける政治・経済だけでなく文化の中心地でもあった．

19世紀になると，アムール川流域にニコラエフスクナアムーレ（1850年），ブラゴヴェシチェンスク（1856年），ハバロフスク（1858年）が次々と建設され，ウラジオストク（1860年），ユジノサハリンスク（1881年ウラジミロフカ，1905年豊原），現在は中国東北部になるハルビン（1898年），ダーリニー（1898年，現在の大連），ポートアルトゥール（1898年，現在の旅順）とロシアの極東地域に一気に植民都市の建設が行われる．その後，政治的な状況を反映し，20世紀には，ユダヤ自治州の州都であるビロビジャン（1934年），流刑地としてマガダン（1939年）が建設された．

以上のように，広大なシベリアの主なロシア進出拠点は，16世紀末以降から17世紀にかけて建設されていることがわかる．一方，ロシア極東の

アムール川流域の諸都市はシベリアの諸都市に比べて遅い年代での建設であることに留意する必要があろう．ブラゴヴェシチェンスクは1856年にコサックの拠点ができていたものの，町自体の建設はハバロフスクと同じ1858年であり，この両都市の建設は，この年のアイグン（愛琿）条約により，ロシアがアムール川左岸を獲得したからで

写真3.2 アンガラ川の河畔に発展したイルクーツクの町並み（2009年9月）

22　3．開発の歴史，豊かな資源

あった．1860年にはロシアと清の間で北京条約が結ばれ，清はウスリー川東岸をロシアへ割譲し，ロシアはそこに「東を征服せよ」という意味のウラジオストクを築くことになった．

これらの諸都市は，ロシアのシベリア進出によって形成された都市の中では，隣国である清（中国）との長年にわたる領土争い，19世紀後半の国際条約によるその領土画定を契機に形成された都市である．その意味では，多くのシベリア植民都市と歴史的意義が異なる．しかし，ロシア帝国の東への進出としてのフロンティアであり，ロシアはこれらの諸都市を拠点として，中国東北部への進出を行い，日本との覇権争いを行うことになった．1904年の日露戦争の敗北で中国東北部からは撤退することになったものの，ハルビン，ダーリニー（現，大連）といったロシアが中国東北部に建設した植民都市はそのまま日本の植民地時代に受け継がれた．ロシアの東の最前線となったウラジオストクは，ロシア沿海州の中心都市となり，その後，ソ連の軍事拠点都市となる．

なお，シベリアで最も新しくできた都市の1つであるノヴォシビルスク（1903-26年ノヴォニコラエフスク）は，1893年にオビ川への架橋の工事拠点として造られた集落がもととなっており，ほかのシベリア植民都市とはその建設の由来における性質は異なる．しかし，100年余で大きな発展をとげ，現在はシベリアの政治・経済・文化・学術の中心都市である．

これまで述べたロシアの主要なシベリア植民都市（ノヴォシビルスク・イルクーツク・ウラジオストク・トボリスク）の人口変化のデータを比較してみよう（図3.3）．2010年に出版された最新の『シベリア歴史百科事典』の記述をみると，ロシア帝国最初で最後の1897年の人口センサスのデータが主要都市の項目には必ずあげられている．トボリスクのみ，1624年と1719年の史料による概数があるため，その数とも比較する．

1897年の段階では，イルクーツク約5万人，ウラジオストク約2万8,000人，トボリスク約2万人，ノヴォシビルスクは約8,000人と人口規模は少ないものの，イルクーツクが最も多くの人口

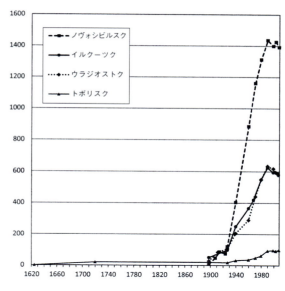

図3.3 シベリアの主要都市における人口の変化
（『シベリア歴史百科事典』より作成）

を有していた．現在のシベリア最大都市であるノヴォシビルスクは，ソ連時代になってから急激に人口増加し，100万人を超えたことがわかる．イルクーツク，ウラジオストクも増加するが，50万〜60万人規模である．その後，トボリスク以外の都市においては，1991年のソ連崩壊に伴う人口減少はあるものの，その後の傾向は横ばいである．トボリスクは，1624年は約1,000人，1719年は約2万人，1897年も2万人と変わらないが，1939年以降は微増し，2007年にようやく10万人となった．これらのデータから，内陸部の植民都市におけるノヴォシビルスクのソ連時代における発展状況がわかる．

ロシアおよびソ連という国家にとってのシベリアとは，その天然資源の豊富さから，「柔らかい金（毛皮）」から「硬い金（金属）」，「クリームの金（バター）」，「乾いた金（穀物）」，そして「黒（石油）と青（天然ガス）の金」へと，天然資源を「金」にたとえた地域として，その変遷が表現されるようになった．一方で，シベリアは，ロシア帝国にとっては長らく流刑地でもあり，多くの農奴や政治犯・刑事犯がシベリア流刑となった．これらの流刑囚は，シベリアにおける天然資源の開発拠点の増加に伴い，植民や強制労働に従事させ

3.1 ロシアの歴史的発展──西から東へ資源と空間を求めた開拓史　　23

目的のために増加した．このようなシベリアへの流刑はソ連時代も続き，ソ連崩壊後，ロシアになってようやく廃止された．

3.2 ステップ地帯の交易路
——シルクロードの歴史と発展

「シルクロード」は，19世紀末にドイツの地理学者リヒトフォーフェンが初めて使用した語であり，主に中国特産の絹が東西交通路に果たした役割に注目したものである．その弟子であるヘディンが1936年に出版した中央アジア探検記である"*Die Seidenstraße*"の英訳本"*Silk-Road*"(1938年)がこの言葉を世界中に広めるきっかけとなった．シルクロードの起点と終点は，東は中国の長安とも洛陽ともいわれ，西はシリアのアンティオキアともローマともいわれる．また，海を渡った東の最終地点として，日本の奈良をあげる学者もいる．細かい部分については諸説あるものの，紀元前2世紀頃から存在したユーラシア大陸を横断する東西の交易路全体のことを「シルクロード」と呼び，その交易の主な担い手は，草原の遊牧民族とオアシスを拠点とする農耕定住民族であった．

中央アジアと南ロシアには，このシルクロードの中でも古くから存在する交易路が通っている．1つは，中国からモンゴル，カザフスタン，アラル海やカスピ海の北側からロシア南部，黒海を通る草原ルートであり，もう1つは中国からウズベキスタン，トルクメニスタンを通り，そこからはいくつかのルートがあったとされるオアシスルートである．このルート名の「草原」(ステップともいう)と「オアシス」は，あくまで交易ルートを便宜的に分類するものであり，地理的に正確な自然環境を述べているとはいいがたい．

現在のロシア南部からカザフスタン，ウズベキスタンにかけての地域全体に広がる「カザフステップ」は，単純に草原とオアシスにはっきりと区別されるものではなく，ステップ地帯に草原とオアシス集落が点在する状況である．例えば，ウズベキスタンの首都であるタシケントは，典型的なオアシス集落であるが，その周辺には，綿花栽培を行うオアシス集落とステップが混在し，さらに半砂漠地域も点在する．

カザフステップに点在するオアシス集落では，活発な交易活動が行われ，バザールが開かれた．ウズベキスタン南部に位置する古都サマルカンドの起源は，紀元前6世紀頃まで遡るとされ，中国から中央アジアまで，国際的な商業活動で活躍したソグド人が拠点とした都市である．ソグド人は，中国からの絹織物や高度な工芸品を運ぶだけでなく，ゾロアスター教やマニ教を中国に伝え，文字を遊牧民族にもたらすなどの文化伝播にも貢献した．サマルカンドは8世紀のイスラーム化や11世紀のテュルク化を経て，14世紀末から15世紀にかけてはティムール朝の首都としても発展した．ティムールの孫のウルグベクにより，中央アジアで最初の天文台が築かれたことにより，学術都市としても有名である．サマルカンドにはこの頃の多くの歴史遺産があるため，2001年に「文化交差路」としてユネスコの世界文化遺産にも登録された（写真3.3）．

18世紀以降になると，ロシア帝国の東方進出がアメリカ北西岸まで到達し，さらなる新しい土地を求めて，シベリア南方に位置する中央アジアや黒海方面のカフカス地方への地理的な関心が高まった．ロシアは1716年にシベリア南部のオムスク，1743年にカザフステップの西側にオレンブルクを建設し，中央アジア方面へ進出する拠点とした．黒海およびカフカス地方では，1783年にクリミア・ハーン国を併合，1785年にはロシ

写真3.3 サマルカンドにおける世界遺産，レギスタン広場（2014年9月）

アに抵抗する大規模な反乱が起きた．1801年にはグルジア王国がロシアに併合された．

このような政治的な動きよりも早い17世紀以降，ロシアはカザフステップの遊牧民と積極的に交易を行い，ロシアからは工業加工品や綿織物，カザフの遊牧民からは牧畜商品がロシアへと取引されていた．カザフステップの南に位置するブハラやヒヴァなどの諸都市との交易ルートも発展した．18世紀には，シルクロードの交易ルートは，ロシアを組み込んだ形でますます活発化していた．

19世紀には，ロシアとイギリスが中央アジアを中心としたユーラシア大陸中央部で「グレートゲーム」を繰り広げた．イギリスは植民地インドを拠点として，中央アジアのブハラ・アミール国，コーカンド・ハーン国，ヒヴァ・ハーン国などに外交戦を活発化させたものの，これらの国々に対するロシアの歴史的な関係や情報量には勝てず，さらにアフガン戦争の敗北もあり，当該地域から撤退した．

また，この中央アジアから中国の新疆にかけては，歴史的には「テュルク人の土地」という意味の「トルキスタン」と呼ばれた地域であった．19世紀の後半になると，ロシアはこの地を支配するためにタシケントにトルキスタン総督府を置き（1867年），トルキスタンの西側部分を明確な境界線で区分した．残りの東側部分は，清朝により支配下に置かれた．そのため，トルキスタンは東西に分かれ，ロシアはロシア領トルキスタン（西トルキスタン）を統治し，中国の清朝は新疆を中心とした東トルキスタンを統治した．

トルキスタンの中心都市の1つでもあった現在のウズベキスタン南部に位置するブハラは，サマルカンドと並ぶ紀元前からの古いオアシス都市である．8世紀にイスラーム化され，9世紀後半からはサーマーン朝の首都として繁栄し，イラン・イスラーム文化の中心地となった．18世紀後半からはブハラ・アミール国の首都として，ロシアおよびインド方面を結ぶ国際的な商業都市として発展した．1868年にブハラ・アミール国はロシアの保護国となり（1920年にはソ連に編入），現在はウズベキスタンの一州となっている．ブハラにも多くの歴史遺産があるため，1993年に「ブハラ歴史地区」としてユネスコの世界文化遺産に登録された（写真3.4）．

ロシア帝国が中央アジア支配を行った19世紀以降のシルクロードは，ロシアと中国を結ぶ国際交易路として発展していった．20世紀にはロシアはソ連となり，清は中華人民共和国となり，東西トルキスタンの地域は，それぞれ共産主義国の中央経済に組み込まれた．しかし，社会体制の変化の影響は受けつつも，遊牧民族とオアシス集落におけるシルクロードの交易活動は，中央アジアと中国新疆の地域経済に重要な役割を果たし続けた．

ところで，一般の日本人によって，「シルクロード」という表現は，中央アジアをイメージするものとして馴染みのあるものである．しかし，ユーラシア大陸を結ぶ東西の交易路全体を指す漠然としたものであり，その語の由来も，前述のように，あくまで欧米の学者によるものであるということに留意する必要がある．この語は，歴史的なロマンに満ちたものとして語られるがゆえに，一般の日本人に偏った中央アジア像をもたらす危険性があるとも指摘されている（宇山，2003）．

しかし一方で，現在の中央アジア諸国は，「シルクロード」という言葉を，古代の悠久ロマンをかきたてるものとしてだけでなく，国際的な貿易や運輸の関係から，ソ連時代の閉ざされた国際関

写真3.4 ブハラにおける世界遺産．イスマーイール・サマニ廟（2014年9月）

3.2 ステップ地帯の交易路——シルクロードの歴史と発展　25

係から開かれた国際関係へ変容したことの表現として，積極的に活用している．また中国が中心となり，中央アジア諸国も賛同して，ユネスコの「シルクロード・プロジェクト」が始まった．これは，歴史的なシルクロードの遺産群にユネスコの事業を展開させて，遺産の保存や現代的な活用に取り組む計画であり，単なる交易の歴史としてのシルクロードという思想から，現代社会におけるシルクロードの活用へと思想を転換させた点で注目されよう．

[米家志乃布]

3.3 ロシアの天然資源とその開発

3.3.1 天然資源の開発の概要

いうまでもなくロシアは世界の中でも有数の天然資源大国である．石油，天然ガスなどのエネルギー資源に加えて，鉄鉱石，石炭，金，ダイヤモンド，プラチナ，ニッケルなど多くの資源を豊富に産出している．

これらの資源を用いて，ロシア各地で工業が盛んであるが，本格的に工業化が進んだのはソ連時代である．かつては，資源埋蔵地があまりに遠いために輸送の問題によって開発の採算がとれない資源が各地に豊富にあった．1913年までは，工業は4つの地域に集中していた．そのうちの3つ（モスクワ，サンクトペテルブルク，ロシア共和国）は国土の西部にあり，第4の工業地域はアゼルバイジャンのバクー油田の周辺であった．

もともと，ロシア帝国の時代の大工場や鉱山は，イギリスやフランスなどの資本によってつくられたものであった．これらの工場や鉱山はソ連時代にはすべて国有化され，5年ごとに経済の達成目標を決める五カ年計画が立てられ，工業化が進んだ．1917年から1991年の期間には，消費財を犠牲として機械工業や軍事工業の生産を促し，工業の発展を実現した．第1次五カ年計画（1928-32年）の実施によって，4つの地域に集中していた工業地域は，大きな開発の転換を迎えることになる．この際，遠方の地域で産出される石油や石炭，鉄鉱石などの資源を運搬するのに，鉄道と水運が発達することになった．シベリア鉄道とバム鉄道の開発はまさにこの好例である．1920年から1980年までの60年間に，重工業は消費財工業の9倍の速さで成長し，約4万の新しい鉱山・発電所・工業プラントが開設された．

1991年にソ連が崩壊した後の1990年代には，ロシアの鉱工業は衰退し，生産高が半減した．多くの企業は機能を失い，再編や解体を余儀なくされた．ロシアの鉱工業が停滞の時期に入ったのである．1998年の通貨危機・金融危機を経て，2000年代になってロシアの経済成長が進んだが，その理由は工業発展ではなく，むしろ天然資源の開発によるものであった．2010年時点で，ロシアは世界最大の石油・天然ガスの生産国であり，これらがロシアの国内総生産（GDP）のかなりの割合を占めるようになった．2010年には，輸出金額のうち原油が32%，石油製品が17%，天然ガスが12%，石炭が2%で，石油・天然ガス・石炭関連商品だけで63%を占めている（図3.4）．この割合は，2013年および2014年になるとさらに大きくなり，それぞれ70%，69%に達している（United Nations, 2016）．ただし，最近のロシアはBRICsの一角として大きな成長をとげることになったものの，国際的に天然資源の価格変動が大きく，ロシアの経済に問題を与えることになってもいる．

3.3.2 天然資源の分布

広大な国土を占めるロシアの中で，天然資源の分布には地域的な特徴が認められる（図3.5）．以下では，天然資源の分布と現在のロシアの鉱工業

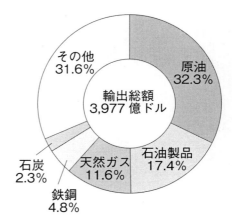

図3.4 ロシアの輸出品目の割合
（International Trade Stat. Yearbook 2010 より作成）

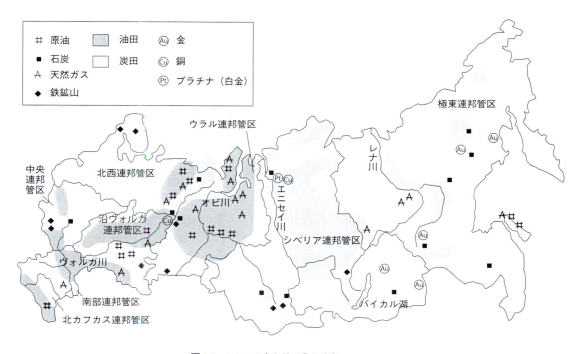

図 3.5　ロシアの主な鉱工業の分布
（Diercke Weltatlas 2015 ほかより作成）

の分布の特徴についてみてみよう．

　石油や天然ガスはウラル連邦管区および沿ヴォルガ連邦管区（ウラル＝ヴォルガ地方）に集中している（図 3.5）．ウラル＝ヴォルガ地方では 1930 年代初頭に油田が発見され，ウラル＝ヴォルガ地方と西シベリアのチュメニコンビナートに 4 つの大きな油田が開発された．その後，ウラル＝ヴォルガ地方は 1960 年代までにソ連最大の油田地帯に成長した．

　原油埋蔵量（141 億 t）は世界で 6 位（2015 年）であるが（表 3.1），産出量では世界 1 位（2012 年）である（表 3.2）．また，天然ガスは埋蔵量（32 兆 6,400 億 m³）および産出量（25,158 兆 J）ともに世界 2 位（2012 年）である．

　ロシアの石油ならびに天然ガスの輸出には，パイプラインが用いられており，東ヨーロッパ諸国だけではなく，西ヨーロッパにも輸出され，ヨーロッパ諸国ではロシアへのエネルギー資源の依存度が高まっている．さらに，ヨーロッパ諸国との結びつきと比べるとまだ小さいものの，極東地方の石油・天然ガスは東アジア諸国に輸出されるようになっており，輸送用のパイプライン建設が進

表 3.1　ロシアの主要なエネルギー・鉱物埋蔵量の世界の中での順位

種類	世界順位	割合(%)	年	埋蔵量
原油	6	5.9	2015	141 億 t
天然ガス	2	17.4	2015	32 兆 6,400 億 m³
石炭	4	12.2	2014	491 億 t
鉄鉱石	3	16.1	2014	140 億 t
銅鉱	7	4.3	2014	3,000 万 t
ニッケル鉱	4	9.8	2014	790 万 t

（USGS Minerals Commodity Summaries 2015 ほかより作成）

表 3.2　ロシアの主要なエネルギー・鉱物産出量の世界の中での順位

種類	世界順位	割合(%)	年	埋蔵量
原油	1	13.5	2012	4 億 9,743 万 t
天然ガス	2	19.0	2012	25,158 兆 J
石炭	6	4.3	2012	2 億 7,831 万 t
鉄鉱石	5	4.1	2013	6,070 万 t
銅鉱	6	5.2	2012	88.3 万 t
金鉱	4	8.1	2012	218 t
銀鉱	5	5.9	2012	1,500 t
ダイヤモンド	1	27.3	2012	3,490 万 ct
ニッケル鉱	3	12.3	2012	24.5 万 t
タングステン鉱	2	4.4	2013	3,600 t
コバルト鉱	5	5.7	2013	6,300 t
バナジウム鉱	3	19.2	2013	1 万 5,000 t
パラジウム鉱	1	39.4	2013	80.0 t
白金（プラチナ）	2	13.9	2013	25.5 t

（USGS Minerals Commodity Summaries 2015 ほかより作成）

3.3　ロシアの天然資源とその開発　　27

められている.

炭田はシベリア連邦管区を中心に極東連邦管区や北西連邦管区に広がっている（図3.5）. 現在のウクライナのドネツ炭田がかつての最大の産地であったが, 採掘可能な石炭層が地下深部にしか残っていないため, 最近では採掘費用が膨らむようになっている. ロシア時代に入ってからは, エニセイ川上流のクズネック炭田が主要な炭田となっている.

もともとソ連時代には世界の石炭の約4分の1の埋蔵量があると考えられてきた. 2014年時点では491億tの埋蔵量（世界の約12%）が確認されており, 世界第4位の埋蔵量を誇っている（表3.1）. 産出量（2億7,831万t）は世界6位（2012年）である（表3.2）.

鉄鉱石は, 中央平原のクルスク州にその最大の鉱床があり, クリヴォイログとカレリアーコラを含むほかの6鉱床とともに, 鉄鉱石採掘の中心地となっている.

鉄鉱石の埋蔵量（140億t）は世界3位（2014年）で（表3.1）, 産出量（6,070万t）は世界5位（2013年）である（表3.2）.

金（2012年の産出量は218tで世界4位）と銀（同年の産出量は1,500tで世界5位）の鉱山は主としてシベリア（クラスノヤルスク地方, イルクーツク州）と極東（マガダン州, サハ共和国, ハバロフスク地方, アムール州）の2つの連邦管区に分布し, 世界一の産出量（3,490万ct, 2012年）を誇るダイヤモンド（表3.2）のほとんどは極東連邦管区のサハ共和国で産出されている. 銅の産出量（88.3万t）は世界6位（2012年）である.

世界の中でもロシアはレアメタルが多い国の1つである（表3.2）. 世界4位の埋蔵量（790万t, 2014年）・世界3位の産出量（24.5万t, 2012年）を誇るニッケル鉱は北極圏のノリリスク, 世界2位の産出量を誇る白金（プラチナ）鉱山はその北西のシベリアに分布している. パラジウムの産出量（80.0t）は世界1位（2013年）で, タングステンおよび白金（プラチナ）の産出量（それぞれ3,600t, 25.5t）は世界2位（2013年）, ニッケルおよびバナジウム（それぞれ24.5万t, 1万5,000

t）は世界3位（2013年）である. ノリリスクには, ニッケルのほかに, 白金（プラチナ）, 金, 銅, コバルト, 銀などが膨大に埋蔵されている.

3.3.3　工業地域の分布

7連邦管区別にみると, 沿ヴォルガ, 中央, ウラルの3連邦管区で鉱工業全体の2割で, ヨーロッパ・ロシアの中央地帯がロシアの鉱工業を担っている.

北西連邦管区では, 古くからサンクトペテルブルクが鉱工業の拠点である（図3.6A）. 導線, 電気, 精密機器などの機械工業と, 化学, 金属, 繊維, 食品などからなる総合工業地域である. ここには外国資本による自動車工業が最近立地するようになった.

中央連邦管区のモスクワを中心とする地域は（図3.6B）, 機械, 化学, 繊維, 食品などを中心にした総合工業地域であり, サンクトペテルブルク工業地域とともに, 大都市を背景に発達してきた.

カスピ海に注ぐヴォルガ川の流域（図3.6C）は, 古くから工業が発展してきた地域である. 化学工業の中心は沿ヴォルガ連邦管区にあり, タタールスタン共和国では合成ゴムやタイヤが, タタールスタン共和国とバシコルトスタン共和国では合成樹脂, プラスチックが, ペルミ地方では化学肥料が生産されている.

マグニトゴルスクでは付近で産出する鉄鉱石を用いて, 鉄鋼, 金属などの重工業が発達した. ウファではヴォルガ＝ウラル油田を基礎として, 石油精製, 石油化学, 機械などの工業が発達した. また, チェリャビンスクでは鉄鋼, 機械, 化学などの重工業が発達した.

クズネック工業地域（図3.6D）は, クズネック炭田（中心都市：ノヴォクズネック）を基礎に発展したロシア最大の工業地域である. ソ連時代にはマグニトゴルスクの鉄鉱石とクズネックで採れる石炭を使って, ウラル＝クズネックコンビナートを形成していたが, 現在は南方にあるテミルタウ・タシュタゴルの鉄鉱石を利用した工業製品が作られている. シベリア鉄道沿いを中心にして, 金属, 機械, 科学などの重工業が発達している.

図 3.6 ロシアの主な工業地域と工業都市
（Diercke Weltatlas 2015 ほかより作成）

アンガラ＝バイカル工業地域（図3.6E）は，バイカル湖周辺とアンガラ川上流地域に広がる工業地域で，チェレンホヴォ炭田やブラーツクの水力発電，森林資源などを使って，製鉄，冶金，科学，製紙，パルプなどの工業が発達した工業地域である．主要都市は，イルクーツク，ブラーツク，アンガルスクで，シベリア鉄道とバム鉄道の交点となっている．特にイルクーツク州とクラスノヤルスク地方は，水力発電を利用して世界2位を誇るアルミニウム生産（表3.3）の主力工場となっている．チュメニ油田からはパイプラインが通っている．

これらのほかに，ハバロフスクからウラジオストク一帯の極東地域でも鉱工業が盛んである．ハバロフスクでは，機械，金属，化学，繊維，石油化学などの工業が発達しており，ウラジオストクでは造船，機械，軍事機器などの工業が発達している．また，サハリン沖の油田や天然ガス開発には海外の企業が資本参加している．

3.4 自然改造計画と環境破壊（アラル海），環境問題

1928年以降，ソ連は10数次にわたる五カ年計

表3.3 ロシアのいくつかの金属の埋蔵量・生産量の世界の中での順位

種類	世界順位	割合（％）	年	埋蔵量／生産量
銑鉄	4	4.4	2014	埋蔵量 5,148万 t
アルミニウム	2	6.2	2015	生産量 352万 9,000 t
マグネシウム	4	2.8	2015	生産量 2万 8,000 t
ニッケル	2	12.7	2015	生産量 24万 t

（World Metal Statistics Yearbook 2016 ほかより作成）

画の実施によって工業化を進め，世界の一大工業国となった．ソ連では同時に，食料生産を増やすために農業の改革にも力を注ぐ必要があった．その際，農業構造や政策を変えるための政治体制を変えることはできなかったので，大規模農場の建設に加えて，自然改造計画（国土総合開発計画）のもとでバム鉄道（第二シベリア鉄道，コラム参照）の建設や水運開発による流通の改善に手をつけた．人口が多いソ連西部や南部には乾燥地域が多く，水が少なかったため，灌漑開発を進める必要があった．しかし，自然改造計画は，様々な環境破壊問題を生じさせることにもなってしまった．以下では，ソ連の自然改造計画について概説し，その計画と関連した環境問題について述べる．

3.4.1 自然改造計画

　自然改造計画あるいは「スターリンの自然改造計画（Stalinskij plan prjeobrazovanija prirody）」は，1946 年にヨシフ・スターリンが提唱した戦後の農業復興と「今後 15 年の間に共産主義移行への物質的基盤を構築する」というキャンペーンの中核を成す事業で，1948 年に開始された事業である．この計画は，ソ連内の農業生産性を向上させるための土地開発や農業生産，運河建設に関する，主としてウラル山脈以西，かつカザニやリャザニ付近以南のロシアおよびウクライナ全土を含んだ地域を対象とした事業計画である．何を自然改造計画とみなすかについては，時代とともに変化しているようであるが，例えば矢野（1955）は，①ヴォルガ＝ドン運河計画，②クイビシェフ水力発電建設計画，③スターリングラード水力発電計画，④カホフカ水力発電建設計画，⑤主要トルクメン運河計画，⑥スターリン植林事業計画，⑦新方式灌漑事業計画の 7 つの大建設事業をあげている．また，カラクーム運河の建設やバム鉄道の建設も自然改造計画の一環であるとみなされることがあり，これらの事業計画を通して，農村の電化，耕地の拡大，さらには自然災害の防止などを目指そうとした．図 3.7 に主な自然改造計画の大まかな分布を示し，表 3.4 に主な自然改造計画の年表をまとめた．

　いわゆる「自然改造計画」はソ連のみで実施されたわけではないが，ソ連におけるそれは，計画的・総合的な開発を行うことで，資本主義社会とは異なり，自然を消費・略奪せずに自然（大地）を改良・改造・制御できるという思想に基づくものであった．地田（2009）によれば，自然改造計画を理念的に支えたのは，当時のソ連地理学であったという．

　以下では自然改造計画のうち，ヴォルガ＝ドン運河計画，主要トルクメン運河計画，カラクーム運河計画，シベリア河川・北方河川転流計画について紹介する．

a．ヴォルガ＝ドン運河計画

　ヴォルガ＝ドン運河計画は，スターリングラード（現，ヴォルゴグラード）水力発電所の建設を含めた，ヴォルガ川流域の水資源開発事業計画である．後述の主要トルクメン運河計画や，ドニエプル川の水資源開発計画（南ウクライナ運河およびカホフカ水力発電所の建設）などとともに「偉大なる共産主義の建設事業」と称された．

表 3.4　ソ連の主な自然改造計画とソ連・ロシアの主な環境政策・環境関連の動き

時期	計画・政策
1940	ソ連政府，カラクーム運河建設について言及，同運河事業計画書作成
1948	自然改造計画発表
1949	河川転流計画案発表
1950	主要トルクメン運河計画発表，ヴォルガ川水資源開発
1953	主要トルクメン運河建設中止決定
1954	カラクーム運河建設の本格的建設開始
1950 年代末まで	北方河川転流計画案
1960	アラル海水位低下始まる
1960 年代	バイカル湖問題顕在化，アラル海と周辺地域の生態系破壊進行
1960 年代半ば	シベリア河川・北方河川転流計画棚上げ
1970 年代	シベリア河川転流計画および北方河川転流計画の本格的検討
1976 年	シベリア河川・北方河川転流計画が経済発展五カ年計画に盛り込まれる
1986	シベリア河川・北方河川転流計画停止決定
1988	国家自然保護委員会設立
1989	バム鉄道（第二シベリア鉄道）全線開通
1991	キシニョフ協定調印，ソ連自然保護省の設置，ソ連崩壊
1993	環境保護・天然資源省設置
1994	ロシア大統領令「環境保護と持続的発展の保証のためのロシア国家戦略について」
2005	小アラル救済のためのダム建設

（伊藤，1993；徳永，2013 ほかより作成）

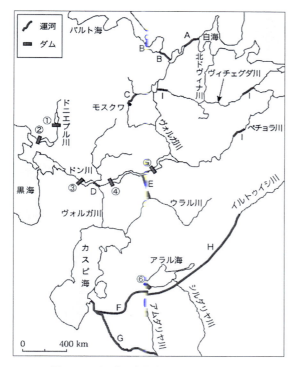

図 3.7 ソ連の主な自然改造計画の分布概念図
［水力発電所］①ドニエプル，②カホフカ，③ツィムリャンスク，④スターリングラード，⑤クイビシェフ，⑥名称不明（計画のみ），［運河など］D ヴォルガ＝ドン，E スターリングラード，F 主要トルクメン運河計画，G カラクーム，H シベリア河川転流計画，I 北方河川転流計画．ヴォルガ＝ドン運河（D）の建設によって，自然改造計画前に建設されていたスターリン運河（A：1937年完成），白海・バルト海運河（B：1933年完成）およびモスクワ運河（C：1937年完成）を経て，黒海がカスピ海，白海およびバルト海と結ばれた．
（矢野，1955；川名，2009；地田，2009ほかより作成）

ヴォルガ＝ドン運河（図 3.7D）はヴォルガ川とドン川を結ぶ運河で，総延長が約 101 km の水路からなる．当初の計画は 16 世紀まで遡るが，実際の建設は 1948 年に起工し，約 4,000 億円を使って 1952 年に完成した．ヴォルガ川とはヴォルゴグラードの南でつながり，ドン川とはツィムリャンスク湖（ツィムリャンスクダムでできた人造湖）で接続されている．この運河によって，カスピ海と黒海が結ばれるに至った．この運河は灌漑水および発電用水の供給に加えて，船舶の航行をもたらしており，現在では観光船も就航している．

b. 主要トルクメン運河計画

砂漠の改造を大々的にうたった，主要トルクメン運河（大トルクメン運河）計画（図 3.7F）は 1950 年に発表された．この計画は，まさに自然改造計画の1つとして位置づけられ，西トルクメニスタンの油田地帯への水供給とアトレク川流域の灌漑（砂漠の緑化）を目的としていた．しかしながら，巨大なカラクーム砂漠を横断する運河建設は技術的に困難であり，かつ運河への取水量を著しく過小評価していたことなどから，最終的には計画そのものが撤回されることになった．

主要トルクメン運河計画では，アラル海の縮小が予測されていたものの，アラル海の縮小は当時むしろプラスにとらえられていたという（地田，2009）．

c. カラクーム運河計画

カラクーム運河計画（図 3.7G）は，しばしば自然改造計画の1つとして言及されるが，その初期のアイデアはロシア革命以前にも存在しており，この計画そのものは自然改造計画の一環として位置づけられていなかった．

カラクーム運河の建設についてソ連政府が初めて直接言及したのは 1940 年のことであった．この計画では，トルクメニスタン共和国における綿花の栽培を主とした農業振興を進めることが目的とされた．全 24 巻 38 冊にも及ぶ事業計画書の作成は遅れ，1947 年に計画が決議され，1954 年にアムダリヤ川からカラクーム砂漠に導水し，カスピ海付近に至る全長約 1,300 km の第一期工事が始まり，1959 年に運河の運用が開始された．アシハバードまでの 1,200 km 区間が完成したのは 1990 年のことである．

現在のカラクーム運河は，アムダリヤ川河畔のボサガからトルクメンバシまでの総延長 1,370 km となっており，トルクメニスタンではカラクーム川と呼ばれている．

d. シベリア河川・北方河川転流計画

シベリア河川転流計画（図 3.7H）は，ペチョラ川や北ドヴィナ川上流のヴィチェグダ川をヴォルガ川水系に転流させる北方河川転流計画（図 3.7I）と同時進行で，1970 年代半ばから本格的にソ連政府レベルで検討された．シベリア河川転流計画の初期の構想は，1871 年に遡るとされているが，

その後いくつかの案が出て，1948年，スターリンがシベリア河川・北方河川転流計画を中心とする「自然改造15年計画」を発表し，表3.4に示したように，政府は1949年に多目的な内容からなる計画案を自然改造計画の中に位置づけて発表した．

　この計画には，いくつかの案があるが，基本的にはシベリア河川（シベリアの複数の河川）をアラル海・カスピ海に転流させようというものであった．その主要な計画が，北極海に注ぐオビ川やその上流のイルトゥイシ川から全長2,500 kmもの人口運河を使って年間27 km³もの水をアラル海流域に注ごうという計画である（図3.7H）．すなわち，河川転流計画は，中央アジアの水資源不足の究極的な解決策として位置づけられていた．

　一方，北方河川転流計画（図3.7I）は，少なくとも1950年代末までには準備されていた．当初は，河川航行範囲の拡大と，低下するカスピ海の水位安定化，ヴォルガ＝カマ水力発電所からの電力生産増大という，多目的の水資源開発プロジェクトとみなされていた．

　北流するシベリア河川の豊富な水をアラル海地域に転流させるシベリア河川転流計画は，アラル海の縮小が顕著になった1970年代末から現実味を帯びてきたかのようにみえた．しかし最終的には，シベリア河川転流計画は，北方河川転流計画とともに，1986年に廃止に追い込まれることになった（次項参照）．

3.4.2　環境問題

　ソ連・ロシアの環境問題は，自然資源開発と大きな関係をもっている．すなわち，1917年以降に進められた急速な工業化に始まり，1991年のソ連解体までに西側に経済的に追いつこうとする共産主義体制によって，自然資源が開発され，環境破壊が進んだ．ヴラソヴァ（1998）は，過度に集権化した官僚的な政府の決定が環境への影響に配慮せずに行われ，ソ連の崩壊まで誰も環境問題に責任をとらなかったと述べている．先に，ソ連における自然改造計画は，計画的・総合的な開発を行うことで，自然を略奪することなく自然（大地）を改良・改造できるという思想に基づくもの

であったことを述べたが，結果的には国民に困窮した生活を強いただけでなく，様々な環境問題を招くことになったのである．自然改造計画に象徴されるような大規模な開発計画が寒冷地の脆弱な自然環境を蝕んできたことは紛れもない事実で，その根本的な解決の目処が立たないまま新たな開発地域が次々に登場しているのが現状である．

　自然改造計画によって影響を受けた代表例がアラル海の縮小であり（表3.4），またソ連における公害・環境問題と反公害運動の原点ともいわれる，いわゆる「バイカル問題」を引き起こしたのはバム鉄道の建設であった．バイカル湖の環境は，バム鉄道の建設後に開発が進んだバイカリスクセルロース・製紙コンビナートを中心として悪化し，淡水アザラシや様々な魚類，植生が深刻な影響を受けた．

　また，1940年代に始まった自然改造計画に先立って開発されたヴォルガ川とドン川流域（図3.7）では，工業化の発展が，水銀，カドミウム，農薬，化学肥料などによる著しい水質汚染をもたらした．このため，キャビアをつくるチョウザメが絶滅の危機に瀕するなど，多くの環境問題が生じている．

　こうしたソ連全土の環境問題は，例えば図3.8などによく示されている．以下では，先述の自然改造計画に関連して生じた，アラル海の環境問題の概要についてまとめる．

a.　アラル海の縮小

　アラル海の環境問題については日本語でも多くの研究論文・書籍が出版されている（例えば，地田，2013）．

　1960年代初め，ソ連中央計画当局によって，アラル海に接するカザフスタンと中央アジアのウズベキスタン共和国で綿の生産を飛躍的に増大することが決定された．その際，そのための灌漑用水がアラル海に注ぐシルダリヤ川とアムダリヤ川から引かれることになった．先述のカラクーム運河の建設は，その代表例であるが，ソ連が1960年以降，アラル海水系に建設した運河は主なものだけでも20を超えるという（川名，2009）．これらの運河から引かれた灌漑用水によって，中央ア

図 3.8 ソ連の環境危機地図
(徳永, 2011 を改変)

ジア地域の綿花や水稲の大規模灌漑農業が発展することになった．特に綿花の生産量は運河開設前の1940年の21万tから1977年には104万tへと5倍に増え，中央アジアの綿花生産量はソ連全土の95％を占めるまでに成長した．しかしその一方で，灌漑用の運河によって大量の水が引かれたため，アラル海に注がれる水がほとんど残らなかった．こうして，1970年代以降，アラル海の水位低下と面積縮小が急速に進むこととなった．

アラル海の縮小は，実はアムダリヤ川からの取水で生じることが1920年代には予測されていたし，カラクーム運河計画においても，開発の第二期で計画水量を取水した場合はアラル海の水位が2.5 m低下すると見通されていた．しかし，当時はこの程度の水位低下に大きな影響にはならないとされていた．大西・地田（2012）によれば関係者は1980年代にはアラル海にわずかな水量しか流入しなくなることを予測していたという．一方，主要トルクメン運河計画では，アラル海の水位が5〜6 mは低下すると予測されており，もしも主要トルクメン運河計画が現実のものとなっていたら，アラル海の縮小はさらに深刻なものになっていたに違いない．

アラル海の縮小は，周辺の農地で砂漠化を進行させている．干上がった海底から塩やほこり，砂が風で農地に運ばれ，農作物や自然の植物を枯らしている．また，アラル海はかつて6万人を養う漁業が盛んな海であったが，その漁業もほぼ壊滅してしまった．海水が周辺地域の気候を和らげていたが，海の縮小は気温の較差を増大させ，農業と自然の生態系に大きな影響を与えるに至った．

アラル海の縮小が進行してしまった理由の1つとして，地田（2009）は，当局関係者が縮小を静観していたことを取り上げている．すなわち，シベリア河川転流計画によってアラル海の縮小を解決できると当局関係者が楽観視していたということである．先述のように，この計画では北向きに流れるシベリアの河川を流路変更して，南に位置する中央アジアの乾燥地域に流すことで，中央アジアの灌漑を進めようとした．この計画は，年間120 km^{3}の水を先例のない遠方に流そうという，バム鉄道の建設にも劣らない計画であった．シベリア河川転流計画は，経済的理由によって凍結されたが，凍結にはもう1つ大きな理由があった．この計画の凍結には国民の反対意見が大きな意味をもっていたのである．1986年，ゴルバチョフ

3.4 自然改造計画と環境破壊（アラル海），環境問題　　33

書記長は，共産党大会の中で，オビ川とエニセイ川の転流計画に反対する国民世論の高まりに言及し，同年の政治局会議で計画中止の結論が出た．

一方で，類似の小規模な計画が多数実行され（アラル海水系だけでも，20以上の運河が建設された），アラル海，カスピ海，アゾフ海で海域の急激な縮小と広域にわたる土壌侵食・砂漠化が発生した．1989年には，ソ連共産党最高会議がアラル海の保護を環境政策の最優先課題の1つとして位置づけたものの，その問題解決については何も触れさえしなかった．

b. 今日の環境問題

1970年代初め，ソ連当局は，経済目標を優先しつつ，工業政策の環境負荷に気づき始め，多くの基本的な環境法規を採択した．しかしながら，長年にわたって続いた環境汚染の浄化はきわめてゆっくりとしか進まず，しかも多大の費用がかかった．

1991年1月には，当時のソ連の15全共和国によって「キシニョフ協定」が調印され（表3.4），ソ連後の環境協力の骨組みができた．だが，現在に至るまで，ロシアの環境ガバナンスには多くの問題が残されている．アラル海・カスピ海地域では，現在でもカラクーム運河に繋がる運河建設が進行中であり，さらにカスピ海・黒海地域では，ヴォルガ＝ドン運河の南に「ユーラシア運河」の建設構想がもちあがっている．「20世紀最大規模の環境破壊」といわれるアラル海の縮小およびそれに伴う環境変化の問題は，開発時に環境への影響を科学的に調査・評価・予測するアセスメントの実施が不可欠であることを教えてくれている．

［渡辺悌二］

引用・参考文献

池本修一・小田切英・北川　清ほか（2012）：ヨーロッパ州②（地理シリーズ世界の国々4）．帝国書院．

伊藤美和（1993）：旧ソ連におけるエコロジーと政治―河川転流計画争点化の一考察．ソビエト史研究会編：旧ソ連の民族問題，pp.191-213，木鐸社．

宇山智彦編著（2003）：中央アジアを知るための60章．明石書店．

ヴラソヴァ，T.（1998）：環境問題．田辺　裕監修，木村英亮訳：ロシア・北ユーラシア（図説大百科　世界の地理14），pp. 2000-2007，朝倉書店．

大西健夫・地田徹朗（2012）：乾燥・半乾燥地域の水資源開発と環境ガバナンス．窪田順平監修，渡邊三津子編：激動の近現代（中央ユーラシア環境史3），pp.267-297，臨川書店．

カルポウィクス，Z. J.（1998）：自然環境とその保全．田辺裕監修，木村英亮訳：ロシア・北ユーラシア（図説大百科　世界の地理14），pp.1924-1931，朝倉書店．

川名英之（2009）：ロシアと旧ソ連邦諸国（世界の環境問題第4巻）．緑風出版．

小松久男監修（2005）：中央ユーラシアを知る事典．平凡社．

米家志乃布（2011）：20世紀前半のシベリア・ロシア極東における植民都市と地図作製．法政大学文学部紀要，62：57-71．

米家志乃布（2013）：レーメゾフの「公務の地図帳」と描かれたシベリア像．法政大学文学部紀要，66：41-61．

田畑伸一郎（2007）：鉱工業．加賀美雅弘・木村　汎編：東ヨーロッパ・ロシア（世界地理講座10），pp.313-316，朝倉書店．

地田徹朗（2009）：戦後スターリン期トルクメニスタンにおける運河建設計画とアラル海問題．スラヴ研究，56：1-36．

地田徹朗（2013）：アラル海救済の現代史―「20世紀最大の環境破壊」の教訓―．大塚健司編：長期化する生態危機への社会対応とガバナンス　調査研究報告書，pp.23-48．

寺山恭輔（2009）：社会主義時代のシベリア・極東．岡洋樹・境田清隆・佐々木史郎編：東北アジア（朝倉世界地理講座2），pp.140-149，朝倉書店．

徳永昌弘（1997）：ロシア・バイカル湖地域開発の展開と公害・環境問題．ロシア・東欧学会年報，26：51-63．

徳永昌弘（2011）：エコロジー近代化から見たロシア．久保庭眞彰編：環境経済論の最近の展開2011，pp.25-58，一橋大学リポジトリ，http://hdl.handle.net/10086/19212（2017年8月16日確認）

徳永昌弘（2011）：開発と環境．吉井昌彦・溝端佐登史編著：現代ロシア経済論，pp.152-166，ミネルヴァ書房．

徳永昌弘（2013）：20世紀ロシアの開発と環境―「バイカル問題」の政治経済学的分析．北海道出版会．

ハミルトン，I.（1998）：鉱工業．田辺　裕監修，木村英亮訳：ロシア・北ユーラシア（図説大百科　世界の地理14），pp.1956-1963，朝倉書店．

深田久弥（2003）：中央アジア探検史（新装版）．白水社．

三浦清美（2007）：森と草原の国から「帝国」へ―ロシア国家膨張の歩み―．加賀美雅弘・木村　汎編：東ヨーロッパ・ロシア（朝倉世界地理講座10），pp.270-292，朝倉書店．

矢野勝正（1955）：ソ連および中国の建設事業．土木学会誌，**30**：371-378．

United Nations（2016）：*International Trade Statistics Yearbook 2015, Volume 1, Trade by Country*. United Nations.

コラム　シベリア鉄道とバム鉄道（第二シベリア鉄道）の恩恵

シベリア鉄道（Транссибирская магистраль，直訳するとシベリア横断鉄道）は，モスクワを起点として，ウラル山脈を横断し，オムスク〜ノヴォシビルスク〜イルクーツクからチタ〜ハバロフスクを経てウラジオストクに至る大横断鉄道で，全長9,297 kmの鉄道である（図3.6参照）．終点駅（東の起点駅）であるウラジオストクのホームには，西の起点駅であるモスクワ駅からの距離9,288 kmを表す「9288」と刻まれた石造りのキロポストが建てられている（写真C3.1）．これは，一般にいわれる全長9,297 km（現在の走行距離）とは異なっているが，2001年にモスクワ〜キーロフ間の経路を従来のヤロスラヴリ経由からウラジーミル（モスクワとニジニーノヴゴロド間に位置する）〜ニジニーノヴゴロド経由に変更したために生じた差である．狭義にはチェリャビンスクからウラジオストク間の7,416 km区間がシベリア鉄道に相当する．

特急旅客列車ロシア号がモスクワとウラジオストク間を7日間で結ぶことが日本人にはよく知られているが，実は貨物輸送が中心的役割を果たしている．すなわち，シベリア鉄道は，ロシアの東方への進出やシベリア開発（特に，森林資源と天然鉱物資源の開発）にきわめて大きな役割を果たしてきており，その目的は，第1に軍事的目的，第2に経済的目的，そして第3に太平洋の出口の確保であった．

シベリア鉄道の開通は1904年であると考えられることが多いが，これには別の考え方も存在している．すなわち，1904年説（1903年説もある）と1916年説の2つである．1904年説は，清領内の東清鉄道（ハルビン経由）の利用によって開通したという説で，1916年説はアムール線が開通した時点を完成とするものである．

ロシア帝国がシベリア鉄道建設を正式決定したのは1891年で，同年に西のチェリャビンスクと東のウラジオストクの両方からその建設に着工した．ロシアは，1894年に始まった日清戦争直後の日本による遼東半島の領有を三国干渉（1895年4月23日）によって阻止しており，その見返りとして清国の李鴻章より満州北部の鉄道敷設権を得ることに成功し，短絡線としてチタから満州北部を横断しウラジオストクに至る鉄道の敷設権を獲得した．この南満州支線772kmが1903年1月に完成したことでシベリア鉄道が完成したとみなすのが1903年完成説である．1904年に始まった日露戦争では大量の兵員と武器をヨーロッパ・ロシアから極東に輸送する必要があったため，輸送力の増強がはかられ，未完成であったバイカル湖周辺の区間もこのとき開通した．アムール川と並行してロシア領内を通る現行の路線が開通したのは1916年であり，この年をシベリア鉄道開通の年とする考え方もある（広瀬・望月，2004）．

1929年に電化工事が開始され，ウスリースク〜ウラジオストク間は1960年代初頭に電化され，2002年に極東区間での電化工事が終わって，全線の電化が終了した．また，重工業化が進行したスターリン政権下の1937年には全線で複線化が完了した．

電化と複線化は貨物輸送量の増強に大きな貢献を果たし，1980年代半ばには，シベリア鉄道を利用したコンテナ輸送，いわゆるシベリア・ランドブリッジによる貨物輸送の量がピークに達した．しかし，ソ連崩壊後，シベリア・ランドブリッジによる貨物輸送量は激減した．1992年になると，市場経済化政策でロシアがインフレになり，鉄道貨物料金が暴騰した上，鉄道と港湾との連携に問題が生じ，到着日数の不安定化，荷物の紛失・盗難が相次いだため，日本の荷主の信頼を失い，日本の利用量が激減した．その一方で，韓国や中国から中央アジアやロシアに向けた輸送の増加が顕著になっている．そこでプーチン政権は輸送日数の短縮や安全性の確保，輸送サービス向上の政策を推進し，極東地域におけるインフラ整備を進めている．

バイカル＝アムール鉄道（Байкало-Амурская магистраль を略してバム鉄道とも呼ばれる）は（図3.6参照），第二シベリア鉄道とも呼ばれ，バイカル湖近くのタイシェトでシベリア鉄道から分かれ，コムソモリスクナ

写真C3.1　シベリア鉄道東端，ウラジオストク駅（2014年8月）
ホームには起点駅であるモスクワ駅からの距離9,288 kmを表す「9288」と刻まれた石造りのキロポストが建てられている．写真撮影時のウラジオストクの時刻は午前9時39分であったが，ウラジオストクとモスクワの間には7時間の時差があり，ウラジオストク駅の時計は起点駅があるモスクワの時間（午前2時39分）を表示している．

アムーレでアムール川をわたり，日本海に面したソヴェツカヤガヴァニ港に至る，4,300 km の鉄道（狭義にはレナ川上流のウスチクートからアムール川下流のコムソモリスクナアムーレまでのバム鉄道管理局内の3,145 km の区間）を指す．1974 年に着工，1984 年にレール敷設完了，1989 年に全線で営業が開始された．

バム鉄道の開発もまた，森林資源と鉱物資源の開発を目指したものであった．細川（2007）は，1970 年代半ばに停滞するソ連経済の局面打開をはかることを目的としてバム鉄道の開発が行われたと考えている．バム鉄道の開発場所は約 1,000 km が永久凍土地帯にあり，7 つの山脈を越えるなど，厳しい自然環境下にある．この鉄道は，シベリア鉄道の戦略的欠陥，弱点（輸送力の不足，国境に近すぎる位置）を補完するためにできたと考えられ，ウスチクートの重化学工場建設のための資材輸送に貢献を果たしたとされるが，営業に必要な貨物輸送量が確保できず，赤字経営が続いている．とはいえ，バム鉄道の開通の恩恵は大きく，極東の中心地となったコムソモリスクナアムーレにおける鉄鋼，精油，パルプ，製紙などの産業の発展に大きく寄与した．

これまで，シベリア鉄道とバム鉄道は，主として天然資源の国内輸送と国際貨物（コンテナ）輸送の役割を果たしてきたが，今後は天然資源の国内輸送に加えて，その国際輸送へと利用が拡大されていく可能性が期待されている．特に中国との間では，輸送能力の増強と，異なる軌間の調整，通関手続きの簡素化が進めば，シベリア鉄道ならびにバム鉄道の役割・恩恵は今まで以上に大きくなるであろう．　　　　　　　　[渡辺悌二]

引用・参考文献

浅井　勇（1988）：シベリア鉄道 軍事と経済の大動脈．教育社．

辻　久子・セルガチョフ，ドミトリー（2005）：改革を進めるロシア鉄道の概要と極東における展開—シベリア鉄道，バム鉄道と中国への連結．ERINA REPORT，62：16-24．

ハミルトン，イアン（1998）：鉱工業．田辺　裕監修，木村英亮訳：ロシア・北ユーラシア（図説大百科 世界の地理14），pp.1956-1963，朝倉書店．

広瀬健夫・望月喜市（2004）：シベリアてつどう（シベリア鉄道）．川端香男里ほか監修：新版ロシアを知る事典，pp.334-335，平凡社．

細川隆雄（2007）：シベリア鉄道．加賀美雅弘・木村　汎編：東ヨーロッパ・ロシア（世界地理講座 10），pp.321-324，朝倉書店．

望月喜市（2004）：バム（BAM）．川端香男里ほか監修：新版ロシアを知る事典，p.595，平凡社．

4 世界の穀倉地帯——ロシアとその周辺：ウクライナ，中央アジア

　ロシアとその周辺地域の農業は，寒冷や乾燥といった負の自然条件に規定される側面と，20世紀において社会主義型集団化体制下に置かれたことを主な特徴点としてあげることができる．このような中で展開してきた農業および畜産業には共通する問題点や特質が見出される．他方で地域的，民族文化的特徴を見出すこともできる．ソ連解体後は経済自由化の中で，それぞれの国家が独自の農業政策を展開して特徴的な様相をみせている側面もある．特に近年ロシア，ウクライナ，カザフスタンの3国は小麦の世界的な輸出国としての地位を確保している．

4.1 ロシアの農業地域，農産物輸出国

4.1.1 ロシア農業の特色

　ロシアの農業の特徴的な点を2点あげるとすると，まず第1に国土の大半が高緯度寒冷地に位置すること，他方で南部の多くの地域が乾燥地域に属し，ときに干ばつの被害を受けやすいという自然条件がある．ロシアの農業は，厳しい自然条件に制約され，またそれに依拠せざるをえない．この点は次項で説明する農業地域に密接に関連する問題である．生産する農作物としても，耐寒冷性の春コムギ，ライムギ，テンサイ（サトウダイコン）などの北方性農産物栽培や酪農が展開していることをあげておきたい．南部乾燥地域においては，灌漑による各種穀物，工芸作物，果実栽培が行われている．第2の特徴点として，20世紀に経験したソ連型社会主義体制による影響，という政治経済的要因があげられる．農業と農民は，計画経済体制の一環として，農業集団化という農業部門固有の政策・体制により国家管理され，またその体制に束縛された側面が大きい．この点は4.4節において改めて述べる．

　ロシアは現在都市人口が増大する傾向が続いているが，2010年において人口の約4分の1（27%）は農村部に居住しており，就労人口に占める農業従事者の比率も15%前後を維持している（2010年ロシア国勢調査）．このようにロシアは農業国の様相を保持しているといえる．

　上記の第1の点に関して，気温と湿度に関する気候条件が当該国の農業の有する潜在性を一定程度規定し，農産物の内訳，生産性，生産変動の可能性をも左右することになる．旧ソ連地域は，自然地理的には農業に不向きな領域が多いといえる．ロシアはその領域のほとんどが永久凍土の影響を受ける．他方，中央アジアは砂漠気候という困難性がある．これらの条件に農業（穀物生産の種類と形態），畜産業ともに規定，制約されることになる．

　ロシアにおいて，いわゆる無霜期間は，黒土地帯で130〜160日，ヨーロッパロシアの中央部で110〜130日にすぎず，さらに北方にいくと110日以下となる（アルハンゲリスク州）．南方の主要穀物産地である北カフカス，ヴォルガ川沿岸地帯でも165〜200日であり，西シベリア南部のステップ地帯では115〜130日である．このようにロシアの農業諸地域は，無霜期間が260〜300日に及ぶ西欧諸国と比較して極端に短いという点が特徴的である．ロシアの大部分と同様の亜極北地域の卓越するカナダの場合，無霜期間はマニトバ州で120〜140日と西シベリア南部地域と同程度である（Dronin and Bellinger, 2005）．

　農耕可能性についてより的確に示す指標として積算温度図がある．積算温度とは，気温が植物の生育に係る10℃以上になる日の温度と日数を積算したもので，旧ソ連地域においてこれを図示したものが図4.1である．ロシア，特に西部において同じ積算温度の地帯が緯度に沿って南北に帯状に分布することを示している．また図4.2は土壌の湿潤度を表す有効湿度を示している．降水量と蒸発量の比率を示したこの図は，極北部の過湿地

4.1　ロシアの農業地域，農産物輸出国　　37

帯を除くと，国土の中央部を帯状に走る地域が適度な湿潤度の分布する地帯であることを物語っている．図4.1と図4.2の組み合わせ，つまり積算温度と土壌の湿潤度という植物の生育に適した条件を総合させれば，農耕適切地が浮かび上がってくるであろう．図4.3は農産物の耕作地の分布を示したものであるが，国土の西南部に集中している様子を示している．

地理的・気象学的要因により国土面積に占める農用地は国土全体の13％である．その内訳は，耕作地が55％，飼料作物用地37％，採草地9％，放牧地27％となっている．すなわち耕作地は国土全体の7％程度にすぎない（Vidyapin, 2005）．とはいえ世界的にみれば，耕地面積で4位，主要穀物（コムギ，トウモロコシ，カラスムギ，オオムギ），テンサイ（サトウダイコン），ヒマワリ，野菜，ジャガイモ，果物，牛肉，牛乳などの代表的生産国となっている．国土には黒土（チェルノーゼム）として知られる肥沃な土壌の分布する中央黒土地帯，クラスノダル地方，ヴォルガ川沿岸低地，南シベリア地域が主要な農業地域となっている（農業地域については後述）．

ロシアの農業分野においては，農産物生産部門と畜産部門がほぼ同程度の比重を占めている．すなわち2014年現在，販売価格比で農産物生産が52％，畜産物生産が48％となっている．農産物生産の内訳は，穀物・豆類が16％，ジャガイモ11％，野菜類が10％となっている．畜産物生産では，家畜と家禽が合わせて28％，牛乳が16％となっている．農作物の播種面積比を2000年以降の変動でみると，穀物・豆類は常に6割近い比率を占めて推移してきた．この期間に減少したのは飼料作物で，34％から22％に減少した．反対に工芸作物は8％から16％程度にまで倍増した（図4.4）．

現在，ロシアの農業経営形態の類型としては，「農業組織」（Sel'skokhozyaistvennaya organizatsiya），「農民経営」（Krest'yanskoe /fermerskoe/ フェルメル

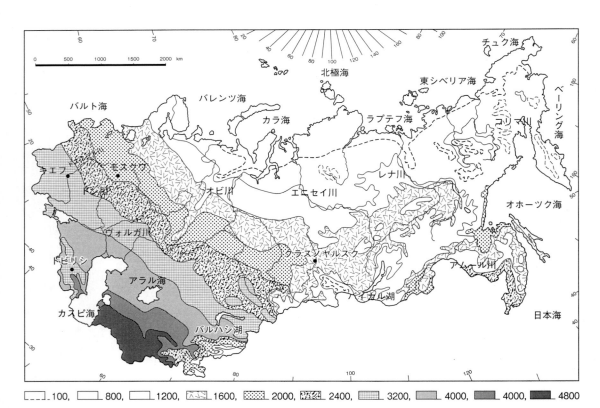

図 4.1 旧ソ連地域の有効積算温度（℃日）
（Bater, 1996を改変）

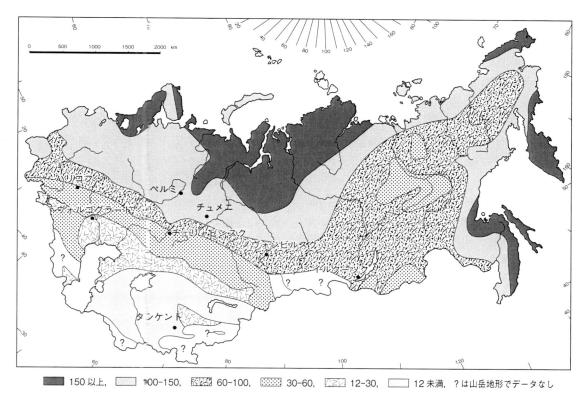

図 4.2 旧ソ連地域の有効湿度
(Bater, 1996 を改変)

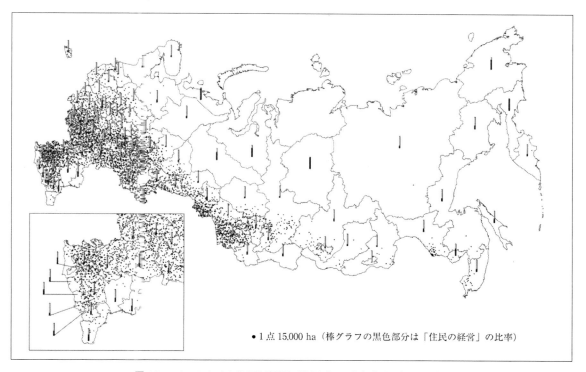

図 4.3 ロシアにおける農産物播種総面積図（2006年収穫時，全経営形態）
（ロシア農業統計 2015 より作成）

4.1 ロシアの農業地域，農産物輸出国　39

khozyaistvo），「住民の経営」（Khozyaistvo naseleniya）の3類型に大別される．このうち「農業組織」は，ソ連時代のコルホーズやソフホーズが1990年代の市場経済移行過程で民営化されたものが基本である（例外的に国有，公有の形で存続している経営体もある）．「農民経営」は，ソ連解体前後の市場経済への移行初期にコルホーズなどから土地の分与を受けて独立した個人（家族）経営で，西側諸国における大規模農場というイメージに近いであろう．「住民の経営」は，ソ連期には個人副業経営と呼ばれていた部門である．基本的に自給を目的とした農業を行うもので，農村部における農業組織従業員や都市部住民が自宅ないし別荘などで副次的に小規模に行う農耕形態といえる．ソ連期の個人副業経営は，農業集団化体制，あるいは社会主義経済体制の例外的な位置づけがなされ，しばしば話題として取り上げられてきた．特にこの部門の占める耕地面積が耕地全体のごくわずかにもかかわらず，一部農産物（ジャガイモなどの野菜類）の主要生産主体であったという点が注目されてきた（長友，2015）．この点については後述する．

これらの農業経営形態を耕地面積の比率で比べると，「農業組織」が70％，「農民経営」が25％，「住民の経営」が5％となっている．このように現在でも耕地面積からみれば，住民の経営の占める面積は僅少である．これに対して農業全体の農業生産額に対する比率は，ソ連時代の1990年には「農業組織」が74％，「住民の経営」が26％であったが，1990年代末には後者の方が前者を凌駕したこともあった．しかし2000年以降，「農業組織」の盛り返しがあり，2014年には「農業組織」が50％，「住民の経営」が40％，「農民経営」が10％となっている（図4.5）．耕地面積と生産額との構成比を比較すれば，土地のわずかな「住民の経営」がいかに効率のよい生産を行っているかが端的にうかがえる（ただし，穀物の生産高に限っていえば，経営形態別の比率は「農業組織」74％，「農民経営」25％，「住民の経営」1％で，穀物の播種面積にほぼ比例している（数値はロシア農業統計2015による2014年のもの））．

作物別でみれば，これらの経営形態により特化する作付作物に特徴があるといえる．耕種農業では大規模土地利用型作物である穀物（74％），ヒマワリ（70％），テンサイ（89％）といった作物で7～9割が「農業組織」，残りが「農民経営」となっている．これに対して野菜（70％）やジャガイモ（80％）などの労働集約的作物では，2010年以降は「住民の経営」が生産量の7～8割前後を占めている．「農民経営」の割合は徐々に増加傾向にあり，近年は穀物で25％程度，ヒマワリが30％近く，ダイズが25％程度，野菜で14％前後を占めている．畜産では家禽肉，鶏卵が「農業組織」のシェアが高くそれぞれ9割と8割弱を占める．こ

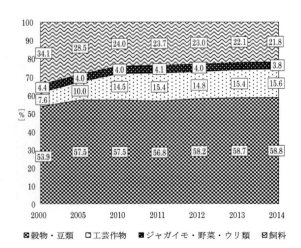

図4.4 ロシアの農産物の構成比（単位％，2000-14年）
（ロシア農業統計2015より作成）

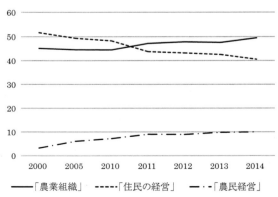

図4.5 ロシアにおける農産物売上額による農業経営形態別比率
（単位％，2000-14年）
（ロシア農業統計2015より作成）

れに対して牛肉は「住民の経営」が6割以上（「農業組織」は3割），牛乳も「住民の経営」と「農業組織」が5割ずつとなっていて，「住民の経営」の生産シェアの大きさが顕著である（長友，2015）．

ソ連/ロシアの農業は他国，特に欧米と比較して単収（単位面積当り収量）が低いことが指摘されてきた．特にコムギに関しては常に国際的な比較がなされ，ソ連農業の欠点とされてきた．2014年の単収（ここでは1ha当りkg）は，穀物全般が2,410 kg，冬コムギが3,510 kg，春コムギが1,470 kgとなっている．これは3,000 kg前後のアメリカ合衆国，カナダより低めで，7,000 kg前後の英仏と比べて半分にも達していない．ちなみにウクライナでは，ほぼアメリカ合衆国，カナダ並みの単収を確保しているが，各年の変動が激しい点が不安定要因である（図4.6）．

4.1.2 ロシアの農業地域，農産物輸出国

ロシアの農業形態別地域カテゴリーに関しては，ソ連時代には農業地域という独特の地域区分が存在してきた．それによれば，北部，北西部，中央非黒土地帯，中央黒土地帯，沿ヴォルガ，北カフカス，ウラルといった地域区分がなされてきた．しかし2000年より，プーチン政権による中央集権化政策の一環として連邦管区制度が敷かれるようになり，農業統計も基本的にこの連邦管区単位（およびその連邦管区内の連邦構成単位）ごとに集計・発表されている．現在国際的に承認されていないクリミア連邦管区を除くと，8連邦管区（中央部，北西部，南部，北カフカス，沿ヴォルガ，ウラル，シベリア，極東，このうち北カフカスは2010年に南部連邦管区より分離成立）から構成されている．農業地域区分に関しては，気候条件や自然条件を考慮した様々な区分の試みがあるようである．ここに簡単な農業地域の分類例として，自然条件（植生帯，気候条件）に基づく農業地域区分をあげておきたい．

a. ツンドラ〜森林ツンドラ〜北部タイガ地帯

永久凍土がほぼ全域に分布し，ツンドラという地衣類や蘚苔類が卓越，夏季に草地となったり，河川沿いには灌木も生えたりするような植生帯や，それより南部の比較的疎らな北方性針葉樹林

帯（タイガ地帯，西シベリア以西ではオウシュウアカマツ，モミ類，東シベリアではシベリアマツやカラマツの卓越する樹林帯）の広がる地帯である．ここでは一般に農業耕作は困難であり，家畜トナカイ飼育が行われる地域においては，放牧地として利用されている．

b. 森林地帯

河川の河谷沿いに耕作地がわずかながら展開する．例えばアルハンゲリスク州では，農業用地の割合は全領域の1.5%にすぎず，そのうち耕作地の割合は0.5%である．ヴォルゴグラード州では農地の割合は10%，耕作地は6%，ヤロスラヴリ州ではそれぞれ32%と22%と増加する．

c. 南部森林地帯

年降水量は500〜700mmから350〜500mm（それぞれヨーロッパ部とアジア部）と少ないが，降水量/蒸発量の比率から湿潤環境にあるとされる．この地帯は穀物栽培と家畜飼育が集約的に行われている地域であり，耕作地の比率は全領域面積の17%程度である．特徴的な土地利用としては，酪農，畜産，ジャガイモ，コムギ，オオムギ，そのほかの穀物の集約的栽培，集約的野菜（オカ川流域など），亜麻，大麻栽培である．この地域はほかの地域に比べて集約的な牧草栽培や家畜飼育を含む農地利用が可能であるが，開墾や恒常的なアルカリ化，施肥が必要とされる．

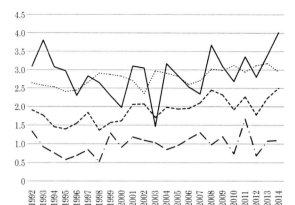

図4.6 ロシア，カザフスタン，ウクライナ，アメリカ合衆国のコムギの単収（単位：ha当りt）
（FAOSTATより作成）

d. 森林ステップ～ステップ地帯

ユーラシア大陸の内陸中央部，タイガ南部以南，北緯43～45度から50～51度に位置する．西シベリアでは低温の冬，低い降水量，ヨーロッパ部より大陸性の気候が特徴的である．ここでは集約的な穀物栽培が行われ，また畜産・酪農，養豚，ヒツジ飼育，家禽飼育が行われる．穀物は春コムギ，冬コムギ，ライムギ，トウモロコシ，豆類，また工芸作物（亜麻，大麻，テンサイ，タバコ），野菜，飼料作物，果実，ベリー類などの栽培が盛んである．農地比率が55～65％程度，そのうち耕作地が60～65％（ブリャンスク州，リャザニ州など）となる．高度に農地化され，農業人口密度も高い．ステップ地帯は農地比率が高くなり，クルスク州，ロストフ州，リペツク州，サラトフ州などでは80％，耕作地は60～80％程度に達する．ただしこのように耕作地の比率が高くなると土壌の浸食や肥沃度の低下が生ずる確率も高くなる．より南方の地域においては，耕作地比率は低下する．例えばカルムイク共和国は乾燥気候であるため耕作地が17％，放牧地が81％，また，ダゲスタン共和国では山岳地形であるため，耕作地は15％にすぎない（Blagoveshchenskii *et al.*, 2006; Vidyapin, 2005）．

4.1.3 特徴的な農作物

農作物により，生育のために一定の条件が要求される．生育期間としては，ライムギは100日，トウモロコシは160～180日といった具合である．また生育期間に必要な積算温度としては，ライムギは1,000～1,100℃，綿花は4,000℃といった違いがある．また土壌に関してもコムギは黒土や栗色土，ライムギはそれより要求度が低く，ポドゾル（酸性土壌）や粘土状ポドゾル土にも適応する．湿潤度については，コメや綿花は灌漑を必要とし，アワは非灌漑乾燥土壌に対応する．日照に関しては，亜麻は長日植物であり，トウモロコシは短日植物である．

穀物栽培はロシアの農業にとり重要な分野である．イネ科の各種穀物は食用としても飼料用としても利用される．主要な栽培穀物はコムギ（冬コムギと春コムギ），ライムギ，オオムギ，カラスムギ，トウモロコシ，アワ，ソバ，コメ，さらに豆類としてエンドウ豆，インゲン豆，ダイズ，レンズ豆である．これらの豆類を含む穀物全般の播種面積は全耕作地の半分強を占めている（2014年に59％，図4.4）．穀物の中での播種面積は，コムギ，オオムギ，カラスムギ，ライムギの順に大きい．もちろん個々の地域によりこれらの構成や作付面積の比率は異なる．

コムギは栽培時期により冬コムギと春コムギに分けられる．冬コムギは秋播きのコムギで，低温に耐えられないために冬期間に一定の積雪を必要とする．積雪は融雪となって春夏には植物の必要とする水資源となる．冬コムギの播種地は，北カフカス（クラスノダル地方，ロストフ州ほか），中央黒土地帯，沿ヴォルガ地方右岸地域である．春コムギは冬コムギより生育期間における積算温度に関する要求が大きい．主要播種地は沿ヴォルガ地方，南ウラル（バシキーリヤ，チェリャビンスク州，クルガン州，オレンブルク州など），西シベリア南部（シベリア鉄道以南），東シベリア南部（ハカス共和国を含むシベリア鉄道以南），極東（ハバロフスク地方南部とアムール州）である．

ライムギはコムギより温度レジーム（植物の成長に影響を与える気温や土壌温度等により類型化される状態）や土壌の肥沃度への要求度は低い．秋播きライムギはほかの秋播き作物に比してより耐寒性が高いという特徴がある．この耐寒性や土壌を選ばないという性質ゆえに，コムギの栽培地以北の非黒土地帯や森林ステップ地帯においてカラスムギやオオムギとともに栽培される．

オオムギは播種してから最も早く実る穀物で，耐寒性と耐乾燥性を有する．栽培地は東方では沿海地方より，西方では北方のアルハンゲリスク州から南部のカフカスにまで至る広範な地域である．特に北カフカス，沿ヴォルガ，中央黒土地帯，南シベリアが主産地である．秋播きオオムギは主に北カフカスにおいて栽培される．オオムギは主として飼料用に栽培されるが，胚芽はビール製造に用いられる．

カラスムギはオオムギに比べより温度レジームや湿潤性を要求し，夏の乾燥への耐性が低い．他

方で土壌の肥沃度はさほど要求しない。森林地帯や温帯のローム質土壌地帯で栽培される。

トウモロコシは飼料用として重要であるが食品としても利用される。温度レジームを要求するが，耐乾性がある。栽培地は主として北カフカス地方である。ヨーロッパロシア中央部や南シベリアでは飼料用として栽培される。

工芸作物としては繊維作物，油糧作物，砂糖作物がある。工芸作物の播種面積は全体の5％程度であるが，総生産に占める割合はるかに高い。繊維作物としては，亜麻と大麻がある。このうち亜麻は湿潤で温暖な中央森林地帯が主産地となっている。また加工工場からの距離や工場労働力の確保とも関連している。テンサイの栽培は，温度，湿潤性，肥沃な土壌を要求するほか，労働力，経済性や輸送手段とも関連する。1990年以降播種地は縮小している。主栽培地はステップ地帯で，約半数は中央黒土地帯。4分の1は北カフカス（主としてクラスノダル地方）で栽培される。油糧作物としてはヒマワリ，（油糧用）亜麻がある。ヒマワリはステップ地帯の作物で，60％が北カフカス（主としてロストフ州とクラスノダル地方）で栽培される（Vidyapin, 2005）。

4.1.4 畜　産

ロシア連邦において畜産業は農業における重要部門であり，農業全体の売上高の49％を占める（2014年）。住民の食料を供給するほか，軽工業，食品工業，飼料加工工業の原料を提供している。ソ連時代の1990年までは畜産業は一貫して産出高を増やしてきたが，ソ連解体後の1991年以降は家畜頭数の縮小と生産性の低下の双方により惹起された畜産製品の一貫した縮小傾向がみられている。畜産業の地域区分としては以下のものがある。

①食肉・酪農型（肉用家畜生産主体，酪農混合型）

中央部，北カフカス（スタヴロポリ地方およびロストフ州），沿ヴォルガ（サラトフ州，ヴォルゴグラード州，アストラハニ州，カルムイク共和国），南ウラル（オレンブルク州）がこの型に該当する。

②酪農型および酪農・食肉型（酪農主体型と酪農・肉用家畜生産混合型）

酪農型の分布は北部，北西部非黒土地帯，ウラル，極東の一部地域で，主要な産品は牛乳とバターである。

③酪農・食肉型（酪農主体，肉用家畜生産混合型）

クラスノダル地方，中央黒土地帯，ウラル，沿ヴォルガ，西シベリアがこの型に該当する。

酪農は大都市や工業中心地域周辺に展開するのが常であり，乳製品製造工場は中央，北カフカス，北西部などにおいて発達している。

図4.7に示したように大型有角家畜（ウシ）の頭数は，2013年には1,993万頭であるが，これは2000年の2,803万頭と比べ激減した。また1993年は5,223万頭で，20年間で5分の2に減少したことになる。

その他の畜産対象として，まずブタ飼育の主要展開地は，北カフカス，ウラル，中央部，中央黒土地帯，沿ヴォルガ，西シベリア，北西部，ヴォルガ・ヴャートカ地方，東シベリア経済諸地域である。2013年の飼育頭数は1,882万頭で，1992年の3,538万頭と比べて約半減した。しかし2005-06年に1,300万頭台で底をついてからは一転して増加傾向にある。

ヒツジ・ヤギは羊毛や毛皮材料，食肉，乳，油脂の材料を提供する。頭数は2013年に2,206万頭で，2000年の1,260万頭に比べて大幅に増加した。しかし5,219万頭を数えた1992年と比べれば半減以下の数字である。主要な飼育地域は，北カフカス，沿ヴォルガ，東シベリア，西シベリアおよびウラルである。

養鶏，鶏肉生産業については，卵と鶏肉など（カモ，アヒル，七面鳥）を生産している。現在のウシとヒツジの頭数は，1920-30年代レベル，ブタは1950年代レベルにあるといわれている。

商品生産を行っているそのほかの家畜飼育部門として，馬飼育，ヤク飼育，鹿（マラル），トナカイ，ラクダ・ヤク飼育があり，それぞれ特定の地域に展開している。このうちトナカイ飼育は，ヨーロッパロシア北部からチュコト半島に至るシベリア北部ツンドラ～タイガ地帯において，少数先住民族の手で広く実施されている。家畜トナカイ

は，現在ロシアに全世界の頭数の3分の2が集中している．家畜トナカイは移動用（そり牽引，騎乗），食用，毛皮利用のために飼育される．多くの飼育民は遊牧様式でトナカイ飼育をしている．ソ連解体以降飼育頭数を激減させ，2000年には120万頭前後にまで落ち込んだが，近年は持ち直して150〜160万頭前後を維持している（Vidyapin, 2005）．シベリアのトナカイ遊牧の現状については10.2節において詳述する．

4.1.5 輸出入に関する動向

旧ソ連は世界有数の穀物輸入国として有名であった．しかしソ連解体後，ロシアは2001/2002年度以降，穀物の純輸出国に転じ，コムギの主要輸出国として推移してきた（図4.8）．その背景には畜産業が縮小し飼料穀物需要が激減したことがある．畜産業の縮小の要因は，ソ連時代の消費者価格維持政策や資材供給体制の廃止による畜産物小売価格上昇，所得水準の低下による畜産物需要の縮小，輸入自由化による畜産物輸入増加である．また，コムギの産出高は2000年以降は干ばつの年（2010年は6,100万t）を除き年間8,000〜9,000万t台で比較的安定的に推移している（豊作の2014年は1億530万t）．特に冬コムギは，主要産地である北カフカス地方において無機肥料投入量の増加によって単収が増えたことが指摘されている．主な輸出先は中東，アフリカ（エジプト，トルコ，イランなど）が中心である．南部の冬コムギ主要産地は輸送アクセスの有利さもあり順調に輸出を伸ばしている（黒海沿岸のノヴォロシースク港からの穀物輸出が全体の9割を占めている）．他方，東方の内陸部にある西シベリアなどの春コムギ産地では輸送アクセスの問題で販路が限られ，また単収の低さもあり，生産の増加が抑制されているという側面がある（長友，2012）．

4.2 ウクライナの農業（穀倉地帯）

4.2.1 ウクライナ農業の特色

ウクライナはかつて「ヨーロッパのパン籠」と呼ばれたように，ヨーロッパの優良な耕作地の3分の1を占めている（フランスの2倍，ドイツの3倍）．しかしながら農業はウクライナの国内総生産（GDP）の9％しか占めておらず（2012年），またソ連崩壊以降この数値は低下する一方である．2012年の数値は1990年の79％にすぎない（Nizalov et al., 2013）．

ウクライナの農用地は60万3,540km^{2}を有する国土の69％を占め（4,151万ha），そのうち3,253万ha（54％）が耕作地である．2,410万ha（40％）が採草地で，544万km^2（9％）が放牧地である（ウクライナ農業統計2015）．2000年以降，耕作地の中では工芸作物（油糧作物）が増加し，また穀物栽培においてはトウモロコシ栽培が好調である．農耕が農業生産の45％を占める．

ウクライナは農業に適した，腐植質を豊富に含む肥沃な黒土地帯に恵まれていることで知られる（黒土が国土全体の68％を占め，また世界の黒土の4分の1がウクライナに分布する）．このことにより農業生産も安定的に推移してきた．ロシア

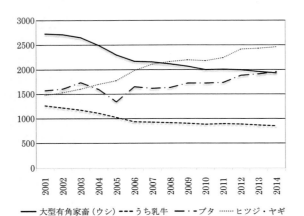

図4.7 ロシアにおける主要家畜の頭数の推移（2001-14年，単位：万頭）
（ロシア農業統計2015より作成）

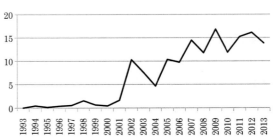

図4.8 ロシアのコムギ輸出量（1993-2014年）（単位：百万t）
（FAOSTATより作成）

同様にコムギ，オオムギ，トウモロコシの生産地であるが，近年トウモロコシの生産量が伸びを示しているのが特徴的である．

ウクライナはコムギそのほかの穀物に関して，2008-12 年の間，世界第 6 位の生産国であり，また世界第 3 位の輸出国である．輸出先は北米，中東，ヨーロッパで，2012 年の輸出先上位 4 か国はエジプト，スペイン，イラン，イスラエルであった（FAOSTAT 2015）．

4.2.2 農業地域

ウクライナの農業地域は，北部のポリシア（混合林地帯，国土の 19%），それ以南の森林ステップ（33%）および南部のステップ（40%）の 3 つに区分される．このほかに西部森林地帯やカルパチア山脈とクリミア山地がある．

モザイク状に多様な土地利用が広がるポリシアは，この中では最も耕地化されていない地帯で，採草地や放牧地が展開している．耕作地は農地の 65.8% である．ここでは穀物類，豆類，ジャガイモ，亜麻，飼料が栽培され，伝統的に酪農が発達している．

森林ステップ地帯は肥沃な土壌と好適な湿潤性のある地域で，耕作地は農地の 8 割を超える．特に冬コムギ，トウモロコシ，豆類，テンサイ，ジャガイモの栽培に適している．テンサイと酪農ないしブタ飼育が結びついた形態もみられる．

ステップ地帯は集約的な耕作地で，農地の 8 割が耕作地である．冬コムギとヒマワリが主要作物で，飼料用トウモロコシの栽培も広範に及ぶ．また南部ではブドウ栽培が盛んである．ウシ，ブタの飼育も盛んである．クリミアの高地ではブドウ栽培や園芸農業が行われている．カルパチアの高地ではヒツジ飼育が重要かつ盛んである（Bogovin, 2006）．

その他にビール原料のホップがジトミル，リヴネ，ヴォルィンスキーの各州で栽培される．クリミア，カルパチア地方，ドニエストル川沿岸地方ではタバコ栽培が盛んである．また野菜栽培やブドウ栽培がクリミア，カルパチア地方，黒海沿岸地方で，ウリ科作物栽培が南部地方で盛んである．土地条件により，ステップ地方では灌漑，ポ

リシアでは排水が行われている．

畜産としては，大型有角家畜（ウシ），ブタ，ヒツジ，ヤギ，家禽の飼育が広範に行われている．ウシの飼育は国土全域，ブタは森林ステップやステップ地帯，ヒツジはステップ地帯，カルパチア地方，ポリシアで行われている．農産物加工業は国民総生産の 3 分の 1 を占めている（Kondratov, 2009）．

ウクライナの農業生産形態は，商業的経営形態（協同組合農場と私営/小規模農場）と自給的（個人）経営形態に二分される．前者には旧ソ連時代の国営集団化農場を継承した大規模協同組合農場（38%）と，新類型のものとして，農産物販売を主要な収入源とする私営ないし小規模農場がある．前者の数は 8,121，平均経営規模は 2,000 ha で，後者のそれはそれぞれ 47,745 と 84 ha で，両者合わせて 2,140 万 ha の土地を耕作している．自給的経営形態の個人経営者は 930 万件あり，460 万 ha の土地を耕作している．個人経営者のうち，自家消費用耕作者の平均規模は 0.21 ha，生産物の一部を販売する耕作者のそれは 1.1 ha である．双方の経営形態の農産物/畜産物別のシェアは，商業的経営形態が穀物，工芸作物（テンサイ，ヒマワリ）で高く，自給的経営形態が野菜類で圧倒的なシェアを有している（ジャガイモの 97%，野菜類の 86%，果実類の 82% など）．また畜産物でも後者が高いシェアを保持している（家畜頭数の 58%，牛乳の 78%，羊毛の 85%，鶏卵は 37%）（Nizalov, 2015）．

穀物の単収は 1992 年には 2.8 t/ha であったが，2000 年には 2.0 t/ha に低下，その後回復して豊作であった 2008 年には 3.5 t/ha となった．これはロシアよりは高い値であるが，EU に比べて低く，干ばつや春先の霜害も発生するため，ウクライナの穀物生産は不安定といえる．

ウクライナもロシア同様，畜産，酪農部門が縮小して飼料向けの国内穀物需要が落ち込んでいることを主たる要因として，毎年 1,000 万 t 近い穀物を輸出している（清水，2010）．穀物の中で過去 20 年間順調に生産をあげているのはトウモロコシで，2011 年にはコムギの生産を凌駕している

（2013 年には 3,000 万 t を超えた）．これに伴い，生産量の 6 割を輸出に回している（2013 年に 1,673 万 t を輸出．主要輸出先はエジプト，イスラエル，シリアといった中東，アフリカ諸国）．今後は日本を含むアジア諸国を輸出先として検討している模様である（菱川，2014）．

ウクライナの食肉生産は 1992 年に 340 万 t であったのが，2001 年には 152 万 t と半減した．その後 2008 年に 191 万 t と回復傾向にある．ウクライナはかつて肉類輸出国であったが，現在では純輸入国になっている．牛乳生産量は 1992 年に 1,896 万 t であったが 2000 年に 1,244 万 t に減少，その後このレベルで推移している．牛乳・乳製品は従来ロシアに輸出してきたがその量は少ない（清水，2010）．

4.2.3 チェルノブイリ原発事故の農業への影響

1986 年 4 月 25 日に発生したチェルノブイリ原発事故による放射能汚染により，それまで肥沃なウクライナの土地 8％が農業生産から排除された．それに加えて，いまだ 1 km² 当り放射性セシウム 137 が 15 キュリーまでの土地では農耕が行われている．この地域で栽培されてきた農産物は市場に出回る前に放射線モニタリングを行うことになっている．政府プログラムや，農民により採用された技法で放射性核種の食物への浸透を防ごうと，例えば栽培する作物選択，施肥，深耕，放射性核種の牛乳への転移を防ぐための特別な添加剤の添加などが行われている．しかしながら，このような農業対策は多額の補助金を必要とする．そうでないと最終生産物の価格が多額とならざるをえなくなるのだが，特に個人経営セクターでは適用が困難であった．集団経営や私企業への補助金は近年低下し続けている模様であり，汚染地区の農家は軒並み採算がとれなくなっている（The World Bank, 2007）．

事故直後と，より長期的な影響は，様相を異にする．事故直後は半減期の少ない（8 日）放射性ヨウ素による農産物の葉の汚染とそれを摂取した乳牛の産出する牛乳の汚染が深刻であった．1986 年 6 月以降はセシウム 137 による農作物や飼料作物，土壌の汚染が深刻となった．当初は事故や必要な措置に関するタイムリーな情報が不足していたため，特に個人経営者などは牛乳の摂取を回避することで放射性ヨウ素の摂取を減らすことくらいしか方途がなかった．長期的な影響は，放射性核種（セシウム 137 とストロンチウム 90）の土壌汚染とこれによる動植物の汚染，特に牛乳や肉への汚染という形で進行した．飼料作物栽培地では，非汚染飼料（清浄飼育）の給餌やセシウム固着剤（ゼオライトやベントナイト），同じくセシウム結束剤としてのシアノヘキサ鉄酸塩（プルシアンブルー）の投与などの措置も行われた．放射性物質の土壌への汚染は，土壌のタイプにより程度の違いがあるが，物理的に表土をはぎ取ったり，深耕したりという方法も広く実施された（IAEA, 2006）．

事故直後の風向きの影響もあり，ウクライナ国内と同時に北方に隣接するベラルーシやロシアへの放射能の影響も深刻であった．セシウム 137 による汚染濃度の高い（37 kBq/m² 以上の）土地の総面積は 15 万 km² に及び，ベラルーシが 4.8 万 km²，ロシアが 5.8 万 km² を占めた．特にベラルーシではゴメリ州，ロシアではブリャンスク州では汚染の程度が深刻であった．このうち農用地に限ってみれば，同様の基準汚染度による農用地面積はベラルーシが 180 万 ha，ロシアでは 230 万 ha に達している．これら 2 国では，放射性物質汚染区域を制定し，放射性核種による土壌汚染濃度による段階的区分を行っている．農業関係に関しては，農産物・林産物の生産・家畜の放牧禁止，許可制，放射性物質の計測管理のもとでの実施などの対策がとられている（長友，2012）．

4.3 中央アジアの綿花地帯

中央アジアと呼ばれる地域として，旧ソ連を構成したウズベキスタン，カザフスタン，キルギス，タジキスタン，トルクメニスタンの 5 か国があげられる．これらの国々はステップから半砂漠といった類似の自然地理的条件下にあるが，農業改革の道筋はそれぞれに異なる経緯を有し，一様とはいえない．南部のいわゆるシルクロード地帯は，オアシス農業が発展してきたことで知られて

おり，また北部のステップ地帯では遊牧民による牧畜が展開してきた．本節では，ウズベキスタンとカザフスタンを中心に取り上げることとしたい．

4.3.1 綿花産地の過去と現在

ソ連時代には中央アジア，北カフカス東部山麓や人工灌漑の平地は綿花栽培地域として知られ，綿花畑が人工灌漑地の全面積の約3分の2を占めた．綿花は牧草およびトウモロコシと輪作された．また，果樹やブドウ栽培，カラクル種のヒツジ（高級巻毛仔ヒツジ）などでも知られてきた．

現在中央アジア地域では，20世紀より継続して綿花栽培を主とするウズベキスタンと，世界的なコムギ輸出国として変貌しつつあるカザフスタンを中心として，新たな農業の展開がみられる．

ウズベキスタンにおいては，現在の農業部門の主要作物は依然として綿花である．国土の5％を占めるフェルガナ盆地において綿花の30％を生産している．この地域は養蚕，園芸農業，野菜栽培，果実加工も盛んであるが，他方でここは原油の産出地でもある．サマルカンド州やカシカダリヤ州も重要な農業中心地であり，畜産業をベースにして羊毛生産が盛んである．畜産業やカラクルの生産は全土で行われている．カラカルパク自治共和国はコメと綿花生産に特化している．

綿花のほかに，果実，野菜，穀物栽培（コムギ，コメ，トウモロコシ）も盛んである．ラグビーボール状の形態をした大型のウズベクメロンや各種ブドウが有名である．

綿花は中央アジア諸国で生産されているが，その中ではウズベキスタン（2013年に109万t）が突出している．ソ連解体以降のウズベキスタンの綿花生産高は132万tであった1993年以降は減少し，2003年には95万tにまで落ちたが，その後回復して現状の100万t強で推移している．ソ連解体後の1992-2013年の間の平均は113万tで，中国，アメリカ合衆国，インド，パキスタンについで世界5位である（図4.9）．

同国の農産物輸出量のうち，綿花は34万tで1位，次いでブドウ（12万t），新鮮な果実（7万t），新鮮な野菜，ドライフルーツ等が続く

（FAOSTAT，2012年）．世界的にみても，綿花の輸出でウズベキスタンは5位である（2011年；アメリカ合衆国，インド，オーストラリア，ブラジルに次ぐ）．ウズベキスタンのコムギ生産は684万t（2013年）であるが，1993年に88万tであった時点より増加を続けている．とはいえ，同国はコムギの輸出余力はほとんどない．

カザフスタンは現在ロシア，ウクライナとともに重要なコムギ輸出国の1つとして数えられている．カザフスタンのコムギ生産は，1990年代以降，500万tを割った年（1998年）もあるがおおよそ1,000万t前後の産出高で推移してきた．2011年には2,273万tを記録したが，2013年には1,394万t（世界12位）である．同国の農作物・畜産製品の産出高（金額）の中で第3位（1位は牛乳，2位は食肉）となっている．輸出量はコムギが502万t（世界12位），コムギ粉が190万tで，これらが同国の輸出額の大半を占めている（2013年，FAOSTAT）．穀物全体でみれば，輸出額の8割以上を占めている．コムギと牛肉と酪農製品（牛乳）の輸出ポテンシャルを考慮すれば，カザフスタンはロシアやウクライナと並んで，世界の農産物市場のキープレイヤーになりつつあるといえる．

4.3.2 農業の変化，改革

ソ連崩壊後の体制転換により，各国は否応なく農業分野の改革，つまり民営化や市場経済化に着

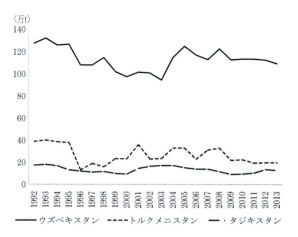

図4.9 中央アジア3国の綿花生産高の推移（1992-2013年）
（FAOSTATより作成）

4.3 中央アジアの綿花地帯　47

手することになる．1991年当時，天然ガス生産の比重が高かったトルクメニスタンを除き，各国とも対GNP比の農業生産シェアは29％（カザフスタン）〜37％（タジキスタン）と高く，総雇用の2〜4割を占める部門であった．農業分野の市場化はこれら諸国においても①農場の民営化，②農地私有化，③市場自由化を柱として進められた．農場の民営化に関しては，各国で進度に相違はあるが，概して個人農化は進展して，農作物別の個人農の生産シェアは増加してきた．農地の私有化に関しては，キルギス以外は進んでいない（岩崎ほか，2004）．

価格面での規制緩和，農業経営形態の変革を積極的に導入し，国家の役割を収縮させ市場の役割に期待した国としてカザフスタンとキルギスがある．これに対して，ウズベキスタンは市場化に向けて「斬新主義」を標榜し，綿花・コムギの国家発注制の事実上の維持などで国家の指導性を維持し続けるという路線をとっていることで対照的である．また，土地（農地）の私有化という観点からみれば，キルギスが最も進行しており，カザフスタンは私有化の法制化はなされているが，実施プロセスは緩やかであるといわれている．その他の諸国は私有化には後ろ向きである（帯谷ほか，2012）．このように中央アジア諸国は類似の自然条件下にありながら，農業部門に限定してもその改革路線や農業政策，輸出余力などには少なからぬ相違もあり，独自の発展をせざるをえない状況にある．

4.4　農業の国有化・集団化と民営化

4.4.1　ソ連期の農業集団化体制と実情

ロシア，ソ連の農業は，20世紀を通じて苦難の時代を歩んできたといわれる．それは農業，農民，農村社会というものが常に工業，都市住民，都市社会との対比で劣位に評価され，取り扱われてきたという側面を有することに関連する．革命前のロシアは，人口の大半が農村に居住する典型的な農業国であり，世界の穀物の5分の1を生産し，そのうちコムギの15％，オオムギの3割が輸出されていた．その農村社会は，「ミール」と呼ばれる農村共同体により特徴づけられ，地主農場を中心に生産と加工工業との結びつきも含め一定の機能を果たしていた．しかし，1917年のロシア革命以降，ソ連国家が農村の余剰資源を収奪して都市部や輸出に振り向けるための装置としての農業集団化体制が実施されるに至った．地主農場や富農の土地は没収ないし細分化されて共同体的土地利用の中に組み込まれていった（加賀美・木村，2007）．

ソ連型社会主義のもとで展開された農業，つまり社会主義型農業の評価については，きわめて否定的な評価が一般的である．ソ連農業実態研究者である金田辰夫の評価でも，「ソ連農業の歴史は，共産党政権と農民の抗争の歴史である」，「権力の農業支配の企てに，農民が生産と生活の独立を守るため抵抗し，そして敗れた歴史である」というものである．

特に黒土地帯といわれるヴォルガ中流域，北カフカス，ウクライナ，シベリア西南部といった諸地域の農村共同体は，穀物の都市部への拠出を義務づけるボリシェビキ政権と鋭く対立し，1930年代の農業集団化の徹底によりその対立は頂点に達した．富農というレッテルを貼られた地主階層が弾圧され，1932-33年には人為的要素が大きいとされる飢餓により多数の農民が犠牲になった．このような苦難の経緯を経て，農業集団化は1935-37年には完了したとされ，全可耕地の99％以上が集団化された．農業経営形態は時期とともに変化を伴って推移したが，基本的にソフホーズ（国営農場）とコルホーズ（集団農場）という類型に整理された．1950年代のスターリンの死後には政策転換が行われ，農産物価格の大幅引き上げ，農業への物的生産基盤の強化（機械設備，肥料の供給増加）がなされた．国の優先課題としての，集約化，専門家，巨大化，という形での農業政策が推進された．1960-80年代には年間国家予算の3割近くが農業に投じられた（加賀美・木村，2007）．

このような集団化農業の政策的な側面が対外的にも強調されてきた反面，農業，農村の実態はそれとは別の側面を有していたことも事実である．

中でも「住民の経営」といわれる個人副業経営形態による農業実態は，ソ連時代より話題に上ってきたものである．

例えばソ連，ブレジネフ政権期における著作において，「農業の『社会主義化』が着々と進んでいるといっても，実はその裏側にはそれとは矛盾するような問題が絶えずつきまとっているのである」として個人副業経営（Lichnoe podsobnoe khozyaistvo，LPKh）の問題が提起されている．ソ連期の 1940-79 年の間には，個人副業経営下においてジャガイモの 65～59％，肉の 72～30％，羊毛の 39～19％が生産されていた（中山，1981）．ソ連期に温存されてきた限りなく家族経営に近い個人副業経営の存在は，一定の農産物の市民への供給に少なからぬ貢献を続け，ソ連解体後の農業経営の核となったといっても過言ではない．ソ連崩壊に伴う混乱時にロシアの農村でひどい社会的緊張が起きなかった要因として，農村において副業経営が「社会的安定装置」として貢献をした，との指摘がなされているのもうなずける（山村，1997）．

4.4.2 ソ連崩壊と農業改革

ソ連崩壊後のロシア農業は，様々な形で改革への試みがなされてきた．当初の課題としては市場経済に対応した経営体を創出する必要があり，国営企業の民営化が急務であった．すなわち従来のソフホーズ，コルホーズの再組織化が一義的なものであった．具体的には，集団化農業企業であるソフホーズ，コルホーズの土地を構成員ないしそのグループに分配することにより，独立した農民経営を創出するか，持ち分を出資して集団経営（農業企業）を創出するかの選択肢があった．後者の場合には一定の手続きに基づき，株式会社，有限会社，協同組合などの形態が用意されたが，実際にはそのような企業の短期間の再組織化は容易ではなかった．

上述の通り，ソ連時代の農業政策の遺産を継承するロシア農業は，「農業組織」，「農民経営」，「住民の経営」の 3 つの類型による経営形態が存在する．これらの類型の播種面積による構成比をみると，ソフホーズ，コルホーズといった集団化企

業経営からの転換形態といえる「農業組織」は，2000 年の 87％から 2014 年の 70％に減少した．これに対して「農民経営」は 8％から 25％に増加している．また「住民の経営」は 5％前後で一定している（ロシア農業統計 2015）．

増加傾向にある「農民経営」は，改革当初に市場経済に対応した経営形態として最も期待を集めたものである．しかしながらこの経営形態は，経営基盤などの未整備，無理解，交易条件の悪化，販路の確保の問題などにより当初期待されたような成果をもたらすことなく推移している．とはいえ，ロシアにおいて市場経済に対応した農業生産者は形成途上にあり，一部の経営はより合理的な経済的対応を学び，家族経営の範疇を超えた企業家として形成されつつあり，この意味では社会的・経済的意義を有しているという評価もなされている（野部，2003）．

「住民の経営」には，農村住民による住宅付属地経営，都市住民による市民菜園，そして別荘地（ダーチャ）での農耕の 3 種類が含まれるが，後者 2 つの生産は僅少である．2003 年に採択された連邦法「個人副業経営に関する法律」によれば，「農作物の生産と加工に関する非企業的活動形態」で「市民，同居人，ないし家族により，個人消費を目的にし，割り当てられた，ないし獲得された地条において行われる」ものである．

現在のロシア農業の構造変動を空間的・地理的にとらえると，革命前のロシアでみられた地域差が再現されるような方向に動いているようだともいわれる．地主層，富農による大規模経営による市場向け，輸出向けの穀物生産が行われていた北カフカス，沿ヴォルガ，西シベリア南部といった黒土地帯では，比較的規模の大きい「農民経営」や私有化された大規模「農業組織」が，収益性の高い穀物や工芸作物を市場向けに生産している．また，これらの地域では，穀物や工芸作物（ヒマワリ，テンサイ）と加工業や輸出ビジネスとを結びつける垂直的事業統合の動きもみられている．他方，北西部の非黒土地帯では，主要分野である畜産業や市場向け農業生産の不振で，「農民経営」も伸び悩んでいる状況にある．反対に個人副業経

営による零細な自給的経営が優勢という状況である（加賀美・木村，2007）．

このような中で，2000年以降の農業生産，畜産の回復傾向に関して，一部の大規模農業組織が重要な役割を果たしている．特にアグロホールディングといわれるような大規模企業グループが2000年以降形成されてきている．これらの大規模企業群は，家禽肉，鶏卵，豚肉生産といった分野での寡占率を高めている（長友，2014）．

4.4.3 農業の展望

農業の改革，進展には基盤となる農地の所有関係を中心とする土地に関する諸関係の整理が不可欠である．旧ソ連時代の土地関係を根本的に刷新するためのロシアにおける土地法典が，長期間の議論を経て2001年に採択された．2003年には連邦法「農業利用地の流通について」が発効し，これにより現在のロシアでは，土地区画の売買，賃貸，賃貸権の売買，相続，贈与，抵当権の設定の各種取引が法的に可能となっている．もっとも現実には，土地に対する需要が少ないこと，土地の市場価格や取引に関する情報が限られていること，土地取引の登録手続きが煩雑であることなどの要因が重なり，土地取引は限定的なものにとどまってきた（奥田，2006）．

農業分野における土地関係の改革と土地資源の効果的運用のためには，法制度が改革に貢献するような社会的環境の整備が不可欠である．しかしながら原油価格の低迷や，2014年以降先鋭化している対ウクライナ問題などの政治情勢にも絡む近年の厳しい経済情勢もあり，楽観的な見通しを立てにくい状況にある．

そのような中で穀物生産とその移転という点に関しては，上述のようにロシアに加えウクライナ，カザフスタンの3国が「新興コムギ輸出国」として生産と輸出の大きなポテンシャルをもって世界農業市場に出現してきているという事実が重要であり，国際的に注視されている．2006-12年の間にこれら3国は世界の穀物輸出量の14％，コムギのそれの21％を占めるに至っている．その主要な理由として，①農業生産と貿易部門の構造改革，とりわけ畜産部門の縮小による飼料穀物需要の低下，②2000年以降の穀物生産の増加，の2点が3国に共通してあげられる．穀物生産の増加は生産性と単収を増加させる要因としての農場経営形態や技術発展が改善されつつあることを示唆している．アメリカ合衆国農業局（USDA）の予測では，2022年までにこれら3国において穀物輸出で86％，コムギ輸出で77％の増加が見込まれている．これは世界の穀物輸出の20％，コムギ輸出の30％を占めることになる．ロシア単独で米国の輸出と同等になるという予測もなされている（Liefert，2015）．

他方でロシアをはじめとする「新興コムギ輸出国」の現実は，低付加価値産品である穀物を輸出し，高付加価値産品である畜産物を輸入するという不利な貿易収支となっており，健全な形で国際分業の一角を構成しているわけではない．さらにこれら諸国は，干ばつなどの自然条件による不安定な収穫状況により，輸入国の需要を配慮した上での安定的な穀物供給国とはなっておらず，市場を不安定化する攪乱要因になっているのが実態である（野部・崔，2012）．　　　　　[吉田　睦]

引用・参考文献

岩崎一郎ほか編著（2004）：現代中央アジア論．日本評論社．

ウクライナ国家統計委員会農業統計：https://ukrstat.org/en/druk/publicat/kat_e/publ4_e.htm（2017年8月16日確認）

奥田　央編著（2006）：20世紀ロシア農民史研究．社会評論社．

帯谷知可ほか編（2004）：中央アジア（朝倉世界地理講座5）．朝倉書店．

加賀美雅弘・木村　汎編著（2007）：東ヨーロッパ・ロシア（朝倉世界地理講座10）．朝倉書店．

金田辰夫（1990）：農業ペレストロイカとソ連の行方（NHKブックス589）．NHK出版．

清水徹朗（2010）：ロシア・ウクライナの農業・食料—ソ連崩壊後の変化と今後の見通し．農林金融，3：2-19．

長友謙治（2012）：ロシアの穀物を巡る状況．Primaff Review，46：6-7．

長友謙治（2012）：チェルノブイリ原発事故に関連する農業分野の法的規制について（ベラルーシ，ロシア関係）．平成23年度カントリーレポート　米国，カナダ，ロシア及び大規模災害対策（チェルノブイリ，ハリケーン・カトリーナ，台湾・大規模水害），pp.129-150，農林水産政策研究所．

長友謙治（2015）：カントリーレポート・ロシア．平成26年度カントリーレポート：米国，WTO，ロシア，pp.105-149，農林水産政策研究所．

中山弘正（1981）：ソビエト農業事情（NHK ブックス 389）．NHK 出版．

野部公一（2003）：CIS 農業改革研究序説―旧ソ連における体制移行下の農業．農林水産政策研究所．

野部公一・崔　在東編（2012）：20 世紀ロシアの農民世界．日本経済評論社．

菱川奈津子（2014）：ウクライナ 穀物供給国ロシアとくらべれば．ジェトロセンサー，2014 年 3 月号：64-65.

山村理人（1997）：ロシアの土地改革：1989-1996 年．多賀出版．

ロシア国勢調査 2010：http://www.gks.ru/free_doc/new_site/perepis2010/croc/perepis_itogi1612.htm （2017 年 8 月 16 日確認）

ロシア農業統計 2015：http://www.gks.ru/bgd/regl/b15_38/Main.htm （2017 年 8 月 16 日確認）

Bater, L. H. (1996): *Russia and the Post-Soviet Scene*. Arnord.

Blagoveshchenskii, G. *et al.* (2006): *Country Pasture/Forage Resource Profiles. Russian Federation*. FAO.

Bogovin, A. V. (2006): *Country Pasture/Forage Resource Profiles. Ukraine*. FAO.

Dronin, N. M. and Bellinger, E. G. (2005): *Climate Dependence and Food Problems in Russia, 1900-1990: The Interaction of Climate and Agricultural Policy and Their Effect on Food Problems*. Central European University Press.

FAO (2006): *Ukraine: Soil Fertility to Strengthen Climate Resilience, Preliminary Assessment of the Potential Benefits of Conservation Agriculture*. FAO.

FAOSTAT：http://faostat3.fao.org/home/E（2017 年 8 月 16 日確認）

IAEA (2006): *Environmental Consequences of the Chernobyl Accident and their Remediation: Twenty years of Experience*. IAEA.

Kondratov, S. A. (ed.) (2006): *Bol'shaya Entsiklopediya: v 62 Tomakh*. T.53. Moskva: M:Bol'shaya ėntsiklopediya.

Liefert, W. and Liefert, O. (2015): The rise of the former Soviet Union region as a major grain exporter. In: A. Schmitz, A. and Meyers, W. H. (eds.), *Transition to Agricultural Market Economies: The Future of Kazakhstan, Russia and Ukraine*, pp.27-36, CAB International.

Nyzalov, D. *et al.* (2015): Dynamics of agricultural production and land use in post-Soviet Ukraine. In: Schmitz, A. and Meyers, W. H. (eds.): *Transition to Agricultural Market Economies: The Future of Kazakhstan, Russia and Ukraine*, pp.215-227, CAB International.

Vidyapin, V. I. (ed.) (2005): *Ekonomicheskaya Geografiya Rossii: Uchebnik*. INFRA.

The World Bank (2007): *Integrating Environment into Agricultural and Forestry Progress and Prospects in Eastern Europe and Central Asia. Vol.II Ukraine*.

Turi, F. *et al.* (2014): *Ukraine: Soil fertility to Strengthen Climate Resilience. Preliminary Assessment of the Poterntial Benefits of Conservation Agriculture*. FAO.

コラム　モスクワ市内のパン事情

ロシア人にとってパンは日本人にとってのお米，ご飯と同様に食事になくてはならない主食ともいえる食物である．ソ連期には，パンはほとんど固有名詞をもたないパン屋（Khleb/Bulochnaya），菓子屋（Kondicherskaya）といった店で売られていた．地方都市では，パンが入荷する時間帯には，棚には何もなくても買い物客が行列してパンの入荷を待つ光景がしばしばみられた．ソ連は現在と違いコムギの輸入国として知られていた．輸入コムギの多くはアメリカ合衆国より輸入される高品質なパン用コムギという話で，ソ連期に口にするパンはアメリカ産のコムギ製だった可能性がある．モスクワ市内の高級食料品店でもなければ種類も現在より格段に少なかった．

今では，パンはスーパーマーケットやキオスクで買うのが普通であろう．パンの種類は多様である．日本でいう菓子パン，おかずパンの類を除いても，ライ麦の入った黒パン（rzhanoi khleb）から白い小麦パン（pushenichnyi kleb）といった材料別，型焼き（成型）パンからバトン（棒）状のパンなどの形状別，これに各種菓子パン，乾パン（スハリと呼ばれるラスク，乾燥度の高いリング状のブーブリキ，スーシキ，バランキなど各種あり）といったものまで実に多様である（写真C4.1）．

ロシア的ともいえる黒パンはライ麦粉と小麦粉やサワー種の割合により各種あり，型焼きのもの（ボロジンスキー/ダルニッツキー/ソーロドヴィイ），円形のスタリッチニーなどがある．ボロジンスキーはライ麦の割合が高く，コリアンダーの風味を利かせたパンで，もっちりとした食感がある．祝祭時にはこれにバターを塗ってその上にさらにキャビアやイクラをのせて食べるのがオーソドックスな食べ方といえる．現在では小麦パンの方がポピュラーかもしれない．こちらにも型焼き，バトン状，円形，小型パンなど各種揃っている．全粒粉パンやドライフルーツ入り，ケシの実やキャラウェイなどの香料を加えたものなどもあり，ロシアの食文化の一角を成している（写真C4.2）．

［吉田　睦］

写真C4.1　モスクワ市内のパンのキオスクの店頭（2013年9月）中段右下の3つがポピュラーな黒パン（ボロジンスキー32ルーブル，ダルニッツキー26ルーブル，スタリッチニー28ルーブル），中段左にはバトン型白パン（19〜30ルーブル）（撮影時のレートは1ルーブル≒約3円）．

写真C4.2　モスクワ市内の新しいタイプの菓子・パン・デリカショップ，店の名前は「パン・アンド・カンパニー」（2013年9月）
中央の黒板に販売されているパンの種類が16種類書かれている．ちなみに黒パンのボロジンスキーが75ルーブルと高額で，写真C4.1のキオスクの2倍以上．

5 産業化と工業地域の形成

　ロシアの工業は，ソ連解体後も十数年間にわたってソ連時代以来の旧産業分類が適用され，その後，新しい産業分類に転換した．そのため，まず新旧分類による工業と製造業を業種構成によって比較しつつ，その産業上の位置を明らかにする．次に，ロシア工業の特徴を地域的側面からとらえるため，小縮尺の地域（共和国，地方，州など連邦構成主体）別や，より大縮尺の都市別に工業の立地動向を取り上げる．また，現在の工業地域の形成に影響を与えたソ連時代の工業化を資源依存型工業と労働集約型機械工業を事例に検討する．

5.1　ロシアの工業地域

5.1.1　ロシアの工業概念と工業・製造業の業種別構成

　ロシアの工業の定義や業種分類は，ソ連時代からソ連解体後の2004年分の公表統計まで全ソ国民経済部門分類（1976年制定，その後部分改訂）に準拠して独特であった．このことはロシアやソ連の工業や産業の把握を困難にする一因ともなった．他方，新産業分類である現行の全ロ経済活動分類は市場経済など体制転換後の社会経済状況や経済統計のヨーロッパ標準に対応させたものであり，2003-04年の移行期間を経て2005年分の公式統計から本格的に導入された．

　工業という生産活動の内容はその業種別構成によく表れている（表5.1，表5.2）．簡潔化のため，ひとまず「工業」をロシアで使用されている用語に近い日本語表記によって使い分け，旧分類ではそのまま「工業」，新分類では「製造業」とする．工業は鉱石採掘や木材の伐採・搬出などをはじめとする天然資源の採取から原料の加工や機械組立にまで及び，さらに発電なども含む．したがって，工業は鉱工業よりも広い概念であった．また業種分類においても，例えば製油は石油，天然ガス，石炭などの採掘とともに燃料工業，鉄鉱石の採掘・選鉱やコークス製造は鉄鋼業にそれぞれ属していた（表5.1）．

　一方，製造業は上述の原料資源の採取活動を含まない．業種分類でもコークス製造と製油は「コークス・石油製品生産」に属し，その細分類では分離してそれぞれが単独業種になる．なお新分類適用後も旧分類の主要な非製造業部門である鉱業，電力・ガス・水道業は製造業と一緒に統計集『ロシア工業』として公表されている．

表5.1　旧分類による工業の部門・業種別構成（2000・2004年）

	生産額 10億ルーブル		就業者数 万人	
	2000	2004	2000	2004
電力	375	1,043	91.3	86.8
燃料	835	2,108	73.0	69.9
うち石油採掘	591	1,433	26.7	29.3
製油	101	299	11.3	10.2
ガス	87	234	6.2	7.5
石炭	55	141	26.9	21.8
鉄鋼	367	1,145	71.1	66.6
うち鉄鋼用鉱物原料 採掘・選鉱	28	96	9.2	7.9
コークス化学	7	36	1.3	1.3
非鉄金属	416	706	56.0	52.5
化学・石油化学	269	528	78.5	73.6
機械・金属加工	774	1,824	470.9	422.9
木材・木材加工・紙パ	189	374	110.2	93.9
うち木材調達	34	71	37.0	30.4
木材加工	66	158	53.3	49.2
紙・パルプ	87	143	19.1	13.8
建材	116	298	68.4	62.4
ガラス・陶磁器	15	41	10.3	8.6
軽工業	65	112	84.9	59.6
うち繊維	33	52	40.1	25.7
縫製	18	34	30.0	23.8
製革・毛皮・履物	14	25	14.4	9.8
食品	527	1,219	148.4	141.5
うち魚工業 1)	52	78	14.6	11.8
微生物	4	3	2.0	1.0
製粉・配合飼料	66	117	17.4	13.6
医療品	36	58	14.0	11.7
印刷	20	56	11.7	13.6
その他の生産	32	64	21.4	19.6
その他 2)	656	1,512	0.0	0.0
合計	4,763	11,209	1,329.5	1,197.8

若干の部門・業種では，内容具体化のため細分類の一部を内訳で示した．1）魚工業では水産物を捕獲・採取・加工する．2）原資料の合計と本表の業種別合計の不一致分を「その他」とした．就業者数では不一致はない．
（Промышленность России より作成）

5.1　ロシアの工業地域　　53

表 5.2 工業関係 3 部門の業種別構成（2005・2013 年）

	出荷額 10 億ルーブル		就業者数 万人		(参考)[4]
	2005	2013	2005	2013	2000
鉱業	3,062	9,748	98.6	93.8	108.2
燃料・動力性鉱物の採掘	2,686	8,695	62.8	60.2	70.3
その他の鉱物の採掘	376	1,053	35.8	33.6	37.9
製造業	8,872	27,133	951.2	753.1	1,127.2
食品（含飲料・タバコ）	1,486	4,272	144.7	121.6	164.1
繊維（縫製を含む）	101	243	49.5	30.2	74.9
皮革・靴	19.7	52.9	7.0	5.0	11.8
木材加工・木製品	145	377	35.8	24.5	39.0
紙・パルプ，出版・印刷	315	766	39.3	31.9	41.5
コークス・石油製品	1,438	6,324	13.6	11.3	21.6
化学	672	1,886	56.3	39.0	70.7
ゴム・プラスチック製品	199	670	25.7	24.7	20.7
他の非金属性鉱物製品	426	1,217	64.9	55.1	78.7
金属生産・金属製品	1,903	3,955	122.0	99.1	125.9
機械・装置	477	1,352	120.5	79.3	208.1
電気・電子・光学機器	452	1,536	88.7	75.8	103.5
輸送用機械	833	3,162	120.2	103.1	140.8
その他の製品	223	581	29.8	26.8	26.0
その他 [1]	182	739	33.3	25.6	0.0
電力・ガス・水道業	1,691	4,492	186.1	182.9	187.4
電力・燃料ガス・蒸気・熱湯 [2]	1,588	4,259	154.8	155.8	ND
電力 [2]	969	2,744	65.8	71.7	ND
燃料ガス [2]	109	202	17.1	16.6	ND
蒸気・熱湯（含火力発電）[2]	510	1,314	71.9	67.6	ND
集水・浄水・給水	103	232	31.3	27.1	ND
3 部門合計 [3]	13,625	41,373	1,235.8	1,029.8	1,422.8

1) 製造業部門の合計と業種別合計の不一致分を「その他」とした．2)「の生産・供給」がつく．3)「3 部門合計」は原資料にはない．4）就業者数の 2000 年分は新分類で遡った形の原資料データであるが，対応する出荷額のデータはない．ND はデータなしを示す．
（Промышленность России より作成）

ところで，表 5.2 では旧分類適用時の 2000 年に遡って新分類による部門・業種別就業者数を公表しており，新旧分類の接点となる．2000 年には就業者総数で旧分類の工業は新分類の製造業より 202 万人多い．これは非製造業部門である採取活動への就業者数に該当し，旧分類の電力，燃料（製油を除く），木材調達の就業者数合計 199 万人とほぼ一致する．なお約 3 万人の不足は，主に食品工業中の魚工業における水産物捕獲・採取に関わる就業者分であると推定される．

さらに，出荷額でみると，上述の採取部門 3 業種の合計は，燃料の就業者 1 人当り出荷額が大きいため，2000 年には全体の 25%，2004 年には 27% に達する．その結果，工業は量的に，産業構成上の割合をよりいっそう大きくしただけでなく，産業の性格上，天然資源との関係を強めた．

製造業は旧分類の採取部門を切り離したが，その業種別構成をみると，コークス・石油製品，化学，金属生産・金属製品など資源の一次加工ないしは基礎素材型を中心とする業種が大きな割合を占めている．そのほかにも表中では他業種と統合されてはいるが，木材加工，紙パルプも同類であ

る．こうしてロシアの製造業は，旧分類の工業とは別な意味で，資源との関係が強く，立地上も資源指向性を強める．そのため，ロシア製造業の現状や，近い将来のあり方を考えるためにも，資源との関係を視野に入れておく必要がある．

したがって，旧分類であったソ連時代ならびに 1990 年代との比較時や，体制転換と移行期の工業変動を考える場合だけでなく，新分類適用後も産業活動上，資源採取の出荷額・シェアが大きく，かつ製造業そのものも資源との関係が深いため，資源採取部門や発電を合わせた工業が取り上げられることが多い．

5.1.2 ロシアの工業地域：連邦構成主体別工業分布

連邦構成主体を単位地域に，2013 年の工業出荷額（鉱業，製造業，電気・ガス・水道業の合計出荷額）と採取部門割合（工業出荷額に占める鉱業，電気・ガス・水道業の合計出荷額の割合）という基本的な生産指標に，製造業就業人口（以下，製造業人口）を加えて，工業の地域的分布を明らかにする（図 5.1）．ここで就業統計を加えたのは，生産統計ではモスクワ市における鉱業 24% を含

54　5. 産業化と工業地域の形成

めた全国平均に近い採取部門割合にも表れているように，石油・ガス関係企業はその出荷額などを生産地と異なった地域分としてしばしば計上するからである．なお，統計の特性上，木材や水産物の採取は含まれていない．

工業出荷額と採取部門割合によって，ロシアは対照的な2大地域に分けられる．1つは，東部や北部の諸地域であり，製造業人口率は全国平均未満で，石油や天然ガス，その他の鉱産資源，一部に発電も含めて資源採取部門の割合が大きい．いくつかの地域では使用統計では除外されている木材資源や水産資源の採取・捕獲が重要な産業になっている．西シベリア北部のハンティマンシ自治管区・ユグラとヤマロネネツ自治管区，極東のサハリン州など近年の石油・天然ガスの主要産地では出荷額が特に大きい．サハ共和国では非燃料系の鉱石採取が中心である．シベリア南部のケメロヴォ州，クラスノヤルスク地方，イルクーツク州は石炭や一部，石油など採取部門割合が高いものの，製造業出荷額も比較的多い．この3地域では，鉄鋼あるいは非鉄金属など基礎素材型工業の比重が大きい．

一方，北部のアルハンゲリスク州は出荷額も大きくはないが，地元木材資源を指向した紙パルプ，軍需工業でもある造船などの製造業を有し，採取部門割合は低い．これは統計上の木材採取の除外というより，製造業の発展によることは高い製造業人口率からもわかる．また，東部ではその南縁，ウラルから東方へシベリア鉄道沿いに延びるチュメニ，オムスク，ノヴォシビルスクの各州，アルタイ地方では採取部門割合が低い．さらに東方の極東の南端にある沿海（プリモルスキー）地方の採取部門割合は，統計上，水産業が除外されていることを考慮しても低い．

もう1つが，西部の大部分の諸地域であり，多くの地域において採取部門割合は低く，製造業人口率は全国平均以上である．モスクワ市，モスクワ州，サンクトペテルブルク市の出荷額はそれぞ

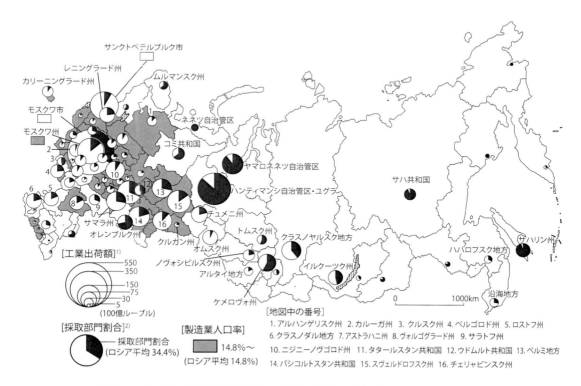

図 5.1　ロシアにおける地域別工業生産：出荷額・採取部門割合・製造業人口率（2013年）
1）工業は採取部門を含み，2004年まで使用された旧産業分類にほぼ該当する．2）採取部門は鉱業，電力・ガス・水道業の合算による推計である．
（Регионы России より作成）

れ全国シェア14％, 4.5％, 5.2％で, モスクワ市の場合, 鉱業など採取部門分を除いてもその出荷額は大きい. モスクワ市, サンクトペテルブルク市は製造業人口率ではそれぞれ8％, 14％とサービス経済化を反映して全国平均未満であるが, 同時に両都市間の格差も大きい. しかし, 製造業人口数はモスクワ市53.2万人（全国第2位）, サンクトペテルブルク市36.4万人（同第5位）であり, 両市とも労働力集積は大きい. モスクワ東方のニジニーノヴゴロド州, さらにその東に広がる沿ヴォルガやウラルまで, タタールスタン共和国, サマラ州, ペルミ地方, バシコルトスタン共和国, チェリャビンスク州, スヴェルドロフスク州などで出荷額が大きく, 全国シェアは3.7～2.5％となっている. すべての地域で製造業人口率も全国平均以上である.

沿ヴォルガはヴォルガ・ウラル石油・ガス産地にあり, 石油・天然ガスの採取が多くなる. 例えば, ウドムルト共和国では採取部門割合が全国平均よりやや高く, オレンブルク州は天然ガスや石油だけでなく鉄・非鉄金属鉱などの採掘量も多く, 採取部門割合が特に高い. また鉄鉱石産地のクルスク異常磁気地域（KMA）にあるクルスク州は50％に近い採取部門割合となっている. クルスク州からサラトフ州さらにオレンブルク州に至る線を含む南側では, 多くの地域で農業就業人口率が高くなり, ベルゴロド州や全国平均をやや上回る程度のヴォルゴグラード州, 北カフカス3共和国（カラチャイ・チェルケス共和国16％が最も高く, カバルダ・バルカル共和国は15％, 北オセチア共和国・アラニアは全国平均）を除くと, 製造業人口率は低い. ロシア西端の飛地であるカリーニングラード州は石油・琥珀を産出するが, その採取部門割合は低い. 逆に, この州では製造業が成長し, 全国平均を上回る製造業人口率を示している.

連邦構成主体を単位地域とすると, ロシアの工業は広域に分布し, 製造業もそれより限定的にはなるが同様の傾向にある. その中で主要な工業生産地域は, モスクワ地域を中心としてサンクトペテルブルクからウラルまで広幅のベルト状に延び

ている. その南では工業生産はロストフ州, クラスノダル地方, ヴォルゴグラード州などでやや目立つが, 分散的である. 北部のアルハンゲリスク州や, ウラルの東側に延びるシベリア南縁の諸地方・州は, 工業生産においてウラルを含む西部の延長とみることもできる.

5.1.3 ロシアの工業地域：都市別工業と主要工業地域

ここでは, 工業の立地を都市別に検討する. 図5.2は, 工業出荷額と, 主要業種 構成に基づいて分類された工業都市と, それらの集積した工業

地域を示している．この地図は，ロシア経済の主要中心地をとらえるために採取部門を含む工業出荷額（2012年）上位250都市を対象に作成されている．なお対象とした250都市の工業出荷額は全国の76%を占める．残りはその他の都市10%未満と，シベリア・極東に多い出張交替作業方式の遠隔地における資源採掘であり，出荷額は大きいが都市ではないため除外されている．

まず，西部の北方や，東部南縁のシベリア鉄道沿線を除くシベリア・極東では，石油・天然ガス，石炭，ダイヤモンドなどの鉱物，木材など各種資源の採掘・採取，発電が卓越している．とりわけ石油・ガスの採掘業に特化した都市の出荷額が大きい．石油・ガス採掘のうちスルグトなどオビ川中流域の石油・ガス採掘業都市群では石油が多く，その北側ではノーヴイウレンゴイなどのように天然ガスが多い．スルグトには石油・天然ガスの採掘・一次加工や火力発電だけでなくガス化学工業も立地している．このように現段階では西シベリア石油・ガス産地が最大生産地となっている．極東ではサハリン沖の石油・天然ガス採掘の開発拠点の1つノグリキと，海上輸送前にガスを

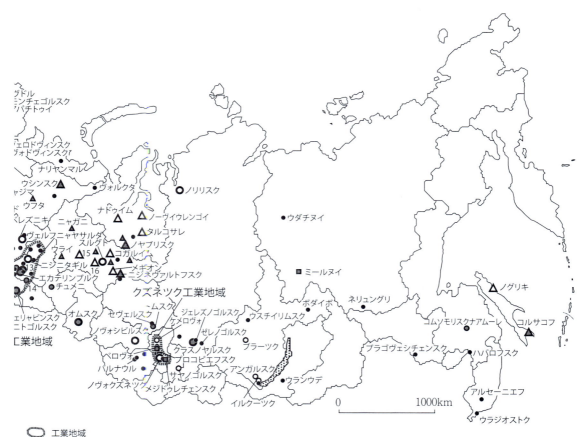

図5.2 ロシア工業の都市別分布と主要工業地域（2012年）

1) 工業は採取部門を含み，2004年まで使用された旧産業分類にほぼ該当する．2) 統計年は出荷額が2012年，業種構成が2010～2011年である．3) 石油・天然ガスの一次加工は主に製油やガスの液化処理を指す．4) ゴレロヴォはサンクトペテルブルク市内の自治管区であるが，原資料のまま別記．
（Урбаникаの資料より作成）

液化処理するコルサコフの出荷額が大きい.

さらに,石油・ガス以外の鉱産資源に関係した都市もある.ノリリスクは高緯度（69°N）に位置する「採掘・精錬会社ノリリスク・ニッケル」北極圏支部のモノゴロド（6.1.3項参照）であり,ニッケルや銅を含む多金属鉱の採掘と非鉄金属工業（2016年に汚染削減のために精錬を再配置）を主要業種としている.コラ半島の資源採掘や精錬はノリリスクと同一企業ホールディングに属している.ここでは地元原料だけでなく外国企業のマット（半成品）も利用され,モンチェゴルスクの精錬ではノリリスクから搬入したマットも使われている.またサハ共和国の場合,ネリュングリでは石炭採掘とそれを燃料とした発電,残り2都市ではダイヤモンド採掘が主要業種となっている.

一方,製造業を主要業種とする工業都市は,西部のうち中部,沿ヴォルガ,ウラルまでは多数あり,その出荷額も多く,広域に立地する.東部ではそうした工業都市は著しく減少して南縁地域に点在し,バイカル湖の東では出荷額も小さくなる.

ところで,2000年代後半以降のロシアにおける工業,特に製造業の実態をとらえる上で,各企業が全国に展開する,優先的な国策企業ないしは政府主導の統合企業体に所属しているか否かは有用な情報となる.その主要なものをあげておく.ロステフは主に兵器をはじめヘリコプター・自動車

から医薬品まで多部門にわたるハイテク品を開発・製造・輸出する複合的企業,ロスコスモスはロケット・宇宙部門を統括する連邦宇宙局を2015年に再編した国家コーポレーション,ロスアトムは原子力産業を統合した国家コーポレーション,統合航空機製造コーポレーション（以下,OAK）は各種航空機の製造・修理諸企業をまとめた組織である.

さて,ロシアにおける主要な工業地域は5つある（表5.3）.1つ目は中核的工業地域としてのモスクワ工業地域である.ここは,モスクワ市,モスクワ州とそれに隣接する地域の一部に展開する大工業集積である.機械（ロスコスモス,ロステフ,ルノーなど）,食品（ネスレ,ダノンなど）を主要業種として量的な集積だけでなく,宇宙・航空機（ロスコスモス,OAK）,原子力（ロスアトム）,インテル,シーメンス,サムスンなど外資系も含めて多数の企業がその研究開発機能を集積させている.この地域には上述の国策企業や統合企業体を構成する多数の企業が立地している.

2つ目はサンクトペテルブルク工業地域であり,サンクトペテルブルク市とその周辺を取り巻くレニングラード州の一部で構成され,フセヴォロジスクも含まれる.食品（バルティカ,P&Gなど）,造船（統合造船コーポレーション）・重電機,そのほかの機械（ロステク,トヨタ,日産,HP,シーメンスなど）,製鋼,研究開発（ガスプロム,ルサ

表5.3　ロシアの主要工業地域（2013年）

工業地域名[1]	面積	「工業」[2]生産額		製造業企業数		製造業人口		製造業出荷額		
	対全国シェア（%）	採取部門率（%）	対全国シェア（%）	企業密度（企業/km²）	対全国シェア（%）	人口密度（人/km²）	対全国シェア（%）	対全国シェア（%）	業種別対全国シェア（%）	
									機械工業	食品工業
モスクワ	0.3	28.7	18.2	0.63	11.3	23.6	11.0	19.8	15.8	18.2
サンクトペテルブルク	0.5	11.9	6.8	0.27	8.9	6.0	5.1	9.2	13.2	10.3
沿ヴォルガ	1.3	30.3	8.1	0.11	8.8	4.8	10.5	8.6	14.4	6.3
ウラル	1.7	13.6	6.0	0.05	5.8	3.0	8.4	8.0	5.8	4.0
クズネック	0.6	58.0	2.2	0.05	1.9	1.8	1.7	1.4	0.7	0.9
5工業地域計	4.3	25.6	41.4	0.13	36.7	5.1	36.7	46.9	49.8	39.7
全国	100.0	34.4	100.0	0.02	100.0	0.6	100.0	100.0	100.0	100.0

1) 各工業地域の範囲は,次のようになる.モスクワ工業地域：モスクワ市,モスクワ州,サンクトペテルブルク工業地域：サンクトペテルブルク市,レニングラード州,沿ヴォルガ工業地域：サマラ州,タタールスタン共和国,ウリヤノフスク州,ウドムルト共和国,チュヴァシ共和国,ウラル工業地域：スヴェルドロフスク州,チェリャビンスク州,クズネック工業地域：ケメロヴォ州.2)「工業」は2004年までの旧産業分類の工業にほぼ該当し,鉱業,製造業,電力・ガス・水道業の合算により推計.このうち鉱業,電力・ガス・水道業を採取部門とした.

（Промышленность России, Регионы России, Российский статистический ежегодник より作成）

58　5. 産業化と工業地域の形成

ール，ロスアトム，アルコアなど）が立地する．

3つ目のウラル工業地域はスヴェルドロフスク州，チェリャビンスク州を中心としてウラル山脈東斜面に広がり，すでに金属鉱石採掘は多くが衰退期にあるが，鉄・非鉄金属生産やその後，立地した機械工業に特化している．大規模鉄鋼工場があるニジニタギル，マグニトゴルスク，チェリャビンスクや，冷圧延工場のあるエカテリンブルクには，機械工場（ロステフ，ロスコスモス，車両など）も多い．内外の多数の企業を統括する非鉄金属系会社（UGMK）の本部があるヴェルフニャヤプイシマや，疎開工場を契機に製鉄からチタン生産へ移行したヴェルフニャヤサルダなどもある．以上の3工業地域は19世紀までに，すなわち革命前から産業立地が進行し，工業地域化が始まっていた，伝統的ないしは古い工業地域である．

他方，新しい工業地域の1つであるクズネック工業地域は西シベリア南部のケメロヴォ州にある．ウラルと同様に採鉱と金属工業に特化しているが，クズバスの石炭採掘と，石炭による火力発電に特徴がある．ノヴォクズネック（鉄鋼，同製品，非鉄金属，石炭など），ケメロヴォ（化学，コークス，発電など）をはじめ，再編後少数グループに統合された採炭業に特化した，多数の都市がある．ここは東部にあって生産規模，広がりで唯一の本格的な工業地域であるが，この地域では19世紀後半に石炭採掘が始まるものの，その大規模な採掘と鉄鋼業の立地は1930年代のソ連工業化期以降である．

次に，モスクワ・ウラル両工業地域の間の地域に注目すると，石油採掘と関連した製油や石油化学と，機械の両部門のどちらか一方に特化した，多数の製造業都市が立地している．この地域では1929年から1960年代にかけて油田が次々と発見され，第2バクーとも呼ばれるヴォルガ・ウラル石油・ガス産地が開発されたからである．加えて，ヴォルガ川やカマ川の水力発電もあってエネルギー・原料基盤が確立し，製油や石油化学が立地した．機械工業では，1930年代にニジニーノヴゴロド（GAZ：ゴーリキー自動車工場），1960年代後半にトリヤッチ（AvtoVAZ：ヴォルガ自動

車工場）に自動車工場がそれぞれ立地し，第二次世界大戦時の疎開工場を契機として軍需工業も発展した．こうしてカザニ（航空機，食品），ニジネカムスク（石油化学，自動車，製油），ナベレジヌイエチェルヌイ（自動車，発電），さらにイジェフスク（石油採掘，自動車，ロスコスモス，ロステク），サマラ（製油，ロスコスモス，ロステフ，航空機，研究開発），トリヤッチ（自動車，化学）などは，広域で発展途上ではあるが，新しい沿ヴォルガ工業地域を形成している．この工業地域の西側にあるニジニーノヴゴロドは，周辺諸都市と工業拠点を形成し，モスクワ工業地域に近く，同時に沿ヴォルガとも自動車工業など業種上の共通性を示し，部品供給による生産連関もみられる．また，工業地域の東側にも石油・ガス加工，機械（ロステフなど），食品を主要業種とするペルミやウファなどがある．

5.1.4　ロシアの工業地域：その他の工業都市

まず，西部のうち主要工業地域以外の工業都市を取り上げる．モスクワ工業地域から150〜250 kmに，ヤロスラヴリ，リャザニ，カルガ，トヴェリ，トゥーラなど州都でもある伝統的な工業都市がある．ヤロスラヴリ，リャザニは石油・ガス加工に特化しているが，4都市とも伝統的な機械，成長著しい食品の両工業を有し，ロステフ傘下の機械工場が立地している．なお，カルガはロシア資本による機械工場に加え，2008年以降，自動車，同部品など外資系工場の進出が顕著である．その南には鉄鉱採掘や鉄鋼業の立地するリペック，スタールイオスコル，ジェレズノゴルスクなどがあり，KMAの鉄鉱石を立地条件としている．リペックはノヴォリペック鉄鋼工場で知られるが，機械工業も立地している．イタリアの白物家電メーカーが鉄鋼工場に隣接するロシア家電工場を買収・利用する形で2004年から操業している．さらに南にあるロストフナドヌー，クラスノダル，ヴォルゴグラードでは，食品とともに機械が立地し，工業が比較的多角化している．その中で，ロストフナドヌーにはヘリコプター，農機など各種機械，クラスノダルには製油と研究開発など，ヴォルゴグラードには製油，アルミニウム精

錬などが立地している.

一方,西部のうち北西方面には次のような工業都市がみられる.まず,モスクワの北 400 km に位置するチェレポヴェツはセヴェロスターリ社の拠点である.ここの大規模鉄鋼工場は 1940 年に計画決定されたが,第二次世界大戦後に建設,1955 年に稼働した.鉄山のあるコラ半島・カレリア北部と炭田のあるペチョラは厳しい気候と遠隔性のために工場立地には適さなかった.そこで,鉄鉱石と石炭の両搬入ルートの交点,かつ鉄道と水路(マリインスク運河)の結節点にあり,鉄鋼製品の市場とくず鉄の供給地であるモスクワやレニングラード(現,サンクトペテルブルク)などの工業都市に近いことからチェレポヴェツが工場立地点に選ばれた.そのほかサンクトペテルブルクに近いヴェリーキーノヴゴロドには,パイプラインで供給される天然ガスを燃料に化学,食品,機械などが立地する.また,州全体が特別経済区の中心都市カリーニングラードには,関税上の優遇措置のもとで機械工業,特に自動車,電機のノックダウン生産がみられる.

次に,東部ではその南縁に工業都市が分散的に立地する.オムスクに製油をはじめ機械,食品などがあり,ノヴォシビルスクでは工業は多角化し,機械,化学,食品,発電のほか,研究開発部門がみられる.両都市とも第二次世界大戦時の疎開工場を契機に,航空機生産が始まり,その後オムスクではロケット・宇宙部門へ移行した.トムスクには化学工業の生産と研究開発,機械が立地する.隣接するセヴェルスクは戦後,秘密都市トムスク 7 として建設され,ウランやプルトニウムに関する化学工場が操業している.

豊富な水力による電力を基盤にクラスノヤルスク,サヤノゴルスク,ブラーツクにはアルミニウム精錬など非鉄金属が立地している.このうちクラスノヤルスクは化学,機械,食品,木材など,ほかの 2 都市より多角化し,その周辺に秘密都市であった旧クラスノヤルスク 26 のジェレズノゴルスク(核燃料加工など),旧クラスノヤルスク 45 のゼレノゴルスク(ウラン濃縮)がある.イルクーツクには航空機を中心に発電,食品などがあ

り,その周辺では製油で知られるアンガルスクに石油化学,原子力化学,シェレホフには非鉄金属がそれぞれ立地している.ウランウデではヘリコプター製造がみられる.

極東では 1930 年代の軍需品の供給基盤形成方針がコムソモリスクナアムーレ(航空機や製鋼,製油)やアルセーニエフ(ヘリコプター製造)の工業を方向づけた.ハバロフスクの主要業種は製油,食品などであるが,ウラジオストクでは先行した軍需関係の機械に加えて,2000 年代後半に出現した自動車組立や食品が立地する.

5.2 社会主義時代の工業化
——資源依存型工業と機械工業

社会主義時代の工業化は計画経済ないしは指令制経済という経済体制下で進められた.同時に,その工業化を牽引したのは,工業を旧概念とすれば,業種上では,資源産出地に立地指向する資源依存型工業と,もう 1 つが都市立地指向の労働集約的な機械工業であった.ここでは両工業の立地を検討する.なお,資源依存型工業については,当時,内外で注目された,第二次世界大戦前のウラル・クズネックコンビナート(Uralo-Kuznets-kiy kombinat, UKK)計画と,1970 年代以降の地域生産コンプレクス(territorial'no-proizvodst-vennyy kompleks, TPK)計画を事例として,その立地過程を取り上げる.

5.2.1 ウラル・クズネックコンビナート

シベリア鉄道建設後,クズバスの石炭を使ったコークス製鉄でウラルの鉄鋼生産を増加させる案がたびたび出されていた.1914-16 年には炭坑や鉄鋼工場の建設計画が作成され,鉄道やコークス化学工場の建設も計画された.それらの計画は革命や内戦によって実施が遅れたが,1918 年にソヴィエト新政府は計画を復活させた.ブレスト・リトフスク平和条約の結果,ドネツ地方(ウクライナ)の南部鉄鋼基地を失い,新たな,そして外敵から守られた鉄鋼基地が必要になったからである.なお南部鉄鋼基地はその後間もなく内戦によりソヴィエト政府の支配下に戻っている.

一方,計画のアイディア・作成主体という点で UKK 計画と連続性のあるゴエルロ計画が 1920

年に作成された．ゴエルロ（ロシア国家電化委員会）計画は全国の電化計画であった．しかし，その中で工業，農業，交通などの電力需要に対応させて発電資源，発電所が地域別に策定され，さらに鉄鉱資源のあるウラルの金属工業について，ドンバスかクズバスの石炭利用案も含まれていた．また計画立案機関としてゴエルロを引き継ぐ形でゴスプラン（国家計画委員会）が組織された．

UKK計画は公募方式をとり，1923年に作成されたトムスクのグトフスキーを代表とする研究者・技師たちの案が選ばれた．それも踏まえた1924年のゴスプランによるUKK計画では，クズバスの石炭を使用する4つの鉄鋼工場の新設が予定されていた（図5.3）．それは炭田のあるクズネック地域に地元産鉄鉱石を使用する1工場，マグニトナヤ山などの鉄山に近いウラル地域に3工場を建設するという内容であった．この案は2,000 km以上離れた両地域における資源の同時開発になっているが，ウラル地域への石炭輸送後に発生する空貨車は計画の効率を下げる．またクズネック工場における地元産鉄鉱石の不足も懸念された．ウクライナの研究者らは南部鉄鋼業増強の経済的合理性を根拠に計画に反対した．こうした状況下で，コロソフスキー（ゴスプランの研究者，その後アンガラ建設計画などにも参画，1931年からモスクワ大学地理学部教授）は依頼を受け，計画を再検討し，石炭輸送後の貨車でマグニトゴルスクの鉄鉱石をクズネック地域に運搬することや，鉄道輸送力増強を1928年に提案した（図5.3）．石炭と鉄鉱石の振り子輸送によって輸送費と所要時間の節約に加えて，両地域に1鉄鋼工場を建設するUKK計画が第1次五カ年計画（1928-32年）に盛り込まれ，実施された．マグニトゴルスク鉄鋼コンビナートは1929年春に建設が始まり，1932年2月に初出銑となった．同年9月にクズネック鉄鋼コンビナートも操業を始めた．

こうしてUKKは鉄鋼生産のためにクズバスの石炭とウラルの鉄鉱石を「結合」（コンビナート）する仕組みとなった．そして，遠く離れた両産地間の振り子輸送による結合は，実際にはこの事例のみとなったが，地域の結合というとらえ方も生んだ．また，両地域の同時開発は複合的開発でもあった．UKKはソ連における第2の鉄鋼基地形成の基礎となった．そのため第二次世界大戦時，軍需工場が疎開・立地し，この地域が後方基地として機能できた．UKK計画は若いソ連が求めていた国防力の強化や後進地域開発を実現する東部開発となった．

戦後，ウラル地域へはカザフスタンの炭田，シベリアでは地元の鉄鉱石産地がそれぞれ開発さ

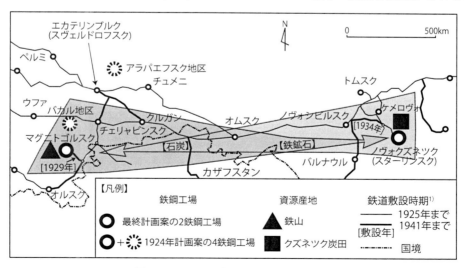

図5.3 ウラル・クズネックコンビナート計画

図中は現都市名，（ ）内は旧称．1) 鉄道敷設時期の1925年は計画段階，同1941年は計画実施後かつ独ソ戦開始年を指す．
（Алексеев и др, 2014 より作成）

れ，より近くの資源を確保できるようになり，振り子輸送による結合は15年ほどで解消された．さらに，現在のマグニトゴルスク鉄鋼コンビナートでは，石炭は主にクズネック地域から搬入されているが，鉄鉱はマグニトナヤ山の資源枯渇後，地元の別の鉄山や，KMA，隣国カザフスタンから搬入されている．他方，クズネック鉄鋼コンビナートは2000年代初めの経営再編により分社化・清算などを経て，現在では市内に1960年代に建設された西シベリア鉄鋼コンビナートと統合され，レールに特化した圧延工場となっている（6.2.1項参照）．

5.2.2 地域生産コンプレクス

地域生産コンプレクス（TPK）とは，一定の領域内の資源とインフラを利用し，種々の省庁の管轄下にある，技術的・経済的に関連した，専門化部門と補助（複合）的部門からなる，生産と企業のまとまりである．TPKは，公式には1971年の第24回党大会にて採択された第9次五カ年計画（1971-75年）に関する指令で初めて登場した．しかし，TPKの形成開始時点でも，その定義は党，計画機関，学術・研究機関で相互に厳密に確定していなかった．計画実践の経験，各機関の研究や合同会議などを経て，1980年代初めには，TPKの定義や国家計画体系中の位置が明確になった．こうして全国的な意義をもち，特定の目的を実現するために形成されるTPKが，同時に進行していた計画実践とも対応して，当時，ソ連内外に普及した．

1970年代以降，公式に形成途上とされた12TPKをみると，各TPKの対象地域には広狭があった．ロシア共和国が8TPKを占め，ソ連内でも，同共和国内でも北部や東部，特に東部に多く，TPK形成計画は東部開発の一環としてみることができる．既開発地域を中心とするKMA，カンスク・アチンスク両TPKもあるが，TPKの多くは低開発地域に計画された（図5.4）．TPKの専門化部門は，多くの場合，水力発電と鉱産資源の採掘，それらを燃料・原料とする火力発電や非鉄金属，紙・パルプなどの生産である（表5.4）．しかも，多くのTPKにおいて電力の生産・供給によるエネルギー連関が，生産面のコンプレクスを

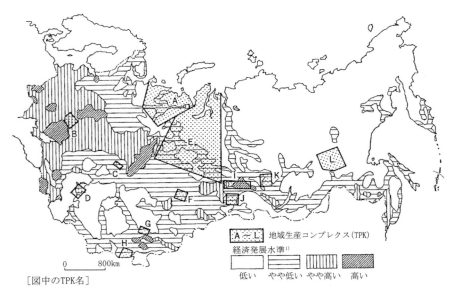

[図中のTPK名]
A. チマン・ペチョラ，B. KMA（クルスク異常磁地域），C. オレンブルク，D. マンギシラク，E. 西シベリア，F. パブロダル・エキバストゥーズ，G. カラタウ・ジャンブルスク，H. 南タジク，I. カンスク・アチンスク（KATEK），J. サヤン，K. ブラーツク・ウスチイリムスク，L. 南ヤクート

図5.4 TPKの配置と地域別経済発展水準（1970年代初め）
凡例でロシア領内のTPKには下線を付した．1）経済発展水準はКанцебовская и Рунова（1973）では8段階に区分されていたが，4段階に統合して示した．
（小俣，2006を改変）

62　5. 産業化と工業地域の形成

形成する上で重要な役割を果たしている．その典型的な例はアンガラ川の水力と木材を基盤資源としたブラーツク・ウスチイリムスク TPK にみられる（図5.5）．この地域では，その下流部において体制転換後のロシアでも同類の開発が進行中である．

TPK 間には生産の拡大速度や形成段階の違いもあった．例えば，ブラーツク・ウスチイリムスク TPK は1970年代後半に基本的に完成していたが，西シベリア，南ヤクートなど多くの TPK は1980年代後半でも形成中であった．TPK は事前準備が不十分な状態で形成が始まり，形成初期から問題を抱えていた．特に，TPK の重要な側面である複合的生産やインフラの確保，および TPK の形成過程における関連省庁や組織間の連携・調整が十分ではなかった．また対象地域の環境や先住民の生活の悪化もみられた（小俣，1992）．

しかし，TPK は全国的に公表・認知しうる規模の生産を実現し，国内需要の充足と外貨獲得のために，石油，天然ガスなどエネルギー・原料資源の開発・増産を可能にした．例えば，3つの

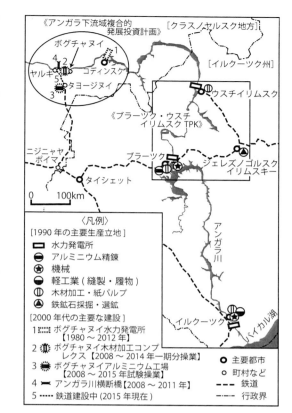

図5.5 2つの世紀にまたがるアンガラ川流域開発
（各種資料より作成）

表5.4 TPK の基盤資源類型と主要生産部門（1970年代）

類型	TPK の名称	主な天然資源	主要生産部門
エネルギー系	ブラーツク・ウスチイリムスク	水力，木材，鉄鉱	水力発電，木材，紙・パルプ，非鉄金属，鉄鉱採掘
	サヤン	水力，鉄鉱，石炭，非鉄金属鉱，農地	水力発電，鉄・非鉄金属，機械，軽工業，食品，農業
	南タジタ	水力，塩，天然ガス，農地	水力発電，化学，非鉄金属，軽工業
	カンスク・アチンスク[1]	石炭，水力	石炭採掘，水力・火力発電，機械，非鉄金属，化学
	パブロダル・エキバストゥーズ	石炭，塩，多金属鉱	石炭採掘，火力発電，鉄・非鉄金属，機械，石油加工
エネルギー・原料系	南ヤクート[2]	石炭，鉄鉱，希少金属鉱，りん鉱，雲母	石炭採掘，鉄鉱採掘，火力発電，冶金工業（構想）
	西シベリア	石油，天然ガス，木材	石油・ガス採掘，木材，紙・パルプ，石油化学，火力発電
	マンギシラク	石油，天然ガス，水産資源	石油・ガス採掘，化学，食品
	チマン・ペチョラ	石油，天然ガス，石炭，木材	石油・ガス・石炭採掘，火力発電，製油，木材
	オレンブルク	天然ガス，岩塩，石炭	ガス採掘，ガス加工，化学
原料系	KMA	鉄鉱，ボーキサイト，農地	鉄鉱採掘，製鉄，非鉄金属，機械，食品，農業
	カラタウ・ジャンブルスク	りん鉱，農地	りん鉱採掘，化学，火力発電，軽工業，食品，農業

1) カンスク・アチンスク TPK は，燃料・エネルギーコンプレクスや中央クラスノヤルスク TPK に区分されることもある．2) 南ヤクート TPK では，中核を成す冶金工業は構想段階であった．
（小俣，2006）

TPKが配置されたアンガラ・エニセイ地域は，TPKの本格的形成期である1970年代以降，エネルギー関連やアルミニウム工業など電力多消費型の非鉄金属の構成比を増大させた．TPKの形成は，同地域の経済的一体性や域外の国内西部との関係を強め，国内の工業生産・人口の地域的分布にも一定の変化をもたらした．

TPKはその形成計画が国家的プログラムとされ，地域の複合的発展や生産・投資効率の上昇を追求しつつ，専門化部門を中心とした部門別投資を温存させながら，地域選択的投資を実現できた．TPK形成計画は資源開発を中心とした多部門開発であり，総合開発と特定部門開発の中間型の開発モデルであったが，ソ連およびロシア共和国のどちらにおいても全国的なスケールでは工業分散化に寄与し，1つの工業立地方式とみなすこともできる．

5.2.3　機械工業の都市集中とその背景

社会主義時代の機械工業の立地を考える場合，この工業の性格を明らかにしておく必要がある．ソ連は初期の一国社会主義化や冷戦下など軍事経済化が強く求められ，そのことが工業，特に機械工業のあり方に影響を与えた．ソ連やロシア共和国の軍産複合体企業（9国防関連省庁管轄下の機関・企業，1980年代末ロシアで1,800企業）あるいは軍需産業は，業種上，機械工業を中心とし，軍需品と同時に一部，民生品も生産していた．また，ソ連時代の機械工業の最終製品（世界市場価格ベース）に占める割合は，軍需品約65%，経済諸部門用機械類30%，消費財5～7%とされ，機械工業に占める軍産複合体の地位はきわめて高く，機械・金属加工などに特化した，偏った工業構造となっていた．例えば，ソ連時代末期（1990年）のロシア共和国における工業の業種別構成は，企業数による構成比では食料品21%，機械・金属加工20%，化学・木材17%，軽工業17%と並立していたが，就業者数では機械・金属加工が46%を占めていた（小俣，2006）．それでは機械・金属加工は，どのような立地をみせていたのであろうか．

1990年代初めのモスクワ地域（市・州），チェリャビンスク州，イルクーツク州を対象とした事例分析（対象地域は類型化後選択）によると，機械・金属加工企業比率はモスクワ市41%，チェリャビンスク市34%，イルクーツク市25%で，それぞれの地域・州平均よりも高く，大都市である連邦・州行政中心都市への機械・金属加工企業の立地指向が顕著である．さらに，集落規模別に機械・金属加工企業の立地をみると，最大都市モスクワに著しく集中し，モスクワ市を除いても集落規模上位2階級ではその割合はほかの4業種を上回っている（表5.5）．このように機械・金属加工企業は著しい都市集中を示していた．さらに，モスクワを中心として35km圏内と圏外のモスクワ州における業種別構成では，機械・金属加工は圏内で30%と大きく，圏外では食料品工業が

表5.5　モスクワ市・州，チェリャビンスク州，イルクーツク州における主な工業の集落規模別立地（1990年代初め）

		全事例地域					モスクワ市以外の事例地域				
		機械・金加[1]	軽工業	食料品	木材・紙パ	出版・印刷	機械・金加[1]	軽工業	食料品	木材・紙パ	出版・印刷
企業総数（社）		905	372	448	400	167	375	217	337	352	79
構成比（%）		100.0	100.0	100.0	100.0	100.0	100.0	100.0	100.0	100.0	100.0
人口規模別集落数	人口500万以上　(1)	58.6	41.7	24.8	12.0	52.7	0.0	0.0	0.0	0.0	0.0
	50万～500万　(2)	7.6	7.0	9.8	3.0	3.0	18.4	12.0	13.1	3.4	6.3
	10万～50万　(22)	12.3	15.1	15.0	14.0	9.6	29.6	25.8	19.9	15.9	20.3
	5万～10万　(30)	6.5	12.9	13.6	9.8	10.8	15.7	22.1	18.1	11.1	22.8
	1.2万～5万　(76)	7.4	12.6	19.0	16.5	13.7	17.9	21.7	25.2	18.8	29.1
	1.2万未満[2]　(117)	3.8	5.6	8.3	19.0	7.2	9.1	9.7	11.0	21.6	15.2
	村など[2]　(236)	3.9	5.1	9.6	25.7	3.0	9.3	8.8	12.8	29.3	6.3

表中の（　）は当該集落数を示す．1)「機械・金加」は「機械・金属加工」の省略である．2) 人口1.2万未満の集落は都市，町を含み，「村など」は人口統計集で人口数の表記のない一部の町と村を含む．
（小俣，2006）

64　　5. 産業化と工業地域の形成

多い．実質的なモスクワの延長部分である，35 km 圏内に立地ないしは継続立地できた有力業種は，全ソ連レベルの実験試作系を多数含む機械・金属加工企業であった．

ウラル・クズネックコンビナートや TPK など省庁間複合事業である大規模国家プロジェクトはともかく，計画経済下でも単一省庁による企業立地は当該省庁の意思決定が反映する．重機械か精密・電気機械かなど製品群別に多少の違いもあるが，機械・金属加工は多くの場合，熟練労働力，関連企業との連関，インフラの整備負担軽減をもたらす外部経済などを考えると，都市指向になる．また 1970-85 年でみても機械・金属加工業は企業数，生産額，就業者数とも実数で増加しており，この発展そのものが都市集中を活発化させた．さらに，工具の製造・保守など各種補助部門をもつフルセット型企業も多く，ソ連の工業企業に広くみられた大規模化は，機械・金属加工，特に機械工業にもあてはまる．こうした大規模企業の設立と立地は，都市形成的と都市牽引的の両面で，機械工業と都市の密接な関係をつくり出した．

また，機械工業に占める軍産複合体の割合の高さは，機械工業の立地において軍産複合体企業の立地特性を際立たせた．その立地特性とは，国防関連省庁による戦略性とともに他省庁より立地先選択上の自由度と優先性を付与された企業立地である．例えば，モスクワを中心とする半径 150km 圏内は，1972 年締結，1974 年調印の米ソ弾道弾迎撃ミサイル（ABM）制限条約によって，ミサイル攻撃に対する安全地域に指定された．この軍事上の保護空間へ，1970 年代の技術革新に伴い発展した機械，そのほかの工業，とりわけ軍産複合体企業が集中し，その集積地域となった．なお，軍産複合体企業の一部については，攻撃に備えた内陸部への配置，双子工場（同一・類似機能の工場）の国内各地への分散配置，秘密都市への核開発関係機能の配置など戦略的な中小都市への分散もはかられた．この結果，軍産複合体企業はモスクワ一極集中と中小都市への戦略的配置を一部に伴う，分散的大都市集中立地（全国規模すなわち州別などでは分散的であるが，集落別では都市とりわけ大都市集中型立地）となった．

さらに，独ソ戦時の工場疎開も工業立地に影響した．疎開は短期間であったが，多くの場合，戦後もその機能の一部を残して同一ないしは関連製品の生産が行われた．そのため工場疎開はその主要業種を考えると，機械工業の東部地域への分散とともに，都市集中も促進した．工場設備の輸送やすばやい生産再開は，疎開先として既存企業の多い都市が選ばれる傾向にあったからである．

[小俣利男]

引用・参考文献

小俣利男（1992）：戦後ソ連における地域生産コンプレクス概念の展開と地域開発．経済地理学年報，**38**（2），1-22.

小俣利男（2006）：ソ連・ロシアにおける工業の地域的展開—体制転換と移行期社会の経済地理．原書房.

中村泰三（1985）：ソ連邦の地域開発．古今書院.

Алексеев, А. И., Колосов В. А., ред. (2013)：Россия：социально-экономическая география：учеб. пособие. М.：Новый Хронограф.

Алексеев, А. И., Николина В. В., Липкина, Е. К. и др. (2014)：География. 9 класс：учеб. для общеобразоват. организаций. М.：Просвещение.

6 ハイテク化と資源依存

ソ連解体後，移行期を経てロシアの工業はどのように変化してきたのか，あるいは今後に向けて変化させようとしているのか．工業の構造変化と立地変化について，両者を関連付けながらハイテク産業化を中心に検討してみよう．さらに，帝政から社会主義さらにポスト社会主義へと体制やその版図は変化したが，その間の19世紀後半からソ連時代を経て資源開発が活発化した．それを引き継いだ今日のロシアは，世界の資源産出・供給大国の1つとなり，資源依存型，より具体的には資源輸出型経済になっている．そこで現在，ロシア経済にとって鉱物資源がどの程度，重要なのかも明らかにしながら，ロシアの鉱物資源の現状や，最も代表的かつ重要な資源となっている石油や天然ガスの輸送に関わるパイプラインについてみてみよう．

6.1 ソ連解体後の工業の変化 ——イノベーション，ハイテク産業

6.1.1 ソ連解体後の工業をめぐる環境変化

ロシアはソ連解体後約25年，体制転換と移行期を経て今日に至っている．その過程は単調ではなかった．エリツィン期の1990年代に価格・貿易の自由化や国営企業の民営化・私有化など市場経済への移行をはかった．この期間は主要輸出品である鉱業品，特に国際原油価格が低下し，ロシア経済は低迷し，財政も悪化した．GDPや工業生産は著しく減少し，通貨危機が発生した1998年前後に最低水準となった（図6.1）．工業の1部門であった鉱業生産も停滞し，製造業においても1980年末から始まっていた軍民転換（軍需企業の民需転換）は計画通り進まず，その民需品の柱である電機製品も競争力のある輸入品によって生産が圧迫された．この傾向は1999年以降，一転する．国際原油価格は上昇に転じ，2010年代初めまでリーマンショックによる一時期を除くと高騰を続け，2014年に急な下落が始まっている．GDPは2007年に1990年水準を上回り，量的な経済指標ではあるが移行期が完了した．この2000年代はプーチン（・メドヴェージェフ）期であり，ロシア経済は急成長を示す．工業生産も増加に転じたが，GDPよりも緩やかで，いまだに1990年の水準に戻っていない．また就業者数は，1990年代には工業の生産縮小に比して減少幅は緩やかであったが，2000年代には生産増加とは対照的に漸減を続けている．

2000年代前半には「2010年までのロシア連邦発展戦略」（2000年）や「2008年までのロシア政府の主要活動方向」（2004年）でハイテク製品やハイテク産業の発展が指摘された．しかし，「ロシア連邦社会経済発展中期（2006〜2008年）計画」（2006年），「2020年までのロシア連邦社会経済発展構想」（2008年），それを受けた「2020年までのイノベーション発展戦略」（2011年），「長期国家経済政策に関する大統領令」（2012年）などで，資源輸出型経済からハイテク産業や科学・イノベーション分野の発展などによって産業構造を多角化し，経済の現代化，すなわちイノベーション型経済を目指すようになった．

図6.1 移行期とその後のロシアにおける工業推移（1990年=100）
1）工業は旧産業分類，2004年以降は鉱業，製造業，電力・ガス・水道業を合計して算出．2）国際原油価格は各年末のブレント原油価格．
（Российский статистический ежегодник, US Department of Energy より作成）

同時に，この時期以降，長期計画に基づく産業政策など経済への国家関与が増大する．これまで取り上げられてきたハイテク産業や優先的発展分野は，航空・宇宙，防衛，医薬・医療，ナノテクノロジー，原子力，造船，電子・通信，プログラム開発，新素材などである．こうして製造業やハイテク産業の振興に関する動きが活発化した．自動車・同部品工業の発展を意図した既存の優遇措置を強化するため，「工業組み立て」措置（コラム参照）が 2005 年に導入された．同年には，連邦投資基金や特別経済区も設立された．それ以降もハイテク型テクノパークの創設，工業団地の設立，5.1 節でも言及した，戦略的部門における国家主導の垂直・水平的統合企業体としての国家コーポレーションの創設などが相次いだ．

さらに 2010 年にイノベーションセンター「スコルコヴォ」の建設が始まった．同年にクルチャトフ研究所（モスクワ，核物理学など），2014 年にジュコフスキー記念研究所（モスクワ州ジュコフスキー，航空機）が既存の研究所を再編・格上げして国家研究センターに認定された．また科学技術やイノベーションを推進するために，技術発展基金が 1990 年代に創設され，その後，たびたび再編・強化され，2014 年に大幅改組後，工業発展基金となった．その管轄は教育科学省から産業貿易省に移され，資金提供対象もロシア工業の現代化，新生産の組織化，輸入代替生産の促進に絞り込まれた．2014 年には「工業の発展および競争力向上計画」が承認された．この計画では，競争力や安定性のある，構造上バランスのよい工業にするため，2020 年までの数値目標を付した 21 の個別計画が盛り込まれている．

工業環境の変化は 2000 年代，特にその中頃という，GDP 指標で体制転換前の水準に近づいたタイミングで始まった．

6.1.2　工業構造の変化と企業の垂直的統合化

ロシアの工業は基本的には縮小傾向にある．実数では，工業就業者数はソ連時代末期（1990 年）の 2,100 万人から 2004 年に 1,198 万人へと減少し，新分類の製造業では 2005 年の 951 万人から 2013 年の 753 万人に減少した．この点を分類変更の影響が少なく，かつ上述の産業構造政策でも重視されている機械工業でみると，ソ連時代末期の 803 万人（1990 年）から 258 万人（2013 年）へと 3 割近くに激減している．2005 年以降の製造業の業種別出荷額構成では，石油製品，食品，鉄鋼，輸送用機械などの割合が大きい（表 6.1）．ロシア製造業は資源との関係が深く，素材加工型業種の割合はこの期間，45％近くを維持している．ただし，その中では変動があり，石油製品は一貫して構成割合を増大させ，鉄鋼や非鉄金属は 2007 年までのピーク後，やや減少している．繊維は 1990 年代に激減したが，この期間も微減している．加工組立型の機械系 3 業種は横ばいから 2009 年以降増加に転じたが，機械・装置（工作機械など）は減少し，輸送用機械は増加している．これは外資系（合弁・外資）企業による自動車の現地生産が拡大したことによる．移行過程での企業の私有化により，2013 年に製造業の私有割合は企業数では 89％であるが，出荷額では 52％にすぎない．残りの出荷額の多くは国有ではなく，外資系企業分（29％）である．業種別には輸送用機械出荷額の 42％（2013 年）を外資系企業が占めており，しかも 2007 年の 19％から急増している．近年，外資系部品企業の進出もみられるが，現地調達率は低い．WTO 加盟に伴う関税見直し時期も迫っており，この業種の成長を技術移転も含めて製造業全体の発展へと導く必要がある．

技術的イノベーションを伴った製品・サービスの出荷額は 2000 年代に増加し，その出荷額総計に占める割合も製造業全体で 7％（2005 年）から 11％（2014 年）へと微増したが，依然として低率である（ロシア統計年鑑）．業種別で 2014 年の同割合が 20％を上回っているのは研究開発と輸送用機械のみである．これは新技術や既存技術の改善に基づく製品・サービスであり，ハイテク製品そのものではない．グローバル競争の観点からはハイテク製品の輸出や貿易収支が重要な指標となる（表 6.2）．ハイテク製品の輸出総額は増加しているが，収支比は同程度の水準にとどまっている．品目別では航空宇宙機器には競争力があるが，その他は圧倒的な入超である．しかし，2014

表 6.1　製造業の業種別出荷額構成（単位：％）

	2005	2007	2009	2011	2013
食品（飲料・タバコを含む）	16.7	15.3	19.7	15.8	15.7
繊維（縫製を含む）	1.1	1.0	1.1	0.9	0.9
皮革・靴	0.2	0.2	0.2	0.2	0.2
木材加工 [1]	0.6	0.6	0.6	0.4	0.4
木製品 [1]	1.0	1.0	0.9	0.9	1.0
紙・パルプ [1]	2.2	2.1	2.1	1.9	1.8
出版・印刷 [1]	1.3	1.5	1.4	1.1	1.1
コークス [1]	0.4	0.4	0.4	0.5	0.3
石油製品 [1]	15.8	15.9	18.2	19.5	23.0
化学	7.6	6.8	7.4	7.9	7.0
ゴム・プラスチック製品	2.2	2.6	2.6	2.5	2.5
その他の非金属性鉱物製品 [2]	4.8	6.1	4.8	4.5	4.5
鉄鋼 [1]	12.7	11.6	9.1	10.0	8.0
非鉄金属 [1]	6.1	6.8	4.7	5.0	4.1
金属製品 [1]	2.6	2.8	2.8	2.7	2.5
機械・装置	5.4	5.7	5.6	5.4	5.0
電気・電子・光学機器	5.1	5.9	5.7	5.8	5.7
輸送用機械	9.4	9.2	7.8	10.3	11.7
その他の製品 [3]	4.6	4.7	5.0	4.6	4.9
合計	100.0	100.0	100.0	100.0	100.0

1）細分類統計は小企業分を含まないため，比例配分により業種別比率を推定．
2）「その他の非金属性鉱物製品」とはガラス，セメント，セラミックなどである．3）業種別出荷額合計の不足分は「その他の製品」に算入．
（Промышленность России より作成）

表 6.2　ハイテク製品の品目別輸出額・貿易収支（輸出額：100 万米ドル）

	2010 年		2012 年		2014 年	
	輸出額	収支比 [2]	輸出額	収支比 [2]	輸出額	収支比 [2]
航空宇宙機器	6,079	1.41	5,981	1.06	5,927	0.71
コンピューター・事務機器	118	0.02	267	0.04	1,773	0.27
電子・通信機器	854	0.08	1,094	0.08	1,600	0.12
医薬品	115	0.07	215	0.05	266	0.06
その他	6,603	1.00	8,448	0.81	9,493	1.07
ハイテク製品 [1] 合計	13,769	0.48	16,005	0.40	19,059	0.46

1）ハイテク製品の定義は OECD による．2）収支比とは貿易収支比で輸出額/輸入額．
（Российский статистический ежегодник より作成）

年にコンピューター・事務機器は輸出額・収支比とも急増している．このように現状では低水準ではあるが，2000 年代後半以降，ハイテク化やイノベーションが産業動向に現れつつある．

こうした業種構成の変動とともに，企業統合も進んだ．垂直統合とは原料採掘・加工・製品販売まで生産・流通連関を内包した企業統合であり，水平統合とは同業種・同工程企業間の統合である．1990 年代から国際競争力のある生産分野では，企業統合が顕著である．上流部門から下流部門までの垂直統合という点では天然ガスや石油が早かった．非鉄金属のアルミニウム工業では

1990 年代後半にアルミナ生産，精錬，アルミ半製品・製品生産などの垂直統合が進み，国内 2 大垂直統合会社の水平統合に，一部スイス資本も加えて，2007 年に統合会社ルサールとして多国籍の世界的大企業となった．この企業の国内の主要生産拠点は水力発電所指向型立地の精錬工場が多い東シベリアである．鉄鋼業では 1990 年代に鉄鋼企業による鉄鉱山統合の例もあったが，2000 年代前半に鉄鋼部門と原料（石炭・鉄鉱石など）供給部門が垂直統合した 6 企業グループが形成され，2014 年に銑鉄生産の 90％以上を占めている．統合を主導した企業は鉄鋼企業が多かったが，石

68　6. ハイテク化と資源依存

炭企業の例もあった．主要生産拠点はチェレポヴェッツを除くと，KMA，ウラル，西シベリアといずれも原料指向型立地である．紙パルプ生産では，1990年代後半から2000年代初めの紙パルプ工場の水平統合や木材調達部門の垂直統合により，スイス・アメリカ資本も加わったロシア最大の企業が生まれた．この企業の場合，アルハンゲリスク州，イルクーツク州に生産拠点がある．

民間資本が参入しにくい防衛産業における機械工業の競争力向上・維持のため，あるいはイノベーション分野の育成・強化のために，国家主導によって既存企業を水平統合や垂直統合したホールディングなどの企業が組織された．前述のように，公社のような国家コーポレーションとして2007年にロステフ，ロスアトム，ロスナノ，100％国有の株式会社として2006年にOAK，2007年に統合造船会社（OSK）がそれぞれ創設された．そのうちロスナノはナノテクノロジー産業における新生産の開始に向けた投資を目的とし，2011年から100％国有の株式会社に再編された．残りは全国に展開する，多数の既存の同業・関連企業から構成された分野別統合企業体である．原子力関連企業・研究所から構成されるロスアトム以外は，機械工業を中心としている．ロステフは軍需・民需のハイテク工業品の開発・製造・輸出を促進する巨大な複合企業体で傘下企業・組織数は全国700以上である（2015年）．一連の企業統合は大規模で複雑な組織を生み，その経営管理を難しくする側面もあるが，規模の経済，生産・投資の促進・安定化，生産連関の構築・強化，取引費用の節約なども期待される．傘下企業の活動や立地は，それぞれの統合体としての意思決定に影響される．

大企業の生産分野と対照的に，主に小規模企業や「作家」など個人による生産分野として民芸品産業がある．この産業は伝統的産業あるいは文化の一端を担う産業として経済規模は小さいが，その動向も工業変化の1つとして重要である．主な製品（産地）は，マトリョーシカ（モスクワ州セルギエフポサド，ニジニーノヴゴロド州セミョーノフ，ポルホフスキーマイダン村，キーロフ州キーロフ，ノリンスクなど），木製玩具（モスクワ州ボゴロツコエ），細密画（モスクワ州フェドスキノ村，イヴァノヴォ州パレフ），油絵装飾（モスクワ州ジョストヴォ村），建築・美術鋳物品（チェリャビンスク州カスリ），レース（ヴォログダ州ヴォログダ），グジェリ陶磁器（モスクワ州ラメンスコエ地区）である．広大なロシアではあるが，主要な産地は西部に集中し，村や小都市を中心に一部は州都にも立地している．多くの産地の初期立地要因は原材料の供給である．民芸品生産はソ連解体後から2004年までの減少後，好調な経済と連邦・地方の補助金などでやや持ち直した．しかし，2010年代に圧倒的多数の業者は生産停滞に陥り，新たな民芸品産業振興戦略が策定された．こうした変化の中，カスリの建築・美術鋳物については，その生産を1部門としていた企業が，ソ連時代の国家発注がなくなり2002年に倒産した．2年後，企業の工芸鋳物部門が鉄鋼業の垂直統合グループ「メチェル」に買収され，その傘下の1企業として再建されている．

6.1.3 TPK，モノゴロドの現状：ソ連型工業空間の変化

ソ連時代の工業立地政策によって生まれたTPK（地域生産コンプレクス）やモノゴロドは移行期を経てどのように変化したのであろうか．かつてのTPK形成地域においては，次のような変化が認められる．TPKとしての計画課題はなくなり，コンプレクスを構成していた生産諸企業の民営化や再編，垂直統合によるグループ化によって，企業別の経営戦略やその企業が属する企業グループ全体の戦略に基づいて生産が行われている．1990年代以降の国内産業，とりわけ工業の生産再編と，部門別あるいは業種・製品別不均等発展とも対応して，かつてTPKの専門化部門であったエネルギー・原料採取部門の多くは分社化など再編後も生産を継続しているが，関連部門や補助部門で生産の減少や停止などがみられる．

例えば，ブラーツク・ウスチイリムスクTPKのブラーツク地区においては，水力発電，全国的企業あるいは企業グループ傘下のアルミニウム精錬，紙パルプ生産，アルミニウム工場の一部が分

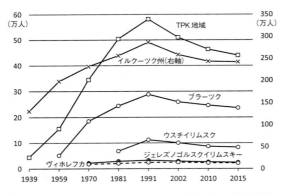

図 6.2 ブラーツク・ウスチイリムスク TPK 地域，域内各都市，イルクーツク州の人口変化

1939-81 年の TPK 地域人口は Цыкунов (2013) による．1991 年，2015 年の人口は 1 月 1 日現在推計人口 (Росстат)，その他はセンサス人口．1981 年の TPK 地域人口以外は 1979 年センサス人口による．都市人口は都市成立後を示す．ブラーツクは 1999 年に著しく市域を拡大したので，資料上可能な範囲で新市域に組み替えた．
(各種資料より作成)

社化した合金鉄生産は堅調である．他方，暖房装置製造工場（1991 年 1 月現在従業員 6,001 人）は市場縮小のため経営が悪化して閉鎖し，同敷地内でその後同業種の小規模企業が創業したが，かつてのような存在感はない．また TPK 内だけでなく東シベリアや極東における大規模建設を担当した建設組織であるブラーツクゲスストロイ（ブラーツク水力発電所建設局）は，建設支払の停止や建設計画の取り消しに遭い，さらに私有化や分社化などの再編後，1999 年には倒産している．こうした TPK の変化は地域人口にも反映している（図 6.2）．TPK 地域の人口は 1991-2015 年にソ連時代の急増とは対照的にイルクーツク州よりも激しく減少している．また，都市人口では中心都市ブラーツクが減少数，より北方の 2 都市，特にウ

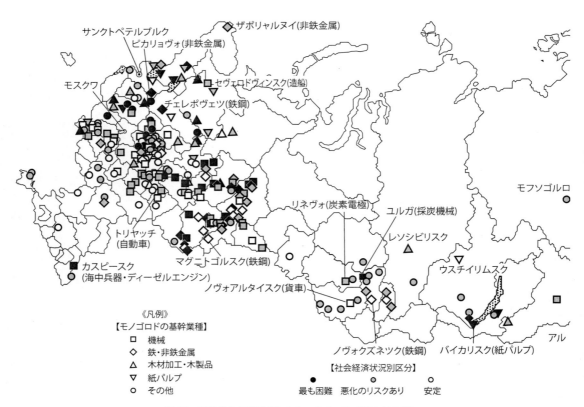

図 6.3 製造業を基幹産業とするモノゴロド（2014 年 7 月）

本図では採掘業，若干の運輸・その他のサービスを基幹産業とするモノゴロドは除外．
(2014 年 7 月 29 日付ロシア連邦政府指令第 1398 号「ロシア連邦の単一産業自治体（モノゴロド）一覧」より作成)

スチイリムスクが減少率で，それぞれ最も大きくなっている．

次に，モノゴロドをみてみよう．モノゴロドはロシア語の「単一」「都市」を意味するが，その経済活動が単一企業または相互関連した複数企業に密接に関係している自治体，すなわち単一産業（単一機能）自治体のことである．当該（諸）企業を都市形成（諸）企業というように，モノゴロドはほとんどが企業の立地と同時にその周りに形成された集落である．18-19 世紀に創業した都市形成企業も一定数あるが，ソ連時代の計画経済は TPK のような場合を除き省庁別企業配置によって，資源採取や工場生産の拡大を最優先させた都市を量産した．原子力・宇宙機器工業の立地する閉鎖行政地域体，研究・生産組織を中心とする科学技術基盤をもつ科学都市（ナウカグラード）もその 1 つである．なお都市形成企業は生活インフラの整備にも直接関与する一方，業種によっては環境汚染を引き起こしている場合もある．

モノゴロドの多くは，移行期における都市形成企業の再編や生産縮小あるいは倒産，インフラの地元自治体へ移管後の質低下などによって，社会経済状況が悪化した．この状況を打開するため連邦政府が全国のモノゴロドをリストアップし，その現代化総合投資計画の作成を推進し，経済多角化を本格化させたのは 2009 年以降である．その契機は 2008 年から翌年に，レニングラード州ピカリョヴォで起きた，霞石の供給中断による都市形成 3 工場の連鎖的な操業停止と大量失業（人口 2.1 万のうち 4,000 人），それに対する住民の抗議行動であった．地元の石灰石鉱山を指向したセメント工場や，同じく石灰石を使って霞石からアルミナを抽出する工場が立地し，その後，両工場の統合や 2000 年代の分社化を経て，アルミナ工場とその副産物を原料とするセメント工場やソーダ工場が相互連関する都市形成諸企業の関係になっていたからである．

2014 年の連邦政府発表によると，モノゴロドは総数 314 都市であり，その社会経済状況によって「最も困難」75 都市，「悪化のリスクあり」149 都市，「安定」89 都市に区分された．これらモノゴロドの居住人口は約 1,400 万人に達する．主要な基準は自治体内の 1 機関が就業者総数の 20% 以上を占めていることである．このモノゴロドのうち，5.1 節でみた上位 250 工業都市と重なるのは 57 都市であることから，モノゴロドは中小工業都市に多いのと同時に，一定数の主要工業都市も含んでいることになる．都市形成企業の業種は製造業（副次的に採掘業を伴う場合も含む）227 都市，採掘業 79 都市，その他（鉄道運輸など）7 都市で，元来，石油・ガス採掘関係は含まれない．最も多い，製造業を基幹産業とするモノゴロドは，ウラルを含む西部に多いが，モスクワ地域（市・州）にはなく，その東方のイヴァノヴォ州などで繊維関係の都市形成企業が目立つ（図 6.3）．製造業モノゴロドは立地上，主要工業地域内や連

邦構成主体内のそれぞれ周辺部に多い．なお，最も困難な状況のモノゴロドは分散的である．

上述のピカリョヴォでは経済多角化に向けた投資計画が作成され，一部実施されている．いずれも大規模ではないが，温室農場，金属製品工場が稼働し，市内東端に繊維工業などを誘致する工業団地が造成されている．さらに都市形成諸企業の生産効率化や省エネも計画され，化学工場の建設計画もある．他方で，イルクーツク州バイカリスクはバイカル湖南岸にあり，都市形成企業である紙パルプコンビナートのモノゴロドであった．この工場は，経営問題もあったが，特に工場廃水によるバイカル湖汚染に対処するため2013年に操業が停止された．地域経済再生のために投資計画は作成されているが，都市形成企業を失い，かつ平地が少ないため工場廃棄物処理や跡地整備も必要になり，特別経済区「バイカルの門」と関連付けた観光開発や，工業団地造成による工業誘致も計画段階にとどまっている．モノゴロドの経済多角化の取り組みは，その成果の都市別差異も予想されるが，製造業を中心としたロシア産業地図を塗り替える可能性をもつ．

6.1.4 工業地区の新生と再生：工業団地，ハイテク型テクノポリス，スコルコヴォ

自動車組立工業・同部品生産はロシア西部，特に沿ヴォルガ・中央・北西3地域に多い．急成長した乗用車組立を例に立地変化をみると，1990年代後半，特に2000年代に活発化した新規立地の場合，2つのパターンがある．

1つは立地慣性で説明され，先行工業施設・敷地を再利用する立地である．主な事例はタガンログ（当初はロストフナドヌー，どちらもロストフ州），カリーニングラード，フセヴォロジスク，ウラジオストクである．タガンログでは農業機械，カリーニングラードでは造船所と製紙機械工場を利用して，1990年代末に外国車のND組立が特別経済区や自由関税倉庫という関税特恵を受けて始まった（写真6.1）．フセヴォロジスクでは2002年にフォードの自社工場がディーゼル機械工場用地を利用して建設され，2011年に国内資本のソルレスと合弁化した．一方，自動車工業集積地から離れたウラジオストクでは，金角湾最奥部の旧船舶修理工場を改造して，最後発の2009年あるいは2012年に，ソルレス子会社がそれぞれ外国メーカーや商社と合弁にて，韓国車やマツダ車を搬入部品によって組み立てている．なおトヨタ車（ランドクルーザー）の組立は2年半弱で終了した．ここへの立地には，1台当り推計7.9万ルーブル（2014年分）というロシア中部〜沿海地方間の完成車搬出入にかかる鉄道料金の国家補助が重要である．また2014年に工場とその周辺一帯が，自動車・同部品などを優先的発展方向とする工業生産型特別経済区に指定された．さらに先行工業施設・敷地の再利用のうち業種転換を伴わない例は，モスクワ市内で2005年に操業した，旧モスクヴィッチ組立工場の敷地約3分の1を利用するルノー車の組立である．この工場はルノーとモスクワ市の合弁として設立後，ルノーの所有となっているが，先行施設はソ連時代の一時期，ルノーの技術援助を受けた歴史もある．

もう1つは新規造成地への立地である．2003年に北カフカスのチェルケスク（カラチャイ・チェルケス共和国）にてデルウェイズが2年間ほどの自社車生産後，中国車などのND生産を始めた．また，サンクトペテルブルク市内の南西部に2007年操業のトヨタ，2008年操業のGM，同北部に2009年操業の日産，2010年操業の現代がそれぞれ自社工場を立地させている．2010年にプ

写真6.1 カリーニングラードのアフトトル（2004年2月）
BMWのND組立工場入り口．設立数年後．市中心部に近く，港に面し，後景の煙突やレンガ造りの建物にみられる旧造船所建物を利用して立地．本社工場は市内西郊にあり，組立車種も多い．

ジョー・シトロエン・三菱は企業連合の形でカルガ州のロスヴァ工業団地で創業した．この州では別の工業団地で2007年にフォルクスワーゲンが開業している．その立地要因は日本メーカーを例にみると，大市場への近さ，物流の利便性，労働力確保，特別市・州政府の誘致策である．このうち特別市・州内の立地点選定には，用地確保など市・州政府の関与が大きい．

工業団地は自動車工業でもみられたような新規造成地への製造業立地だけでなく，先行施設・用地の再開発型製造業立地においても有力な方式になってきた．2014年稼働中の45団地のうち2006年以降に稼働した団地が79％を占め，さらに造成中分が56団地あり，近年急増している．現在稼働中の工業団地をみると，新規開発・再開発両型によって平均面積は大きく異なるが，大都市からの距離では50km未満が合計で73％，20km未満が合計で40％，新規開発型のみでは50％と大都市やその周辺に多い（表6.3）．工業団地の地域的分布はウラルを含む西部に42団地，うちモスクワ・サンクトペテルブルク両工業地域に12団地（27％）となっている．都市，全国両スケールで，現状の工業団地の動向は既存の製造業立地を空間的にやや拡大する程度のものとみなせる．

大工業集積地モスクワでは，多数の工業企業の市外移転が進みつつあり，市内工業地区再編計画（2004年）によって2020年までに市内68工業地区のうち16地区はほかの土地利用，20地区は部分的再編を掲げている．また現行総合計画でも既存工業施設・用地の更新，知識集約的・ハイテク型生産の増加，イノベーション分野の発展，典型

的な首都的工業（ファッション，香水など）の保護が指摘されている．上述の旧モスクヴィッチ工場では自動車組立工場に隣接して，入居企業30社以上（2015年）のハイテク生産特化地区であるテクノポリス「モスクワ」が開業している．まさに，工業地域中心部で製造業の再編縮小と質的変化が進行している．

経済や工業の構造改革において重要な役割を与えられたハイテク産業や研究開発機能は立地上，どのような特徴をもっているのであろうか．2006年3月承認の国家プログラム「ロシア連邦におけるハイテク型テクノパークの創設」は，連邦政府資金によるテクノパーク建設を規定し，2007-14年に，ケメロヴォ，ノヴォシビルスク，チュメニ，エカテリンブルク，カザニ（2テクノパーク），ナベレジヌイエチェルヌイ，トリヤッチ，ペンザ，サランスク，ニジニーノヴゴロド，モスクワの計12テクノパークが建設され，操業前の手続き中であるエカテリンブルクとモスクワを除いて分譲・操業中である．入居企業数775社，就業者数1.9万人（2014年）であるが，カザニのテクノパーク「ヒムグラド」は入居企業数，就業者数のどちらも全体の30％以上を占めている．モスクワからウラルまでの範囲に9テクノパークが集中し，東部ではすべて西シベリアにある．また，その立地点はナベレジヌイエチェルヌイを除き連邦構成主体の行政中心都市内である．

さらに，2012年公表のイノベーション型地域クラスターは，公募方式で一定地域内の既存の研究開発機能や生産機能を相互に結びつけ，イノベーションを伴う特定事業の遂行に向けた地域クラ

表6.3　工業団地の立地（2014年稼働中分）

	平均面積 ha	合計	連邦構成主体の行政中心地からの距離[1]（km）			
			0〜20 未満	20〜50	50〜100	100 以上
新規開発型[2]	553	26	13	8	3	2
再開発型[2]	21	19	5	7	3	4
合計	388	45	18	15	6	6

2工業生産型特別経済区（エラブーガ，リペック）を含む．モスクワ州はモスクワ市，レニングラード州はサンクトペテルブルク市を中心都市とした．1）行政中心地からの距離は直線距離．2）新規開発型は新規に生産用地として割り当てられた未建設の土地区画で，通常，初めはインフラは整備されていない．再開発型は既存生産用地の再利用によるものである．
（Ассоциация индустриальных парков 資料より作成）

表 6.4　ロシアのイノベーション型地域クラスター計画（2012 年 8 月 28 日承認）

	連邦構成主体	地域規模[1]	イノベーション型地域クラスター	特化分野
1	カルガ州	2 市 1 地区	医薬・バイオ・バイオ医療クラスター（オブニンスク市）	医療，医薬，放射線工学
2	モスクワ市[2]	連・市	クラスター「ゼレノグラード」	情報通信技術，エレクトロニクス
3	モスクワ市[2]	連・市	新素材・レーザー技術・放射線工学（トロイック市）	新素材，核技術
4	モスクワ州	1 市	ドゥブナ市核物理学・ナノテクノロジー・クラスター	核技術，新素材
5	モスクワ州	2 市	バイオテクノロジー・イノベーション型地域クラスター・プシチノ	医療，医薬，バイオテクノロジー
6	モスクワ州	2 市	クラスター「フィズテフ 21」（ドルゴプルドヌイ市，ヒムキ市）	新素材，医療，医薬，情報通信技術
7	アルハンゲリスク州	2 市	アルハンゲリスク州造船イノベーション型地域クラスター	造船
8	サンクトペテルブルク市	連・市	サンクトペテルブルク情報技術・無線エレクトロニクス・計器製造・通信情報テレコミュニケーション機器の発展	情報通信技術，エレクトロニクス，精密機器製造
9	サンクトペテルブルク市	連・市	サンクトペテルブルク医療機器・医薬工業・放射線技術クラスター	放射線技術，医療，医薬
10	ニジニーノヴゴロド州	3 市	ニジニーノヴゴロド自動車製造・石油化学分野・産業イノベーション型クラスター	石油ガス加工，石油ガス化学，自動車製造
11	ニジニーノヴゴロド州	1 市	サロフ・イノベーション・クラスター	核技術，スパコン技術，レザー技術
12	ペルミ地方	1 市	ロケットエンジン製造イノベーション型地域クラスター「テクノポリス『ノーヴイ・ズヴォズドヌイ』」	飛行・宇宙機器製造，エンジン製造，新素材
13	バシコルトスタン共和国	2 市 1 地区	石油化学・地域クラスター	石油ガス加工，石油ガス化学
14	モルドヴィア共和国	4 市	省エネ照明技術・照明インテリジェント制御	精密機器製造
15	タタールスタン共和国	1 市	カムスク・イノベーション型地域生産クラスター（タタールスタン共和国）	石油ガス加工，石油ガス化学，自動車製造
16	サマラ州	1 市	サマラ州地域航空宇宙クラスター	飛行・宇宙機器製造
17	ウリヤノフスク州	1 市	「研究・教育・生産クラスター『ウリヤノフスク・アヴィア』」コンソーシアム	飛行・宇宙機器製造，新素材
18	ウリヤノフスク州	1 市	ウリヤノフスク州ディミトロフグラード市・核イノベーション・クラスター	核技術，放射線技術，新素材
19	スヴェルドロフスク州	1 市	スヴェルドロフスク州チタン・クラスター	新素材
20	アルタイ地方	2 市	アルタイ・バイオ医薬クラスター	医療，医薬
21	ケメロヴォ州	7 市 2 地区	ケメロヴォ州石炭・産業廃棄物総合加工	化学工業，エネルギー産業
22	クラスノヤルスク地方	1 市	クラスノヤルスク地方イノベーション技術クラスター・閉鎖行政体ジェレノゴルスク	核技術，飛行・宇宙機器製造
23	ノヴォシビルスク州	2 市	ノヴォシビルスク州情報・バイオ医薬技術クラスターイノベーション・クラスター	情報通信技術，医療，医薬
24	トムスク州	1 市	トムスク州医薬・医療技術・情報技術	医療，医薬，情報通信技術，エレクトロニクス
25	ハバロフスク地方	2 市	ハバロフスク地方航空機製造・造船イノベーション型地域クラスター	飛行・宇宙機器製造，造船

1）地域規模の「連・市」は連邦構成主体としての都市，すなわち特別市を示す．2）モスクワ市のクラスターは，1 つは市内 1 地区，1 つは市内 1 都市を範囲としている．
（ロシア政府公表資料などより作成）

スターの形成と生産振興を計画している（表6.4）．クラスターには外国企業を一部含む産官学の諸機関が参加し，諸機関の立地は一部に広範囲に及ぶ例もあるが，多くの場合1～2自治体の範囲内である．クラスターの中核的分野としてバイオ，新素材，電子・通信技術とともに，ソ連時代から技術蓄積のある核技術，航空・宇宙機器，造船，石油ガス・石炭関連技術も重視されている．主要5工業地域に13クラスターが計画されており，特にモスクワ工業地域には6クラスターが集中している．

　一方，イノベーションセンター「スコルコヴォ」は，2010年に新技術の研究・開発・事業化の一大拠点として計画された．現在，連邦政府支援を受けた基金によって，テクノパークであるイノベーションセンターをはじめ科学技術大学などを含む新都市を建設中である．300以上の企業が研究開発事業に参加し，ボーイング，インテル，パナソニックなど外国企業を含めて66企業が研究開

発拠点の設置を予定しており，9企業はすでに設置している（2015年）．スコルコヴォはモスクワ南西郊に位置し，モスクワ都心とは18km，将来整備される鉄道・道路で30～40分で結ばれる．面積約400ha，居住者約2万人，モスクワなどからの通勤も含めて就業者総数3万人を想定している．

　以上のように2000年代半ば以降のハイテク産業に関わる立地動向をみると，全国的なバランスへの配慮も読み取れるが，既存の研究開発機能の集積を活用した立地が特徴的である．これには当面の成果という短期間の投資効果を重視する方向が示されている．

6.2　鉱産資源とパイプライン

6.2.1　鉱産資源

　主な鉱産資源について埋蔵量や採掘量とその順位をまとめると，ロシアの資源の豊かさが明らかになる（表6.5）．鉱産資源は海域からも採取され

表6.5　主要鉱産資源にみるロシアの世界的地位

	2014年埋蔵量		2000年採掘量		2014年採掘量	
	%	順位	%	順位	%	順位
石油	4.9	8	9.4	2	13.7	1
天然ガス	24.0	1	22.9	1	17.8	2
石炭	17.6	2	4.2	6	4.2	6
ウラン[1]	8.6	3	8.1	4	5.2	6
鉄鉱	13.2	3	8.2	4	3.0	5
ボーキサイト	0.7	13	3.1	8	2.3	7
銅鉱	4.3	6	4.3	7	4.0	7
ニッケル鉱	9.8	4	21.6	1	9.8	3
鉛鉱[2]	10.6	3	1.5	10	1.4	12
すず鉱	7.3	6	2.1	8	0.1	14
タングステン鉱	7.6	3	9.4	2	3.2	3
モリブデン鉱	2.3	6	1.9	8	1.7	8
コバルト鉱	3.5	6	10.8	5	5.1	4
金鉱	9.1	3	4.9	7	8.3	3
銀鉱[3]	3.5	9	2.0	12	5.0	7
ダイヤモンド・工業	5.5	5	20.9	3	32.1	1
ダイヤモンド・宝飾[2]	ND	ND	18.8	3	30.0	1
プラチナ類[4]	1.7	2	37.7	2	31.2	2
リン鉱石	1.9	6	8.3	4	5.0	4
カリウム鉱石	17.1	3	14.6	2	19.0	2

1）ウランの埋蔵量（ウラン1kgあたり130米ドル以下で回収可能な資源量），2014年採掘量は2013年分．2）鉛鉱，ダイヤモンド・宝飾の2014年採掘量は2013年分．3）銀鉱の埋蔵量は2015年分．4）プラチナ類はプラチナとパラジウムの合計．

（Oil and Gas Journal, Natural Gas Informaion, Coal Informaion, Uranium 2014, Statistical Review of World Energy, UN data (Energy Statistics Database), Mineral Commodity Summaries, U.S. Geological Survey Minerals Yearbook より作成）

るが，世界に占めるロシアの国土面積12.6%に比して，埋蔵量の世界的シェアがそれを上回る天然ガス，石炭，鉄鉱，カリウム鉱石，またその水準に近い鉛鉱，ニッケル鉱，金鉱はロシアにとって賦存量が大きい資源である．それと同時に鉱産資源の多様性も注目される．一般的には鉱産資源は世界的に偏在しているが，ロシアは埋蔵量において世界の10位以内にある鉱産資源を数多く有するからである．その採掘でも，2014年の採掘量順位で第1~3位なのは石油，天然ガス，ニッケル鉱，タングステン鉱，金鉱，ダイヤモンド（宝飾，工業），プラチナ類，カリウム鉱石の9種であり，2000年と比較しても1種，金鉱が増えている．また2000-14年に採掘量シェアで13種は減少したものの，採掘量順位では7種は増加，6種は維持している．

このようにロシアは，豊富な埋蔵資源を基礎に2000年代に鉱産資源の開発・採掘を積極的に展開してきた．中でも石油，天然ガスは世界第1・2位の採掘量であり，さらに石炭も加えると，現状における世界のエネルギーバランスにおけるロシアの影響力は大きい．その一方で，今後のことを考えると，ロシアの天然ガス，石炭は世界全体の可採年数を上回っているが，石油は埋蔵量に対して採掘量が大きく，可採年数26.1年は世界全体の52.5年に比べて，その半分である．この点で，新油田の探査・開発が必要とされている．

こうしたエネルギー資源である石油，天然ガス，石炭の採掘量は1990年代にほかの経済諸指標と同じく減少後，2000年代は2014年まで増加してきた（図6.4）．その変動幅は石油が最も大きく，天然ガスが小さかった．石油の場合，2000年代前半の探査・開発・生産などへの積極的な投資，2000年代後半からの石油生産への優遇税制などの増産要因もあるが，輸出比率が高く，激しい油価変動にさらされる国際商品としての性格をより鮮明に示している．また2009年前後の減産は世界経済危機などによる内外の需要縮小によるが，天然ガスの減少幅の大きさには，ウクライナとのガス価格とパイプライン輸送費の交渉過程におけるガス供給一時停止も影響している．

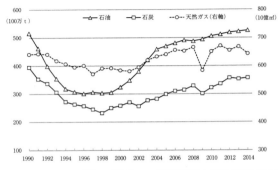

図6.4 ロシアの石油・天然ガス・石炭採掘量の推移（1990-2014年）
（Российский статистический ежегодник より作成）

鉱産資源の開発は，ウラルの各種金属鉱産地やカフカスの石油産地では早かった．現在の主要産地の中では，ベルゴロド州・クルスク州の大規模鉄鉱産地であるKMAは例外的に南西部にある．これを除くとヒビニ地域（ムルマンスク州）やノリリスク（クラスノヤルスク地方北部）の金属鉱産地，チマン・ペチョラ石油・ガス・石炭産地（コミ共和国，ネネツ自治管区），西シベリア石油・ガス産地（ハンティマンシ，ヤマロネネツ両自治管区），ヤクート・ダイヤモンド産地（サハ共和国），ヤナ・コリマ金鉱産地（サハ共和国・マガダン州），クズネツク炭田（ケメロヴォ州）など，いずれも国内の北部ないしは東部に分布している．

ソ連時代のロシアは体制間競争下で社会主義経済の確立・発展の基盤として，また体制を問わず世界的に隆盛を極めた素材型産業など重厚長大型産業による旺盛な原料需要に対応し，初期には一部で強制収容所の受刑者も動員され，資源開発を加速化させた．こうして地域的には西部の北方やシベリア・極東における鉱産資源の開発が本格化した．これは中核部から周辺部へ，すなわち南西部から北部や北東部へという新規開発地の拡大を伴っていた．これを石油・ガス産地の開発過程でみると，19世紀後半からのカフカス（ロシア内では北カフカス）産地に始まり，1940-60年代にヴォルガ・ウラル産地，さらに1970年代以降は西シベリア産地へと中心的産地が北東方向へ移行してきた（図6.5）．現在はその延長として新規産地

図 6.5 ロシアの石油・天然ガス産地とパイプライン（2015年）
（オムスク地図会社製『ロシア地理（第8-9学年）用地図帳』, トランスネフチ社・ガスプロム社 HP より作成）

の探査・開発は東シベリア・極東や北極海などで進んでいる．

鉱産資源ないしはそれを直接原料とする素材型生産では，6.1節で言及したようにソ連解体後，企業の再編やグループ形成も早かった．石油分野では1990年代前半に垂直統合石油会社への再編，すなわち企業の垂直統合化が進行したが，天然ガスとは異なり輸送部門は統合されなかった．他方，天然ガスの場合は，ソ連時代の組織・資産を継承後，私有化した国営企業ガスプロムが，探鉱・開発・採取・輸送・販売などをほぼ独占してきた．しかし，天然ガスの採掘に関しては2000年代に独立系ガス会社や石油会社のシェアが増加し，ガスプロムのシェアは2014年に68％となった．また2013年以降，LNGの輸出権が他社にも付与されている．

ここでは，企業の垂直統合化によって生じた生産物の出荷先変化を，エネルギー資源以外の鉱産資源である鉄鉱を例にみてみよう（図6.6，6.7）．東シベリアの採掘・選鉱企業「コルシュノフ選鉱コンビナート」（イルクーツク州ジェレズノゴルスクイリムスキー）は，採掘権を有するコルシュノフ，ルドノゴルスク両鉄山にて露天掘り方式で鉄鉱石を採掘・選鉱後，鉄精鉱を出荷している．この選鉱コンビナートはソ連時代にタイシェットに計画された鉄鋼コンビナートへの鉄鉱石供給を予定して1965年に開業した．しかし，鉄鋼コンビナート建設は延期後，未着手状態となり，クズネツク工業地域の2鉄鋼コンビナートが鉄鉱石の出荷先となった．

選鉱コンビナートは，チェリャビンスク鉄鋼コンビナートを有する鉄鋼グループ企業「メチェル」

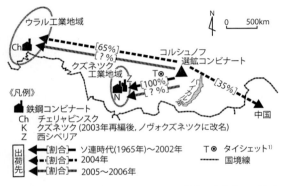

図 6.6 コルシュノフ選鉱コンビナートの鉄鉱石出荷先：ソ連時代～2006年
1) タイシェットは選鉱コンビナートの出荷先とされた，未着工の鉄鋼コンビナート計画地．
（関係企業の年次報告書などより小俣作成）

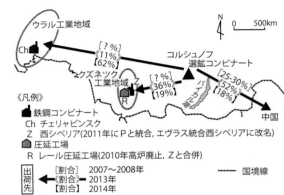

図 6.7 コルシュノフ選鉱コンビナートの鉄鉱石出荷先：2007-14年
2013年，2014年の出荷先割合には「その他」1％がある．
（関係企業の年次報告書などより作成）

の傘下に2003年に入った．これはクズネック工業地域の2鉄鋼コンビナートと一緒にその所有を希望したエヴラス（EVRAZ）ホールディングとの経営権獲得競争の結果であった．選鉱コンビナートは経営強化のために海外市場を開拓して中国への輸出を始め，他グループに属することになったクズネック工業地域の鉄鋼コンビナートへの出荷を一時中断後，再開している．鉄鉱の需要や価格の変動によって出荷先やその割合が変化している．2014年は前年と異なって鉄鉱需要が低迷し，グループ内のチェリャビンスク鉄鋼コンビナートへの出荷割合が大きくなっている．

ところで，鉱産物の輸出総額に占める割合は1990年代以降，増加して2014年に71％となり，うち石油・同製品・天然ガスのみで同割合の65％（2014年）に達している．さらに鉱産資源は，これまで有用鉱物採掘税，地下資源利用料，輸出関税などの形で連邦予算収入を支えており，しかもその収入に占める割合は50％を上回ってきた．この場合も石油・天然ガスなどは，その輸出関税を中心として同収入の46％（2014年）を占めている．このように鉱産資源は現状の産業構造においては，国家財政における重要な収入源となっている．

なお琥珀は鉱物ではないが，有名な地下資源であり，ロシアの産出量が傑出している．バルト海に面したカリーニングラード州のヤンタリヌイ（琥珀という意味）にて露天掘りで採掘されている．琥珀コンビナート（琥珀採掘・一次処理）はソ連解体後，経営危機に陥っていたが，琥珀装飾品や同半製品を製造する，その子会社「ユヴェリプロム」とともに，2014年に国家コーポレーション「ロステフ」の傘下で再生を目指している．

6.2.2 パイプライン

パイプラインには石油パイプラインとガスパイプラインがある．さらに石油パイプラインは原油パイプラインと石油製品パイプラインに分けられる．ロシアのパイプライン網はよく発達しており（図6.5），その総延長は25.1万km，うちガスパイプラインが17.7万km（70％）と圧倒的な割合を占め，原油パイプラインは5.5万km（22％），石油製品パイプラインは1.9万km（8％）にすぎない．ガスパイプラインはガスプロム社，石油パイプラインは原油・石油製品別の多数の子会社から構成されるトランスネフチ社によって，ほぼ独占されている．

パイプラインは，防食したラインパイプ（特殊鋼管）を溶接によって接合し，外部からの作用（外力，温度変化，風雨など）を和らげるために地中約80cmに埋設される．しかし，湿地や沼沢地では盛土上に敷設され，永久凍土地帯では土壌融解を防ぐため，支柱によって地上に設置される．こうした支柱には地中の温度変化を防ぐ機能をもたせたものもある．長距離のパイプラインの場合

はほぼ100〜200kmごとに，原油や石油製品の場合はポンプステーション，ガスの場合はコンプレッサーステーションを設けて圧力をかける．この圧力やパイプの口径によって輸送力が異なる．

パイプラインの分布をみると，多数の幹線パイプラインが西シベリア（ウラル連邦管区）北部から西部中央地域へ，すなわち中心的産地である西シベリア石油・ガス産地と主要消費地を結んでいる（図6.5）．そのうちの数本は輸出港に達している．この幹線群のうち，より多くが短経路をとるのはガスパイプラインである．天然ガスは西シベリア地域の産出量シェア（2014年）が88％と石油の63％より大きく，かつ大部分が産地から最終消費地まで直接送られるからである．他方，石油パイプラインは原油が市場分割立地型の製油所まで送られて加工後，主に東西方向に走る石油製品パイプラインのほか，鉄道や自動車で搬送される．この両主要経路の中間地域となるウラル・ヴォルガ産地は，ガス・石油・同製品の通過と地元産のそれらの発送，一部に中央アジアとも結ばれて，パイプライン集中地域の1つになっている．

石油・ガス両パイプラインは国境を越え，近隣のCIS諸国，さらにヨーロッパ諸国へと延びている．その中では1964年完工の石油パイプライン「ドルジバ（友好）」は，当初，全長4,665km，後に西シベリアなどの原油も利用することになったが，アリメチエフスク（タタールスタン共和国）を始点に，当時社会主義国であったドイツやチェコまで達している．その後，並行線・支線の敷設によって総延長8,900km（ロシア国内分5,124km）となっている．またガスパイプライン「ウレンゴイ〜ポマルイ〜ウジュゴロド（ウジュホロド）」は，1983年完成，総延長4,451km，ウクライナ西端まで達し，ヨーロッパへのガス輸出用幹線となっている．一方，2012年完成の東シベリア・太平洋石油パイプライン，建設中のガスパイプライン「シーラ・シビーリ（シベリアの力）」は，東方に延びている．これらは，シベリア・極東の石油・天然ガスをアジア・太平洋諸国へ本格的に供給する取り組みであり，ロシアの政治・経済の東方シフトを象徴している．

長大なパイプライン網は効率のよい石油・ガス輸送を可能にする一方，その保守や更新にも多大な努力が求められる．パイプライン事故は2000年代初めには年間40〜50件あったが，2000年代後半からは減少し，2011-15年には年平均14件となっている．主因は，1970-80年代に急増したパイプラインの消耗度，ガスパイプラインを中心とした内面・外面の腐食，建設・設置作業の欠陥，かつては石油パイプラインからの窃盗（差込や結合）も多かった．

パイプラインは通過国との政治経済的な関係の影響も受ける．特にロシアにとっては自国を含めて旧ソ連構成国の独立は多数の通過国を一度に生むことになった．2012年に完成したバルト・パイプラインシステム-2（BTS-2）は，パイプライン「ドルジバ」の支線でウネチャ〜ウスチルガ間をつなぐ．この支線の建設は，2006年の事故があったにせよ，ヴェンツピルス（ラトビア）を終点とするほぼ同一方向の既設支線があることから，複線化であり，バルト諸国，ベラルーシを通過するパイプラインへの依存度すなわちリスクの軽減にある．ガス供給量の増大とともに，同様の意図はバルト海底のガスパイプライン「ノルド・ストリーム」，EUとの関係で着工中止（2015年現在）になっている黒海を通る「サウス・ストリーム」でも読み取れる．　　　　　［小俣利男］

引用・参考文献

小俣利男（2006）：ソ連・ロシアにおける工業の地域的展開—体制転換と移行期社会の経済地理．原書房．

Алексеев, А.И., Колосов В.А.,ред.(2013)：Россия：социально-экономическая география：учеб. пособие. М.：Новый Хронограф.

Цыкунов Г. А.,(2013)：Братско-Усть-Илимский комплекс как образец советской плановой экономики. Историко-экономические исследования, 14(1-2)：96-106.

コラム　日系企業の進出：自動車工業を中心に

　1990年代前半には，冷戦終結やソ連解体を受け，さらに環日本海経済圏構想も持ち上がり，日ロ経済関係の発展への期待が高まった．その後，石油・ガス開発を目指すサハリン・プロジェクトが他国企業とともに日本の商社や公団も資本参加して始動した．それでも日系企業のロシア進出は2000年代前半まで長く低調であった（図C6.1）．

　ロシアは1990年代末からの国際石油価格の上昇によって好景気となり，2000年代には国内消費市場が急速に拡大した．外国製品の輸入が増加し，同時に外資系企業によるロシアでの現地生産も目立つようになった．このような中，外国車需要の高まりと，2003年の輸入中古車への関税引き上げ，特に2005年の「工業組み立て」措置（現地調達率など一定条件下で組み立て用部品の輸入関税を減免）は，外国メーカーの現地生産を加速した．この優遇措置に即応するかのように，トヨタ自動車は「市場の急成長と潜在力」を見込み，かつ「ロシア政府による自動車産業の保護・育成を目的にした完成車関税の引き上げと部品関税の引き下げ」を予測し，サンクトペテルブルクにおいて現地生産を2007年に開始すると発表した（2005年4月）．

　これは日系企業のロシア進出に弾みをつけた．乗用車に限っても，スズキは用地整備後に断念したが，2009年に日産，2010年にプジョー・シトロエンと合弁で三菱自動車，2012年に現地ソルレス社と合弁でマツダが，それぞれ現地生産を始めた．この動きに合わせて2006年以降，日本の3大都市銀行が相次いでモスクワに進出した．2010年前後になると自動車部品工場もロシアへ進出するようになった．

　『海外進出企業総覧』によると，2000年には日系現地法人は40社，その業種は卸売や貿易業務などが多く，モスクワ地域（モスクワ市・モスクワ州）23社などウラル地方を含む西部が70％であった．中でも，製造業は西部の機械，ガラスの3社，極東・シベリアの木材関係3社と少数であった．それが2015年に日系現地法人は総数183社となり，業種も自動車関係の卸売・サービスを中心に多様になり，西部91％，うちモスクワ地域が67％となった．このように2000年代後半以降に日系現地法人が急増し，同時に市場や企業間ネットワークなどビジネスチャンスの多い西部のシェアが高まった．この傾向は自動車関連製造業に絞るとより鮮明になり，西部のシェアは96％（22社）に達する．

　日系自動車企業のロシア進出過程は，乗用車関連品目の輸出によく表れている（図C6.2）．中古車が先導する形で新車も増加し，リーマンショックにより2009年にそろって急減した．その後，回復するものの新車でピーク時の半分以下，中古車は輸入関税の引き上げもあり，さらに少なくなった．それを補完するように，ノックダウンがやや増加し，工場組付け用・補修用の区分はないものの部品が著増している．これは現地生産の定着・増大によって説明されよう．なお，この資料には日系企業の第三国からの輸出分は含まれていない．

[小俣利男]

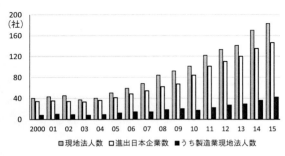

図C6.1　ロシアへの日本企業の進出
（東洋経済新報社編『海外進出企業総覧』より作成）

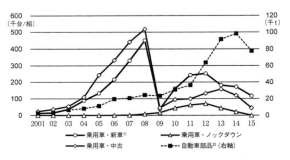

図C6.2　日本のロシア向け乗用車関係品目の輸出（2001-15年）
1) 新車は品目表の乗用車台数からノックダウン組数，中古車台数を除いたものを指す．2) 自動車部品は概況品目「自動車の部分品」であり，車体を含め自動車全般の部品．
（財務省貿易統計より作成）

7 ポスト社会主義で変わる社会経済

　ロシアはソ連解体後約25年間，体制転換を伴う社会経済の激変を経験してきた．特に市場経済化によって，生活に直接関わる商業，交通，観光，サービス業が発展し，サービス経済化が進んだ．それと並行して人々の生活水準や階層構成が変化し，富裕層の出現や社会の二極化が認められる．本章では，ポスト社会主義下で変わる社会経済を多面的にとらえるため，市場経済化，第3次産業の主要業種，社会の二極化などに着目して，その実態を，ポスト社会主義という時系列的視点と，広大で多様なロシアゆえに不可欠な空間的・地域的な視点からみてみよう．

7.1 市場経済化と巨大商業施設の出現

　市場経済化とは，ロシアの場合，ソ連時代の国有，計画経済を特徴とする社会主義経済から市場経済システムへの移行を指す．そのため価格自由化と生産手段の私有化が推進された．そこで，まず企業別や就業者別，さらに土地の私有化を概観し，次にその過程で重要な役割を果たした商業，特に小売業の実態を取り上げる．

　企業・組織の私有化は1990年代に進み，2000年代後半には80%を上回った（表7.1）．その過程は，同時に企業数の増加を伴っていた．しかし，就業者の所有形態別構成では私有化率はそれほど高くなく，2010年代初めでも60%前後である．ただし，表中の就業者別区分にみられるように，私有企業を多く含む外資・合弁が区別され，国有

と私有の中間形態である混合有（国家によるコントロールが残存する非国有）があり，私有化の厳密な把握は容易ではない．

　こうした私有化が地域的にはどのように進行したのかを，就業者の所有形態別構成，具体的には国有・自治体有企業・組織就業率（以下，国有・自治体有就業率）で示した（図7.1）．10年前（2004年）には，国有・自治体有就業率が低かった地域は，モスクワ市（28%）を筆頭に，ウラル連邦管区の2自治管区以外はすべてロシア西部かつモスクワ以南にみられた．一方，高い地域は，西部の北縁や南縁，シベリア東部や極東など国内周辺部に多かった．それから10年，北カフカスの隣接する2地域，すなわち資料を欠くチェチェン共和国と，唯一微増したイングーシ共和国を除く，すべての地域で国有・自治体有就業率が低下し，私有化が進展した．しかし，2014年の国有・自治体有就業率は，10年前とほぼ同様の地域的傾向を示し，例えば両年とも極東では南部の沿海地方・サハリン州は他地域より低率である．また，人口100万以上都市の立地と国有・自治体有就業率の低さがよりいっそう鮮明になった．同率が高い地域は国内周辺部に多く，中でも全国平均を10%以上上回る14地域中の9地域は，共和国・自治管区・自治州である．

　就業からみた市場経済化は，私有化という既存の産業あるいは企業の所有形態の再編と，サービス経済化など既存の産業構造の変化によってもたらされる．したがって市場経済化が進んだ現状では，前者の就業先としての，主に国有・自治体有

表7.1　企業および就業者の所有形態別構成（%）

	1990	1995	2000	2005	2010	2014
企業[1]・総数 （1,000社）	—	2.25	3.346	4.767	4.823	4.886
国有・自治体有	—	23.1	11.0	8.7	7.6	6.8
私有	—	63.4	75.0	80.5	85.1	86.2
社会・宗教団体有	—	4.2	6.7	5.3	3.3	3.0
その他[2]	—	5.3	7.4	5.6	4.1	4.0
就業者・総数 （1,000人）	75,325	66,330	64,517	66,683	67,493	67,813
国有・自治体有	82.6	42.2	37.8	33.5	30.4	27.6
私有	12.5	34.3	46.1	54.3	58.6	61.9
社会・宗教団体有	0.8	0.7	0.8	0.6	0.5	0.4
混合有	4.0	22.2	12.6	7.8	5.7	5.2
外資・合弁	0.1	0.6	2.7	3.8	4.8	4.9

総数，構成割合は公表数字．1）「企業」は企業・組織の略．2）企業の所有形態で「その他」は，2010年版の「混合有，外資，合弁を含む」から，その後，1995年に遡って「混合有，国家コーポレーション，外資，合弁を含む」となっている．
（Российский статистический ежегодник より作成）

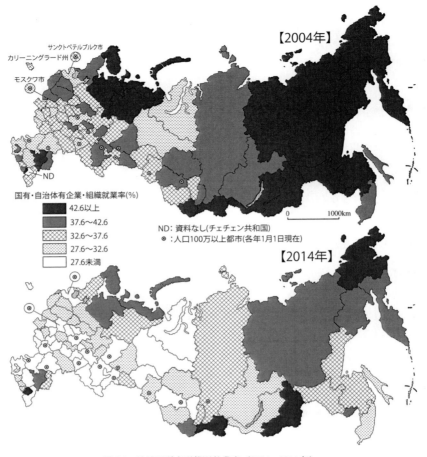

図 7.1 地域別所有形態別就業率（2004・2014 年）
資料の就業者数は年平均値として算出されている．国有・自治体有企業・組織就業率の全国平均は 35.5％（2004 年），27.6％（2014 年）．
（Труд и занятость в России より作成）

である公務・防衛，教育，保健などの業種と，後者の主に私有企業や個人事業主が担う商業は，すべての地域に立地し，それらの就業構成比は地域の国有・自治体有就業率の水準に影響している．

土地の私有化は，生産手段としている農業のあり方に関わり，また住宅地や工場用地なども生産・生活基盤かつ不動産となるため，市場経済化の成果であり，その促進条件ともなる．ロシアでは土地の所有関係についての法制は，連邦中央と各連邦構成主体との共同事項となっている．私有地は 1.3 億 ha，私有地率 7.8％と低率である（2015 年）．供給面の広大な国土とその自然条件や，需要面の人口密度の低さも私有地化を低水準にとどめる．そうした条件下で，土地私有化を主導したのは農地であり，それは私有地の 96％を占めて

いる．そのため地域別私有地率は北部や東部では低く，ロシア西部の中南部からシベリア南西端，すなわち国内主要農業地域で高い（図 7.2）．2000 年代には農地の私有化の速度は弱まり，その後半になると面積は広くはないが，居住地域における土地の私有化が進んだ．しかし，都市域の私有地率は 15％にすぎず，人口稠密なモスクワやサンクトペテルブルクなどでも私有地率は 20％前後である．さらに，北カフカスの諸共和国ではカラチャイチェルケス共和国を除くと，人口密度が高く，農業人口率も比較的高いにもかかわらず，私有地率はきわめて低い．

市場経済化は中核部を含むロシア西部の中・南部と，ウラルを越えて一部シベリア南西部までの地帯で顕著であった．そうした中にあって，北カ

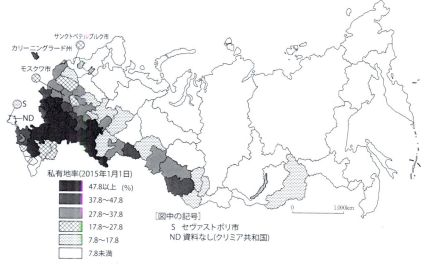

図7.2 地域別私有地率
全国平均私有地率は7.8％.
(Государственный (национальный) доклад о состоянии и использовании земель в Российской Федерации в 2014 году より作成)

フカスでは，多くの共和国において農地の私有化が低水準にあり，また2共和国は国有・自治体有就業率も著しく高いなど，他地域と異なっている．居住地域のうち都市部の土地私有化は，就業面とは対照的に，全体的には低水準で，その途上にあるといえよう．

ソ連解体後のロシア経済にとって商業の果たした役割は大きい（図7.3）．これは，小売業の場合，最終消費者へ必要物資を供給するという本来の機能だけを想定したものではない．移行期において商業は産業の再編過程で生じた労働力需給のミスマッチによる失業者の受け皿として就業先を提供した．一方，小売販売総量が1990年水準を上回ったのは2001年であった．したがって1990年代の商業では，常設施設に多数の個人商が出店する形態から，通りの空地を利用した小規模な露天商群までを含むルイノック（市場，厳密には小売ルイノック）が急増した．また，日用品を外国で買い入れ運び込む担ぎ屋（チェルノック，和訳はシャトル）が極東南部，北カフカス，カリーニングラード州などを中心にみられ，主に闇経済を形成しながらも，先のルイノックなどへの廉価な輸入品供給の一端を担った（Алексеев и Колосов, 2013）．商業・修理は産業別総付加価値額で

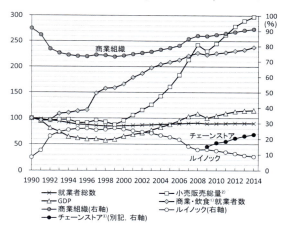

図7.3 ロシアの商業：関連指標指数（1990年=100），小売タイプ別販売構成（単位：％）
1) 商業・飲食は旧産業分類，2004年以降は商業・修理，宿泊・飲食を合算．2) 小売販売総量は価格変動を除外した小売業による流通総量の変化を示す．3) チェーンストアは商業組織（各種店舗）に含まれるが，資料公表開始の2009年以降別記．
(Российский статистический ежегодник, Росстат 資料より作成)

2002-11年に20％前後を占めて業種別で最大となり，その後はやや縮小したが第2位にある．このように，商業は1990年代以降，特に2000年代には旧「工業」や製造業が縮小する中で，就業・付加価値生産両面で比重を増し，サービス経済化を推進した．

商業の構成は経営体数（2014年）で卸売業117.6

7.1 市場経済化と巨大商業施設の出現　83

万，小売業36.7万，自動車販売等14.4万と卸売業が圧倒的多数を占めている．しかし，その他に小売部門に分類される個人事業主143.7万が加わる（『ロシアの商業』）．2000年代に急成長した小売業の販売額構成（2014年）では，商業組織・企業67％，ルイノック以外の個人事業主24％であるのに対して，定期市を含むルイノックは9％にすぎない（『ロシア統計年鑑』）．しかもルイノックでは売場の約70％を個人事業主が占め，個人事業主は小売販売額全体の約30％に関わっている（『ロシアの商業』）．小売業における企業（ルイノック以外の個人事業主を含む）とルイノックという2大区分では，ルイノックが1990年代後半をピークに減少している（図7.3，写真7.1，7.2）．2006年公布の小売ルイノック法によって各種の規制が生じたが，ルイノックが連邦法で初めて規定され，その具体的な配置は住民の要望を考慮した連邦構成主体承認の計画に基づく．なお，定期市（ヤールマルカ）は休日など一時的開催であり，その開催手続きなど法整備は連邦構成主体に委ねられている．

こうしたルイノックや定期市と裏腹に売上を伸ばしたのは，モスクワのグム，ツムのような伝統的な百貨店，家電・家具・医薬品などの量販店，各種業態の食品系店舗であり，1990年代後半に登場後，食品・日用雑貨系のハイパーマーケット（ロシアでは売場面積5,000 m² 以上），スーパーマーケット（400 m² 以上）をはじめとする各種業態をもつ，チェーンストアが急成長した（図7.3）．主要食品系チェーンストアとしては，ロシア系全国チェーンとしてマグニト（2015年の食料品小売市場シェア6.9％），X5リテール・グループ（6.2％），ディクシ（2.1％），レンタ（1.8％），外資系のオーシャン（2.5％：店舗名アシャン，フランス系），メトロキャッシュ・アンド・キャリー（1.5％：卸売，ドイツ系）などがある．各小売企業はチェーンを拡大するだけでなく，業態も多様化させ，企業間の競争も激しく，買収や合併なども多い．2010年代には全国的な主要スーパーマーケット企業が住居近接型商店（徒歩圏内の小食料品店）分野に参入しつつある．また，食品に加え

写真7.1 定点観察・ルイノック全盛期（2003年11月）
モスクワ大学最寄り地下鉄駅ウニヴェルシチェートの南地上出入口前の広場．面積約2,300 m². 1990年までは公園があった．ソ連解体後，一企業が土地を借り，ルイノックを開設．パラソル型，可動式簡易陳列台・ケース型売場が所狭しと並び，食料品・衣料・日用雑貨などを販売．1997年までに閉鎖・再開を3回繰り返した．

て非食料品のチェーンストアを集中立地させたショッピングセンター（ショッピングモール）が開業した（写真7.3）．とりわけ巨大ショッピングセンターはロシアにおける小売業内の1つの現象にとどまらず，産業活動や消費生活の一面を象徴するものとなった．

例えば，外国資本イケアのグループ企業である現地法人が運営する「メガ」は，同グループのイケアと，アシャンを中核店舗として多数の内外の食料品・衣料品・日用雑貨・家電などの専門店，娯楽・スポーツ施設・飲食店などを有する．全国に14店舗（2015年）を展開するメガの配置は人口・購買力という市場と，物流に恵まれたモスクワから始まり，サンクトペテルブルクやカザニ，エカテリンブルク，さらに東方のノヴォシビルスクまで，ほとんどの場合，商圏内に人口100万以上都市がある．南部のクラスノダル市は83万人（2015年）であるが，人口増加を示し，広域商圏人口も多い．また，巨大ショッピングセンターは規模の大きさから土地利用上，市界近くの郊外立地が多い．

地域別小売販売額は市場規模，物流条件，各種店舗の配置などに規定されるが，その中でも市場規模，具体的には人口，購買力（1人当り消費額）が重要である（図7.4）．こうした条件を満たした

写真7.2 定点観察・ルイノックの部分再開（2010年8月）
2005年にモスクワ市による小型ショッピングセンター建設計画があり，ディベロッパーも選定されたが，市民が反対した．2007年にルイノックの閉鎖後，一部駐車場となった．
2009年から地上出入口側は駐車スペース，その後方（奥の手）にルイノックの3列の売り場．占拠面積約1,300 m²．2010年からは駐車はみられず，3列の売り場のみ．その後，2015年にルイノックは完全撤去，全面広場化．このように，ルイノックの事業環境の脆弱性や，都市内空間をめぐる行政，事業者，市民の関係が読み取れる．

写真7.3 モスクワ市内のショッピングセンター（2010年8月）
ショッピングセンター・カピトリー（トルコ系資本）にはアシャン・シティも出店している．

地域として，モスクワ市，モスクワ州は突出しており，来訪（域外居住）者の購買も含めて小売販売額は桁外れに大きい．それに次ぐのはサンクトペテルブルクをはじめとする，人口100万以上都市が立地する連邦構成主体である．またクラスノダル地方は，モスクワ市，モスクワ州に次ぐ人口を有する．さらに，輸出資源産出地域のハンティマンシ，ヤマロネネツ両自治管区，サハリン州は，上記諸地域と並んで購買力は比較的大きい．

小売業は著しく地域的な差異を伴って成長した．2000年にはモスクワ市の小売販売額全国シェアは29%，モスクワ都市圏（モスクワ市・同州）では33%，販売額上位10地域の同シェア合計は54%にも達していた．その後はいずれも減少し，2015年（比較のためクリミア分を除く）にそれぞれ16%，22%，48%となった．依然，小売販売額の地域的集中は著しい．しかし，小売業は局地的な成長に始まり，その成長が次第に全国へ波及したことになる．その一方，ネット・ショ

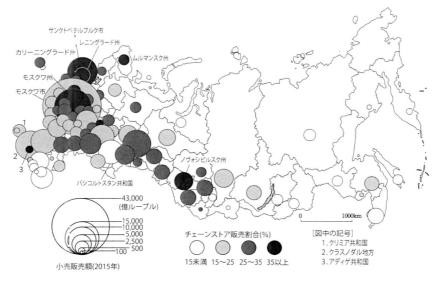

図7.4 地域別小売販売額とチェーンストア販売割合（2015年）
（Росстат資料より作成）

7.1 市場経済化と巨大商業施設の出現　85

ッピング利用者は 2,500 万人（2014 年）に達し，ネット・ショップは店舗数（2013 年）でモスクワ市・同州（31％）とレニングラード州（14％）に集中している．また，モスクワ市は経営体数の多い卸売業の取引額において 2000 年代を通じて全国シェア約 40％を占め，小売業以上に大きな割合を維持している．

消費者の購買行動は居住地タイプや所得階層によって異なる（表 7.2）．最寄品ではあるが，モスクワ，サンクトペテルブルクや，人口 50 万以上の大都市，特に前者ではショッピングセンターやハイパーマーケットでの買物が多く，人口 10 万未満小都市や村では小店舗での購入比率が高い．最高所得階層では，ショッピングセンターやハイパーマーケットでの買物が 40％と多く，逆に残る所得階層では小店舗やルイノックでの買物が 60〜70％になっている．したがって，地域別のチェーンストア販売割合にも相当の格差がある（図 7.4）．上述の小売チェーン企業の店舗展開や消費者の購買行動に加えて，発展途上であるため地元（連邦構成主体）の商業政策などが，チェーンストア販売割合を規定する．その割合が比較的高い地域は，サンクトペテルブルク，レニングラード州，モスクワ州から東方へ延びて西シベリアのケメロヴォ州までの範囲である．外資系や全国チェーンの最東の立地点は，メトロキャッシュ・アンド・キャリーやレンタなどの店舗があるイルクーツク州である．

サンクトペテルブルクではチェーンストア販売割合が最高で，対照的に定期市を含むルイノック

の販売割合はきわめて低い．これは行政によるチェーンストア振興政策，多くの小売チェーン企業の創業地が主要因となっている．メガのような郊外立地とともにハイパーマーケットの市内立地密度も高い．そのため，モスクワのような週に 1 度郊外のハイパーマーケットへ車で買物に出かけるというスタイルはやや少ない．ムルマンスク州の比較的高いチェーンストア販売割合も，サンクトペテルブルクを創業地とする小売チェーン企業インテルトルグの積極的な店舗展開による．他方で，バシコルトスタン共和国ではチェーンストアは中心都市ウファやいくつかの都市に立地しているが，広大な農村部を抱えチェーンストア販売割合は低い．北カフカスではチェーンストアが少なく，すべての共和国において定期市を含むルイノックの小売販売割合が全国平均を上回り，チェチェン共和国以外はその割合が特に大きい．

2000 年以降の小売業は，輸入商品率 40％以上（2007 年に最高 47％）の高水準下で急成長した．小売業の各種業態に飲食部門も加えれば，都市部ではマクドナルドに代表される外国およびロシア系のファストフード店や和食レストランなども増加した（野中ほか，2011）．ちなみに，マクドナルドはモスクワ市内に開業した 1990 年の第 1 号店から 2015 年には 609 店舗，東方の立地前線はノヴォクズネツク（ケメロヴォ州）に達している（企業資料）．総じて，小売業の成長は，その構成と広がりにおいて，ロシアにおけるライフスタイルや食文化の革新という側面も見逃せない段階に達している．

表 7.2 食料品・家庭用品の最頻購入先（2008 年 10 月 8 日実施；%）

購入先	合計	居住地タイプ					家族 1 人当り所得（ルーブル）			
		二都[1]	50 万以上都市	10-50 万都市	10 万未満都市	村	1500 以下	1501 -3000	3001 -5000	5001 以上
ショッピングセンター	8	12	17	7	6	5	4	6	7	8
ハイパーマーケット，スーパーマーケット	26	54	36	32	20	10	4	15	19	32
住居・職場近くの小店舗	41	18	25	28	47	60	43	57	48	35
ルイノック	16	11	19	24	15	12	22	14	18	16
キオスク，その他	3	3	0	2	4	5	12	6	4	2
自分では買わない，回答不能など	6	2	3	6	8	9	13	2	4	7
合　計	100	100	100	99	100	101	98	100	100	100

1) 二都とはモスクワ，サンクトペテルブルクの略称.
（全ロ世論調査センター資料より作成）

7.2 交通の発達と国際観光化

7.2.1 交通の発達

交通は広大な国土を有するロシアにとってきわめて重要である．なぜなら交通は，特徴的な分布を示す，資源，生産，居住地を相互に連関させるだけでなく，国内各地域の一体化・統合化という役割も担っているからである．

ロシアの交通は地域的な相違が著しい（図7.5）．その点で，最大の特色はモスクワを中心とした交通体系の確立であり，主要交通路のほとんどはモスクワを起点としている．それも影響して，交通路の密度，交通網のパターン，経済活動上の河川交通の地位をはじめとして多くの点で国内の西部・東部間の差異が著しい．鉄道，道路，パイプラインは主に東西方向に，河川交通は主に南北方向にそれぞれ走っている．海港の貨物取扱量では，近年，太平洋（日本海を含む）沿岸諸港の取扱量が増加しているものの，西部のそれが上回っている．極東地域の沿岸部，すなわち太平洋岸の地域では，南から北部へ向かう貨物の海上輸送が重要な交通手段となっている．総合的には，広大な国土の空間的な利用戦略とも関わるが，既存の交通路では社会経済活動上，不十分である．なお，幹線交通路だけでなく，地域や地方レベルの交通路も見落とすことはできない．

ソ連解体後，ロシアにおける交通環境は著しく変化した（表7.3）．例えば1990年と2000年を比較すると，鉄道，道路など各交通路の総延長は横ばいか若干の減少にとどまっているのに対して，多くの種類の交通で貨物・旅客とも輸送量が急減している．これには船舶や車両の老朽化もあるが，それ以上に体制転換に伴う社会経済変動とともに，ソ連という空間規模で形成されていた生産連関や市場関係の崩壊が関わっている．さらにソ連解体後，特に2000年代にモータリゼーションが進展し，同時にバスや鉄道の旅客輸送が縮小している．その反面，道路網は不十分ではあるが，統計中で道路の定義変更後である2012年以降も総延長は増加し，その整備は進んでいる．しか

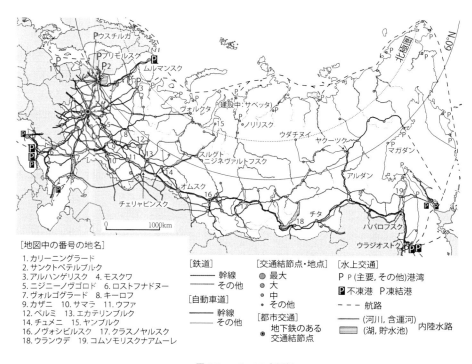

図7.5 ロシアの交通網

(オムスク地図会社製『ロシア地理（第8-9学年）用地図帳』(2015)をもとに，ヴェンタナ・グラフ社製『ロシア地理（第9学年）用地図帳』(2015)，『鉄道地図：ロシア・隣接諸国』(2010)，『ロシア社会経済発展アトラス』(2009)より作成)

表7.3 ロシアの交通 (1990-2014 年)

	1990	2000	2010	2014 年
公共交通路総延長（年末，千 km）				
鉄道	87	86	86	86
道路（含む非公道）[1]	884	898	1,004	1,611
内陸水路	103	85	101	102
幹線パイプライン[2]	212	215	233	251
空港数[3]	1,450	533	328	282
人口 100 人当り乗用車保有台数	6	13	23	28
貨物輸送量（t・km）				
鉄道	2,523	1,373	2,011	2,301
自動車	299	153	199	247
海上輸送[4]	508	122	100	32
内陸水路[4]	214	71	54	72
航空	2.6	2.5	4.7	5.2
パイプライン	2,575	1,916	2,382	2,423
旅客輸送量（公共交通，10 億人・km）				
鉄道	274	167	139	130
バス[5]	262	174	141	127
海上輸送	0.6	0.1	0.06	0.07
内陸水路	4.8	1	0.8	0.5
航空	160	54	147	241

1) 道路は 2010 年から地方道（自治体内），2012 年から市街地内道路をそれぞれ含む．2) パイプラインには 2012 年から国外の石油製品パイプライン分を含む．3) 空港数は各年初の統計，また 2014 年は 2015 年分で代替．4) 川・海組合せ航行分は 2012 年から海上輸送ではなく内陸水路に含める．5) バスは 2000 年から小企業などの法人や，個人事業主によるバス営業分を含む．
(Российский статистический ежегодник, Росавиация 資料などより作成)

写真 7.4　貨物取扱量国内最大のノヴォロシースク港(2010年8月) 左手前の円型展望階のある建物が旅客用海港駅で，夏季に就航する水中翼船などの発着場所になる．その奥が商業港で，右手に長く延びている．船舶修理工場や海軍基地もある．

し，舗装道路率は 70％（2014 年）と低い．

　国の東西を結ぶモスクワ〜ウラジオストク間の交通ではシベリア鉄道がよく知られ，重要な交通手段となっている．他方，同区間の幹線自動車道の完成は，チタ〜ハバロフスク間の建設に長い期間を要したため 2010 年であった．また，有料高速道路は 2014 年にようやくモスクワ近郊で一部開業した．農村居住地のうち舗装道路に接続しているのは全体の 30％（2014 年）にすぎない（連邦政府資料）．これはソ連時代以来の幹線を優先させた道路整備に起因し，域内や農村部などの地方道路の整備が課題になっている．一方，大都市においては自動車の増加に伴って交通渋滞や駐車場問題とともに大気汚染問題の解決を迫られている．

　ロシアの交通では，物流におけるパイプライン（6.2 節参照）を除くと，鉄道が長い間，物流と旅客，特に物流において卓越している．鉄道は季節，天気などの影響が他種の交通より少なく，信頼性や規則性を長所としている．新線の建設のほかに，老朽化対策や走行性の向上，インフラ整備などのため再建が進められている．ロシアも高速鉄道時代に入りつつある．高速鉄道車両サプサン号が 2009 年にモスクワ〜サンクトペテルブルク間，翌年からはモスクワ〜ニジニーノヴゴロド間で運行を始めた．同じく 2010 年からヘルシンキ〜サンクトペテルブルク間にも国際列車として高速鉄道車両アレグロ号が運行している．さらにモスクワ〜カザニ間の高速幹線鉄道計画が 2013 年に決定された．大都市の地下鉄網も発展している．特にモスクワの地下鉄では，従来の環状線の外側に環状鉄道であるモスクワ中央環状線が 2016 年に完成し，輸送力や利便性の向上が期待されている．

　貨物の海上輸送の減少は内陸水路への組み替えによる影響が大きい（表 7.3）．旅客の海上輸送の増加はクリミア併合後，カフカス港（クラスノダル地方）とケルチ（クリミア共和国）間のフェリー輸送の急増が一因である．ソ連時代の主要港は他の独立国に属することになり，ロシアの港湾は大型船の受入可能な深港が少なく，凍結港が多い．その中で，ノヴォロシースク（黒海），サンクトペテルブルクは貨物取扱量で国内最大級の海港である（写真 7.4）．またウスチルガ（バルト海），オリャ（カスピ海），ヴォストーチヌイ（太平洋・日本海）などで新港の開設や既設港の拡張，インフラの増強に努めている（表 7.4）．北極海航路（ロシア国内での呼称は北方航路）も運航が本格化し，

88　7．ポスト社会主義で変わる社会経済

表 7.4 2012 年貨物取扱量上位 10 海港（2003 年との比較）

港湾	沿岸海域	2003 順位	2003 百万 t	2012 順位	2012 百万 t
ノヴォロシースク	黒海	1	85.5	1	117.4
プリモルスク	バルト海	4	17.7	2	74.8
サンクトペテルブルク	バルト海	2	42.0	3	57.8
ウスチルガ	バルト海	33	0.4	4	46.8
ヴォストーチヌイ[1]	太平洋	5	15.8	5	42.5
ムルマンスク	北極海	6	14.8	6	23.7
ヴァニノ	太平洋	10	7.4	7	20.3
トゥアプセ	黒海	3	17.7	8	17.8
ナホトカ	太平洋	7	14.0	9	17.0
プリゴドノエ	太平洋	−[2]	0.0	10	16.4

1）ヴォストーチヌイ港は 2009 年開設の石油輸出港コジミノ分を含む．2）−は未開港を示す．プリゴドノエ港は 2008 年開港．
(http://www.morinfocenter.ru/ の資料より作成)

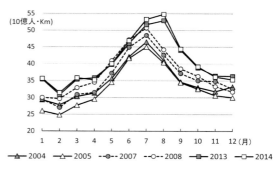

図 7.6 ロシアの公共交通による旅客輸送量の季節性
（Социально-экономическое положение России より作成）

2015 年には貨物取扱量が 543 万 t となった．

内陸水路による貨物・旅客輸送は，他の交通機関との競合もあるが，最近 20 年間に水深の減少などのため安全航行が可能な水深を有する水路総延長（2012 年）が 30％ほど縮小し，船舶の平均使用年数（2015 年）が 36 年となるなど，その停滞は明らかである．これをふまえ，インフラ整備や船舶の更新などその振興策の検討も始まった．

空港や航空路はその再編が急激に進んだ．旅客輸送量は 1990 年代に減少後，2000 年代に増加に転じた．モスクワ地域の 3 空港は全旅客輸送量の 49％（2015 年）を占め，その集中率は高い．この間，空港数は激減した（表 7.3）．零細な地方空港の閉鎖が相次ぎ，多数の生活路線が廃止され問題となっている．一方，中核・主要空港などの整備が進み，モスクワ地域のドモジェドヴォ空港，シェレメーチェヴォ空港などはアクセス交通を含めて一新した．またソチやウラジオストクの空港も冬季オリンピックや APEC の開催を契機に再建され，2018 年サッカーワールドカップ開催都市の空港整備も進んでいる．さらに近年，地方振興や産業開発の一環として択捉島やヤマル半島で地方空港が新設された．

最後に指摘しなければならないのは，ロシアの旅客輸送量の季節性である（図 7.6）．そのことは，冬の低温や渇水が冬道を例外として交通インフラにマイナスに作用し，他方で観光など交通需要が季節変動することからも容易に推察される．マイカーを除外して，輸送量は最近 10 年間にそのピークが 8 月に移動し，冬季を含めてすべての月で増加した．このことは，輸送（移動）のコストや目的を検討する必要もあるが，交通の発達，少なくとも人々の移動可能性の拡大を示している．しかし，その顕著な季節性はあまり変化していない．

7.2.2 国際観光化

観光はそのインフラとしての交通の発達と直接関係しており，かつ産業や雇用面で資源依存型経済からの脱却や経済のソフト化の促進という観点からも注目される．ここでは国際観光化についてインバウンド観光を中心にその動向をみてみよう．以下，観光をツーリズムとほぼ同義として使用する．ただし，ツーリズムの広義さを考慮して，統計の項目名や新しい活動分野（エコツーリズムなど）については，そのままツーリズムやツーリストとした．

外国へのロシア人ツーリスト数はリーマンショックや 2014 年以降の対ロ経済制裁・油価下落・ルーブル安の時期を除き，2000 年代に経済成長を背景に著しく増加した．また，ロシアへの外国人ツーリスト数は横ばいから微減で推移し，2010 年代に緩やかに増加し始めた．折しも観光関係の統計における旅行者（旅行）の定義が国連世界観光機関（UNWTO）の勧告を受け 2014 年に変更され，観光目的のみからビジネス，レジャー，その他の私的な目的の出入国に拡大された．その結果，旅行者数は大幅に増加した（図 7.7）．2014 年のインバウンド旅行者では新定義は旧定義の 9.8 倍，アウトバウンド旅行者では同 2.4 倍となり，

定義変更によってインバウンド・アウトバウンド両旅行者数の格差は大きく縮小した．2015年のインバウンド旅行者数上位5か国はいずれも100万人を超え，ウクライナ（891万），カザフスタン（471万），ポーランド（173万），フィンランド（142万），中国（112万）の順で，アゼルバイジャン，ウズベキスタン，ドイツ，アルメニア，モルドバが続いている．このうちCIS諸国および隣接国からの来訪者が圧倒的な割合を占めている．しかもCIS諸国からの来訪者には正式の就労手続きをしない出稼ぎ者も多く含まれている．それを反映するように，ロシアの1人当り国際ツーリズム収入270米ドルは世界平均の25%にすぎない（2015年）．観光目的に限定した入国者（2015年）では，上位5か国は中国（68万人），ドイツ（36万人），アメリカ合衆国（17万人），トルコ（14万人），イスラエル（13万人）であり，イラン，インド，タイなどはその増加率が高い．来訪者および観光目的入国者とも，近年，中国を筆頭にアジア諸国の増加が目立ち，ロシアへの来訪者の東方シフトというよりも全方位化がみられる．

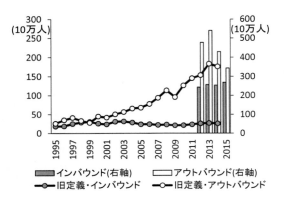

図7.7 ロシアのインバウンド・アウトバウンド旅行者数
旅行者（旅行）について2014年から国連世界観光機関勧告による新定義を導入．2012-14年は新旧両定義による旅行者数が示されている．
（Туризм в цифрах，ロシア連邦文化省資料より作成）

国内だけでなく外国人にも有名な観光地やリゾ

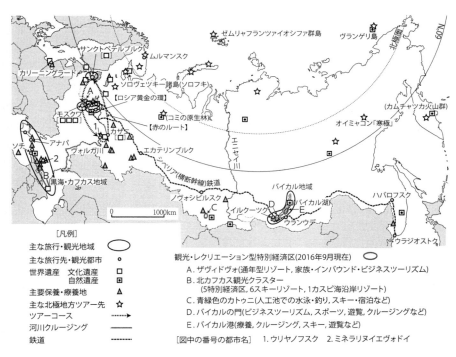

図7.8 ロシアの主要旅行・観光地と観光・レクリエーション型特別経済区

モスクワ，サンクトペテルブルク，カザニ3都市内の世界遺産（文化遺産）は，都市名の下にある［　］内の記号にて表示した．2016年にアルタイ共和国，沿海地方（ルースキー島）の各1特別経済区が廃止された．ルースキー島には軍用地問題があるが，別の開発構想も議論中．同時に，北カフカス観光クラスターは隣接のクラスノダル地方，アディゲ共和国を含めて9特別経済区であったが，4特区が廃止された．
（『ロシア社会経済発展アトラス』（2009），http://www.russez.ru/（特別経済区），http://ru.arctic.ru/tourism/（北極地方ツアー），http://redrouterussia.com/#top（赤のルート）などより作成）

90　　7．ポスト社会主義で変わる社会経済

ートは，モスクワとその近郊，サンクトペテルブルクとその近郊，「ロシア黄金の環」を構成するモスクワ北東の古い都市群，ソチやクリミアなどリゾートの連なる黒海沿岸，ミネラリヌイエヴォドイなど北カフカスの鉱泉群地域，バイカル湖とその周辺，ヴォルガ川・エニセイ川などクルージングのための大河，シベリア鉄道の旅などである（図 7.8）．さらにビジネスも含めた外国人の旅行先としてはウラジオストク，カザニ，カリーニングラード，ノヴォシビルスク，エカテリンブルク，ハバロフスク，ムルマンスクなども加えられる．

宿泊者数の地域別分布から，主要旅行先・観光地とともにホテル等の宿泊施設の立地傾向が明らかになり，さらに，その外国人宿泊者数から外国人の主要旅行先も把握できる（図 7.9）．モスクワ市・同州，サンクトペテルブルク，クラスノダル地方へ宿泊者が集中し，中でもモスクワ，サンクトペテルブルク両市は宿泊者に占める外国人比率も高い．モスクワは歴史・文化遺産とともに，政治・経済をはじめとする諸機能を一極集中させ，かつダイナミックに変化する現代都市としてアーバンツーリズムやビジネスツアーなど集客力も抜群であり，再建・改装や新設によって外資系や世界的ホテルチェーン傘下のホテルが出現している．同様に，サンクトペテルブルクは，その歴史は短いが歴史的建造物がよく保存され魅力的な観光都市となっている．クラスノダル地方は黒海沿岸に多数のリゾートを有する．その他ではタタールスタン共和国，スヴェルドロフスク州など大都市を有する地域などで宿泊者数は目立つが，外国人比率が明らかに高いのはバイカル湖のあるイルクーツク州とブリャート共和国（写真 7.5）や，黄金の環のスズダリとウラジーミルのあるウラジーミル州である．ブリャート共和国の場合，チベッ

写真 7.5 バイカル湖東岸の観光開発（2012 年 9 月）
観光・レクリエーション型特別経済区「バイカル港」の1つブリャート共和国トゥルカ．左手がバイカル湖．湖岸の砂浜に建設中の遊歩道．近くにミニホテルが完工．船着場，灯台などの計画がある．

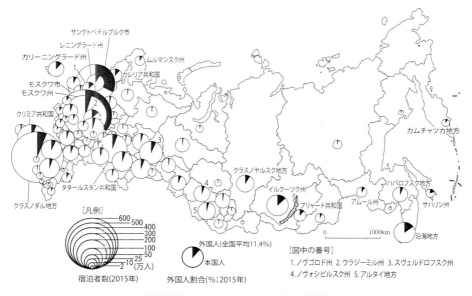

図 7.9 地域別外国人・本国人別ホテル等宿泊者数（2015 年）
（Ростуризм 資料より作成）

ト仏教の寺院（ダッツァン）でも知られ，モンゴルと隣接している．カレリア共和国，カリーニングラード州など北西部と，沿海地方，サハリン州など極東地方南部など外国と隣接した周辺部で外国人比率が高い．例えば，中国人旅行者はビザなし団体旅行を好み，西部のモスクワ，サンクトペテルブルクにも向かうが，隣接する極東地域における外国人旅行者に占めるシェアは圧倒的な大きさである．

ロシアには観光対象となる，あるいはリゾートに適した自然・文化資源が多い．そのため西部の都市を中心とした伝統的な観光や主に南部の保養に加え，近年では農村でのアグリツーリズム，国立公園などを利用したエコツーリズム，北極地方ツーリズムや先住民族ツーリズムについてのコースが開発されてきている．これらのコースは，環境保全など持続可能性が保障されなければならないが，北方やシベリア，極東地域におけるツーリズムの活性化につながる．他方で，「赤のルート」はモスクワ，ウリヤノフスク，カザニ，サンクトペテルブルクを鉄道・バス・航空機で移動し，レーニンや革命の故地を巡るツアーである．これは，相手国の中国で開発・定着したツアー・コンセプトを，外国であるロシアに応用して2014年に成立した．このツアーは，ロシア固有の資源を新しい発想で活用しており，観光の幅を広げた．

近年，インバウンド旅行者数，ホテル数，観光分野への投資は増加傾向にあるが，いまだにその水準は低い．世界経済フォーラムの評価（2015年)でも，旅行・ツーリズム競争力指数は第68位（2007年）から141か国中で第45位へ上昇したが，旅行・ツーリズム産業のGDPや雇用に占めるシェアはともに1.4％と最も少ない国々の1つであり，自然・文化資源が第23位であることから，その潜在力を生かし切れていない．同時に，低位な競争力は安心・安全(第126位)，政府の政策上の優先度(第114位)，航空以外の交通，特に道路の質と密度(第124位，第121位)，ビザ要件（第120位)，人口当りホテル客室数（第90位）など下位にある項目が多岐にわたっている．こうした現状から判断すると，現行の特別目的プログラム「ロシア連邦における国内・インバウンド・ツーリズムの発展（2011〜2018年)」によってインフラ整備が進められているが，総合的かつ長期的な旅行・観光産業振興策が求められている．その1つであるビザの簡略化については，2016年4月時点で，観光目的の外国人入国者を対象にした電子ビザ導入法案が審議段階にある．

7.3　多様化するサービス業

ソ連時代のサービス業は低調であった．なぜなら，当時，公共性の強い個人向けサービスの無償化，産業における物的生産の重視，フルセット型企業化によって生産者（対事業所）サービスを企業内補助部門とする傾向などがあったからである．そのためソ連解体後，ロシアは市場経済化，産業再編，グローバル化と並行してサービス経済化を経験することになり，サービス業は急速に発展した．

7.3.1　サービスの消費

商業は国内各地で規模の違いはあっても広く立地し，サービス業の発展を先導した業種である．商業については7.1節で扱ったので，ロシア各地でみられる他のサービス業を概観しよう．ビジネス・センターとして国内外の有力企業がオフィスを構える超高層ビル群のモスクワ・シティや，ラフタ・センター（サンクトペテルブルク北西部臨海地区にて，2018年完工予定．ガスプロムなどが入居予定の多機能複合施設）は別格としても，シベリアなどの連邦構成主体中心都市にもオフィスビルが建設され，街の新しいランドマークとなるだけでなく，ビジネス空間を提供している．また金融分野では，1990年代には大都市から地方都市までどこでも両替所が目立った．ズベルバンクはソ連時代の組織を再編してロシア中央銀行が資本参加する商業銀行となり，他にも内外の多数の商業銀行が開業し，個人向けや法人向けに金融業務を行っている．これには日本の都市銀行の支店なども含まれる(コラム参照)．各種保険業務も同様である．

宿泊業では，7.2節でも一部言及したようにモスクワやサンクトペテルブルクなどでの外国資本

の参入する五ツ星ホテルとともに，地方小都市の個人経営による民宿風宿舎まで多様な形態がみられる．同じ観光関係で国内・国際旅行を扱う旅行社も各地に生まれた．中には個人の趣味や経験を活かして起業し，モスクワの旅行社と提携して旅行代理店を開く事例もあった（小俣・シャルピン，2008）．現時点では，携帯電話やスマートフォン，インターネットが急速に普及しつつあり，大都市を中心に全国各地にフィットネスクラブやスポーツジムなどがみられる．

そうしたサービス消費の時系列的変化は，住民向け有料サービスの種類別消費構成の推移にみることができる．住民向け有料サービスは，市民すなわち個人が有料で消費するサービスであり，ソ連時代から生活関連，住居，公益（ガス，水道，電気，暖房など），運輸が大きな割合を占めてきた（表7.5）．なおソ連時代には医療や教育は原則として無料であり，表中の1990年の「教育」は特別な保育に関わる支出を示している．また法律関

係が1990年代後半に一時的に急増したのは，住宅など不動産の登記・譲渡との関係によるものと推察される．2000年代の好景気を反映してサービス消費額は増加し，2000-14年に1.7倍となった．そのため構成割合が多少減少しても当該サービスの消費額は増加した．

こうした状況下で，サービスの種類別消費割合が分散化していることから，サービス消費の多様化は明らかである．従来の主要サービスでは，公益が料金値上げなどもあって割合を増加させ，生活関連や運輸は割合を減少させながらも上位にとどまっている．他方で，通信は2014年に減速するものの，それまで2000年代に携帯電話やインターネットの普及に伴い急増している．インターネットの普及率（2014年）は総人口の50%である．医療は原則として無料だが有料診療も増加している（衣川，2015）．同様に，教育も1990年代後半から有料サービスに占める割合を増加させている．

教育の有料化はソ連時代末の私立学校の設置承認によって条件が整い，市場経済化とともに私立学校が出現し，一部で保育料の値上げもみられた（岩﨑・関，2011）．有料化が顕著な高等教育機関でみると，2014年現在，国公立大学548校，私立大学402校の在学生総数の約60%が私費学生である（表7.6）．これは私立大学生の誕生や増加というよりも，国公立大学の私費学生増加に起因する．なぜなら国公立大学では，大学の財政難を背景に私費学生の受入を始め，現在では学生の半

表7.5　住民向け有料サービスの構成（単位：%）と生産指数（1990-2014年）

	1990	1997	2005	2014
生活関連	26.8	18.1	10.1	10.8
運輸	29.0	26.0	21.5	18.6
通信	6.4	8.4	18.5	17.0
公益		15.1	18.3	21.0
住居	17.9	6.2	5.3	5.9
ホテル・同宿舎			2.6	2.4
文化	3.6	1.4	2.3	1.7
観光	4.9	2.1	1.5	2.0
体育・スポーツ	0.3	0.3	0.	0.7
医療	0.9	3.5	4.8	6.4
療養・健康増進	3.7	2.4	1.6	1.2
獣医	…2)	…2)	0.2	0.2
法律関係	0.9	8.9	2.3	1.2
教育	2.0	4.2	6.7	6.5
その他	3.5	3.4	3.6	4.4
合計	100.0	100.0	100.0	100.0
サービス生産指数1) （2000年=100）	…2)	…2)	129.4	170.3

1990年代と2000年代でサービス区分が一部変更された．新旧両区分が公表された2001年分を参考に対応関係を検討して作表．2014年から「老人・障がい者向け社会的サービス」が区別されたが，値も小さく，「その他」に含めた．1）生産指数は対比価格による生産額の伸びを示す．1990年代は統計年鑑の発行年によって同一年でも数値のばらつきがあるため「資料なし」とした．2）「…」は資料なし．

（Российская федерация в 1992 году　Статистический ежегодник，Российский статистический ежегодник より作成）

表7.6　ロシアの高等教育機関の特性の変化（1995-2014年）

	1995	2000	2005	2010	2014
学生総数（万人）1)	279.1	474.1	706.5	705.0	520.9
国公立大学生（万人）2)	265.5	427.1	598.5	584.9	440.6
国・公費学生率（%）	…3)	65.6	50.2	44.8	46.8
私費学生率（%）	…3)	34.4	49.8	55.2	53.2
私立大学生（万人）	13.6	47.0	108.0	120.1	80.3
学生総数に占める国・公費学生率（%）	…3)	59.1	42.5	37.2	39.6

1）学生数は，2010年まで検定試験受験生を含む．この制度は2013年に廃止された．2）「国」は連邦，連邦構成主体，「公」は地方自治体を指す．3）「…」は資料なし．

（Образование в России, Российский статистический ежегодник より作成）

数以上が私費学生となっているからである．大学の適正化や少子化などを理由に，2010 年代には大学数・学生数が削減されつつある．しかし，私費学生割合は高水準のままである．

サービス消費は都市・農村間格差が著しく，消費額で都市は農村の 2.2 倍であり，食料品・非食料品・サービスを含む最終消費支出の同 1.6 倍を上回っている（2014 年）．その主要因は所得水準の低さによる支出可能な資金の制約と，サービス業の立地に規定されるサービスの供給上の制約にある．また，都市・農村間のサービス消費力の格差に加えて，都市・農村間の人口分布の偏りもあるため，有料サービスの 87％（2014 年）は都市住民によって消費されている．

このようにサービスの地域的消費量は，サービスの種類，宿泊施設・教育施設などサービス供給の立地，消費人口と 1 人当り消費力に基本的には規定されている．

7.3.2　サービスの供給

7.1 節で触れた商業は実数・構成比とも一貫して増加したが，それを除いた第 3 次産業はほぼ狭義のサービス業に該当する（表 7.7）．具体的には不動産・諸サービス，教育，運輸・通信，保健・社会サービス，公務等が主要業種となる．2000 年以降の変動では，不動産・諸サービスが構成比も大きく，増加数も最大で，ついで金融が増加率で最高である．これらに宿泊・飲食を加えたうちの多くが，ソ連時代にそれぞれ 1 つの業種として分化していなかった，あるいは抑制されていた経済活動であった．そのため，これらの業種はソ連解体後の市場経済化に伴い，その実数や比率を急速に増加させた．

不動産・諸サービスは，正式には不動産・物品賃貸・諸サービスであり，その中の不動産業，物品賃貸業は市場経済化を担うサービス業である．もう 1 つの諸サービスは，科学的研究・開発のほかに，法律・会計・監査に関する活動，マーケティング・世論調査，ビジネスや企業管理に関するコンサルティングなど，事業所サービスを中心に多くは専門的で実に多様なサービスを含んでいる．また金融は，銀行・信用・保険諸機関など市場経済の基盤ともなるサービスである．

他方で，教育，科学的研究・開発というソ連時代に人的配置の厚かった業種で構成比が減少しており，運輸・通信，保健・社会サービスなどは伸びが小さい．公務・防衛・社会保障は，連邦から自治体までのあらゆるレベルの国家・自治体サービスに携わる官僚・職員によって担われている．1990 年代後半に自治体制度の整備による職員の増加もあるが，2000 年代にも職員は増加傾向にあり，特に連邦行政に関わる地方配置職員の増加が目立ち，連邦中央による地方管理の強化とも整合する．

こうしたサービス業のうち，2000 年代に増加が目立った不動産・物品賃貸・諸サービスの立地は大都市集中型である（図 7.10）．このサービス群は専門的サービスを含む事業所サービスを主体としており，事業所活動，特にその中枢管理機能にも対応する．この業種の就業者数，全産業に占める割合が大きいのは，大都市を有する連邦構成主体であるモスクワ市，モスクワ州，サンクトペテルブルク，タタールスタン共和国，ノヴォシビルスク州などであり，モスクワ都市圏への集積（28％）が顕著である．金融業もそれと同様の立地を示し，モスクワ市の全国シェア（2014 年）は就業者数，金融機関本店数で，それぞれ 31％，53％

表 7.7　第 3 次産業の業種別就業人口構成（2000-14 年）

	全産業合計に占める構成比（％）				2000-14 変動	
	2000[2]	2005	2010	2014	実数・千人	増加率％
商業・修理	13.6	16.6	17.8	18.7	3,889	44.2
宿泊・飲食	1.5	1.7	1.8	1.9	324	34.2
運輸・通信	7.8	8.0	7.9	8.0	353	7.0
金融	1.0	1.3	1.7	1.9	655	99.7
不動産・諸サービス[1]	7.0	7.3	8.0	8.7	1,399	31.2
うち科学的研究・開発[3]	1.9	1.5	1.3	1.3	-306	-25.5
公務・防衛・社会保障	4.8	5.2	5.8	5.5	634	20.5
教育	9.3	9.0	8.7	8.1	-459	-7.7
保健・社会サービス	6.8	6.8	6.8	6.6	88	2.0
その他のサービス[1]	3.6	3.7	3.7	3.7	200	8.6
構成比合計・％	55.4	59.7	62.2	63.1	―	―
就業者総数・千人	35,755	39,862	42,048	42,838	7,083	19.8

1)「不動産・諸サービス」は「不動産・物品賃貸・諸サービス」，「その他のサービス」とは「その他の公益・社会・個人サービス」をそれぞれ示す．2) 2000 年分は 2005 年以降の新分類を適用して遡って公表．3) 2000 年の「科学的研究・開発」は旧産業分類の「科学，研究サービス」の資料を使用．
（Российский статистический ежегодник より作成）

94　　7．ポスト社会主義で変わる社会経済

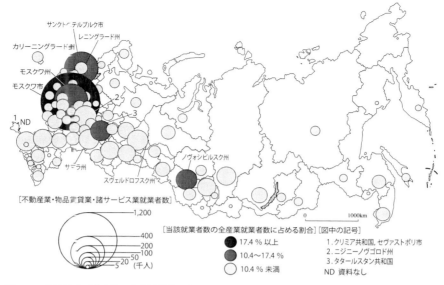

図 7.10 地域別「不動産業・物品賃貸業・諸サービス業」就業者分布（2014年）
当該就業者の全産業就業者に占める割合の全国平均 8.7%，その 1.2 倍が 10.4%，2 倍が 17.4%．
（Регионы России より作成）

と，いっそう集積している．

7.4 生活水準の変化，社会の二極化（富裕層の出現）

7.4.1 生活水準の変化

ロシアの生活水準は，体制転換・移行期，移行期後と社会経済の激変に伴い著しく変動してきた．生活水準は生活のあり方に関する総合的な指標であり，生活の豊かさの程度によって測定される．その生活の豊かさは財やサービスの消費と密接に関連していることから，まずその消費を規定する所得について検討する．

実質可処分貨幣所得は，生産や経済，年金や補助金の動向とほぼ並行して変化してきた（図7.11）．可処分所得はソ連解体後に大きく落ち込み，デノミ実施や財政危機に陥った1998年には，1991年水準の半分以下になった．しかし，その後，可処分所得は急増して2006-07年に1991年水準に達し，さらに2013年まで増加を続け，2014年に油価の低下や対ロ経済制裁などにより微減した．また法定の最低生存費（生存上必要な食料費・非食料費・税など）に対する貨幣所得の関係をみると，購買力の実態が明らかになる（図7.11）．その関係は可処分所得と同様に1990年代は200%であったが，2000年代前半に急増し，2007年以降は

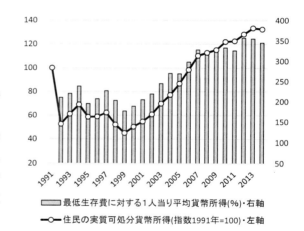

図 7.11 ロシアの貨幣所得（1991-2014年）
（Российский статистический ежегодник, Социальное положение и уровень жизни населения России より作成）

300〜350％でやや横ばい状態にある．

さて広大で多様なロシアにおいては，生活水準の国内諸地域における動向も重要である．まず，貧困人口を最も低い生活水準にある人口と位置付けると，減少傾向にはあるが，貧困人口割合や貧困リスク指数は都市農村別，集落規模別に大きな格差がみられる（表7.8）．貧困人口は公表統計自体もサンプル調査に基づく推計であるが，2010年の農村の小集落（人口1,000人未満）では貧困

表7.8 都市農村別・集落規模別推定貧困人口割合と公表貧困リスク指数

	推計・貧困人口割合[1]（%）			公表・貧困リスク指数[2]	
	2005	2010	2015	2010	2015
全国	17.6	12.5	13.1	1.00	1.00
都市合計	14.8	10.2	11.0	—	—
うち集落規模別					
100万以上	11.5	4.7	5.8	0.41	0.47
50万〜100万	12.1	6.2	5.8	0.63	0.54
25万〜50万	18.8	9.1	8.7	0.67	0.70
10万〜25万				0.88	0.92
5万〜10万	15.8	13.5	13.7	1.11	1.04
5万未満	14.7	18.6	22.5	1.16	1.25
農村合計	25.1	19.2	18.9	—	—
うち集落規模別					
5,000以上	—	23.5	—	1.38	1.40
1,000〜5,000	—	24.4	—	1.48	1.45
200〜1,000	—	16.7	—	1.64	1.48
200未満	—	2.2	—	2.60	2.20

貧困人口とは，貨幣所得以外の貯蓄・貸付や現物の貨幣評価額も含む可処分資金が最低生存費未満の人口とされている．—はデータなし．農村の集落規模別人口は人口センサス年のみ公表．1）貧困人口割合は，公表されている都市農村別・集落規模別貧困人口分布割合，都市農村別・集落規模別人口，最低生存費未満現金所得全国人口から推計した．2）公表データである貧困リスク指数は，全国人口の貧困水準を1とした各集落規模別人口の貧困水準を比で表す．
（Социально-экономические индикаторы бедности, Российский статистический ежегодник より作成）

人口割合と貧困リスク指数に差がある．しかし，貧困人口割合・同リスク指数が都市よりも農村，さらに都市でも人口5万未満の小都市では2005年を除いて高い．また，人口5万未満の小都市では貧困人口割合，貧困リスク指数とも経年的に増加している．一方，人口50万以上，特に100万以上の大都市ではそれらは低い．具体的にはモスクワ，サンクトペテルブルクや連邦構成主体の行政中心都市は生活水準がその他の規模の集落と比べて高いといえる．

　次に，人間開発指数による生活水準の地域差を取り上げる．この指数は国連によって通常国単位に，一定の生活水準，長寿で健康な生活，知識へのアクセスの3分野における達成度を指数化して算出されている．2013年の人間開発指数はモスクワ，サンクトペテルブルク，チュメニ州（2自治管区と合算）で最高となる（図7.12）．前2者は3指標とも高く，チュメニ州は寿命や教育の指数はやや低いが，所得の高さが大きく寄与している．対照的に，人間開発指数の低い3つの地域グループがある．それらは南部国境にある北カフカス，シベリア・極東南部と，イヴァノヴォ州など西部の不況地域であり，共和国がやや多い．また前年との比較から，エヴレイ自治州が所得・教育両指標の低下により唯一指数を低下させている．しかし，それ以外では，指数に変化がなかったケメロヴォ州を除き，指数が増加して改善傾向にある．順位では，上述の上位，下位の諸地域は入れ替えがなく，残る多数の中位グループでは指数の増加幅によって変動が著しかった．

　この指数は総合的な指標であり，産業特性との関係をみても，例えば採掘業依存型でも指数の比較的高いベルゴロド州からやや低いケメロヴォ州まで幅がある．しかし，農業型・原料型の低開発地域や工業・農業型および農業・工業型の中進地域に低指数地域が多く，一方で金融経済中心地や原料輸出指向型から採掘業依存型までの先進地域や発展地域の多くは指数が高くなっている．なお，大都市周辺のモスクワ州，レニングラード州，特に前者の人間開発指数は過小評価されている．それは，上述の教育に関する指数の算出時に教育機関所在地別就学者数を使うため，域外就学者が多いと，就学率が低下するからである．モスクワ市はその逆になる．

　また，以上のような所得統計や人間開発指数でもとらえきれないのは北方や極東の少数先住民族の生活水準である．これらの人々の生活にも変化がみられ，その人口は減少しているが，伝統的な生活様式を維持している人々もいる．こうした人々との共生を考えると，生活水準を測定する別の物差しも必要になる．

7.4.2　社会の二極化（富裕層の出現）

　ロシアでは，様々な格差が認められる．ロシアの人々は，それをどのようにみているのであろうか．全国を対象とした世論調査の結果からみてみよう（表7.9）．ただし，この調査の設問における「重要か否か」の判断基準は，格差の著しさ，あるいは格差への注視，その両者など必ずしも一義的ではない．また，調査結果を時系列でみる場合，

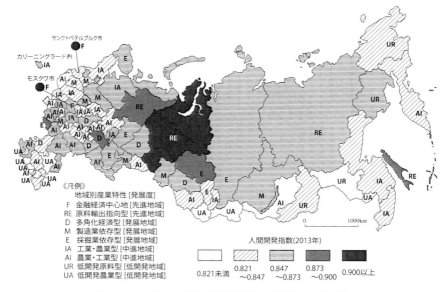

図 7.12 ロシアの地域別人間開発指数と産業特性（2013年）

チュメニ州はハンティマンシ自治管区・ユグラとヤマロネネツ自治管区分を含めて算出．アルハンゲリスク州はネネツ自治管区分を含めて算出．
（Григорьев и Бобылев, 2015 より作成）

表 7.9 経済・社会・地域的格差の評価：「重要」とする回答者割合（単位：%）

	所得	民族	イデオロギー	宗教・信仰	集落	地域	世代	社会階級
2005	95	74	62	60	66	63	74	80
2010	89	61	43	51	61	54	74	75
2014	78	46	35	46	44	37	54	60

2005年，2010年は「大変重要」「やや重要」「重要でない」のうち前2者，2014年は「どちらかといえば重要」「どちらかといえば重要でない」の前者の回答者割合．「集落」とは首都，大・中・小各都市，農村，「地域」とは中央，極東，シベリアなど，「社会階級」とは労働者，インテリ，実業家などを指す．
（全ロ世論調査センター資料より作成）

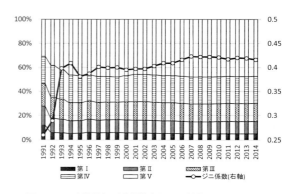

図 7.13 五分位階級別所得構成とジニ係数
（Российский статистический ежегодник より作成）

調査実施年によって回答選択項目が異なっている．それらを前提にみると，この約10年間に総括的には国内の多くの格差について，その重要度が維持されてきた．とりわけ，体制転換や移行期を経験した社会として，社会経済変動を直接反映する所得や社会階級における格差，それらについで，変動の激しかった社会として世代間格差もより重要とされている．また，民族，宗教と同程度に集落間格差が重要とされ，地域やイデオロギー・党派は他の項目に比して重要性の認識が弱い．以上からロシアは多くの格差を内包しており，現状では依然として所得格差が最も重要視さ れている．

人々が所得格差を重要視し続けている原因は，その格差の著しさに求められる（図7.13）．現在のような所得格差の基本的構造が形成されたのは，1991-94年という体制転換と市場経済化の初期である．この短期間にジニ係数（格差の指標）は0.260から0.409へ急上昇し，より平等な社会から格差社会へ移行した．この時期の所得を五分位階級別にみると，第Ⅴ（最高所得）階級は全年で所得総額割合を増加させ，対照的に残り4つの階級では，1991-92年の第Ⅳ階級以外はすべて同割合を減少させている．

7.4 生活水準の変化，社会の二極化（富裕層の出現）

2000年代には経済が急成長して所得も増加したが，同時にジニ係数は格差が最大になる2007年（0.423）まで横ばいないし増加を続けた．この時期には2002年以降，最高所得の第Ⅴ五分位階級のみ同割合を増加させ，残りはすべて同割合を減少させている．その後，ジニ係数は対前年で増加した2012年を除くと微減を続けているが，依然として所得格差は顕著なままである．ちなみに，所得最高層の人口10％が所得総額の31％（2014）を占めている．世論調査（2015年7月4-5日，全ロ世論調査センター実施）の分析によれば，ソ連解体後のロシアでは賃金の平準化傾向は弱まり，多数の人々（年金生活者，若年世帯など）の不当に低い収入が増加しない一方，少数の人々の不当に高い収入が増加したとされている．また，スイスの民間機関の報告書（2015年）は，ロシアについて資産所有者の10％が世帯総資産の87％を所有するとその格差を指摘し，所有資産を基準に中間層を成人人口の4％と推計し，検討後それも富裕層に含めている．まさに社会の二極化が進み，富の不平等が顕著になっている．

それでは，いわゆる「中間層」はどうなっているのか．多数の推計がある中で，科学アカデミー社会学研究所の研究グループは，アンケート調査に基づき，学歴，職業上の地位，所得水準，自己認識を指標に，中間層を同層中核と同層周辺に分けてとらえている．前者は社会階層として比較的安定しており，高学歴かつコンピューターを使いこなす経営者・事業家・専門家などから構成される．中間層は2003年に人口の29％（うち中間層中核11％，以下同様），2008年に34％（14％），2015年に44％（18％）と推計され，ゆっくりと増加傾向にある．ただし，中間層周辺は層内で大きな割合を占めながらも，中間層としての性格が不安定な状況にあることから，この部分の実態や変動とその評価がロシア中間層のあり方を大きく左右する．他方で，経年的な家計状況評価や貧困人口推計によると，家計状況で「大変よい」「よい」や「中流」の最上層を中間層とすれば，この層は2000-08年に増加し，貧困人口は1990年代末～2000年代初めをピークに減少傾向にある（図

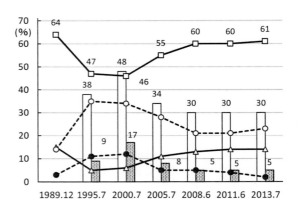

図7.14 家計状況と主観的貧困度の評価：世論調査結果
家計状況は調査年月で集計．回答不能分1～4％は省略．貧困・最貧両人口割合は年別集計．1995年は1996年分で代用．
（レヴァダ・センター資料より作成）

7.14）．しかし，最近の調査（2015年7月12日，全ロ世論調査センター実施）でも，人々はロシアを貧困人口の多い国としており，そうだとすれば1990年代末のピーク時には貧困人口がきわめて多かったことになる．

体制転換による私有化や市場経済化の過程で，ソ連時代の国有資産，特に資源・エネルギー関係企業や天然資源の所有・利用権を獲得し，政治へも影響力をもつ，オリガルヒと呼ばれる新興財閥が形成された．2000年代のプーチン期には，ユコス事件に代表されるように政治への介入は排除・抑制され，他方で大統領に近く，国防・治安・諜報諸機関出身のシロヴィキの一部も台頭し，財閥や企業グループの盛衰・再編も著しい．

そうした中，2000年代の経済急成長により，全般的な生活水準の向上と経済格差の増大を伴いつつ，富裕層が出現した．この過程は，その代表として世界の長者番付にリストアップされたロシア国籍の億万長者数に表れている（図7.15）．1990年代にも数名が登場したが，2000年代になるとその数が増え，特に2007年（実態はその前年）に長者数で世界第2位と台頭した．2009年の急減後に回復して，2011年に世界に占めるシェア8％（101人），2014年に人数が111人（7％）とそれぞ

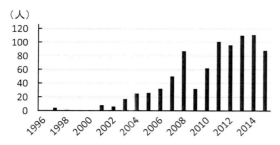

図7.15 ロシアの億万長者の推移（1996-2015年）
世界長者番付は資産額10億USドル以上の資産家をリストアップしている．
（Forbes誌より作成）

れ最高となった．こうした億万長者の資産基盤は2015年でも，依然として資源や資源関連産業にある．しかし，その割合は2003年と比べて低下しており，この間のロシアの経済社会の変化も十分読み取れる（表7.10）．こうした億万長者の多くはモスクワに拠点を置いている．モスクワは，2014年に1人当り月額最高所得（4.5万ルーブル以上）階層人口の全国シェア23％を示して高所得者の最大集積地となっているが，他方でジニ係数0.452，所得格差指数（最高・最低両所得十分位階級の平均所得における比）20.9を示して地域（連邦構成主体）別で域内格差が最も著しい．

ロシアは所得や資産などで著しい地域差を伴った二極化社会になっている．同時に，その割合はいまだに高くはないが，2000年代から中間層の形成も進んでいる．　　　　　　　　［小俣利男］

表7.10　資産基盤からみたロシアの億万長者

	2003	2015年
燃料資源（石油・ガス・石炭）	10	13
鉄・非鉄金属（採鉱も含む）	5	17
製油・化学（採鉱・肥料を含む）	0	11
食品・建材・機械の製造	0	4
農業関連	0	2
通信・メディア・ハイテク	1	5
銀行・保険	1	11
小売業	0	5
投資・開発・不動産	0	12
交通インフラ	0	3
建設	0	5
合計	17	88

複数の産業・事業に基盤を置く資産家が多いが，主要と判断される分野に絞って集計．
（Forbes誌より作成）

引用・参考文献

岩﨑正吾・関啓子（2011）：変わるロシアの教育（ユーラシア・ブックレットNo.162）．東洋書店．

小俣利男・シャルピン，デニス（2008）：移行期ロシアの社会経済地理―ライフヒストリーによる接近．東洋大学社会学部紀要，46（1）：121-164．

衣川靖子（2015）：ロシアの保健医療事情と政策・制度の動向．海外社会保障研究，191：16-30．

野中進・三浦清美・グレチュコ，ヴァレリー・井上まどか編（2011）：ロシア文化の方舟：ソ連崩壊から二〇年．東洋書店．

Omata, T.（2004）: Regional features of road network and their implications for industrial development in Russia. 東洋大学社会学部紀要, 42（1）：5-23.

Алексеев, А. И. и Колосов В. А. ред.（2013）: Россия: социально-экономическая география: учеб. пособие. Москва: Новый Хронограф.

Григорьев, Л. М. и Бобылев, С. Н. ред.（2015）: Доклад о человеческом развитии в Российской Федерации за 2015 год. Москва: ООО «4Т дизайн».

=== コラム　ソ連へのノスタルジー ===

　ソ連存続の是非に関する世論調査（2016年3月実施）は，「ソ連の存続に関する国民投票が今，実施されたら，次のような質問にどのように答えますか」と前置きして，「どの民族もその権利と自由を完全に保障される，同等の主権共和国の，刷新された連邦としてのソヴィエト社会主義共和国連邦の存続を必要と思いますか」という1991年3月17日の国民投票と同一設問で実施された．結果は賛成が64％に達したが，同時にその回答の世代別格差も著しかった．この調査は1991年の国民投票と同じく「刷新されたソ連」，すなわち実在ではなく構想されたソ連の存続を問う形になっている点にも注意する必要がある．

　しかし，これと同趣旨ともとれる「ソ連解体を遺憾に思いますか」という世論調査が1990年代以降，数回実施されてきた．毎回，合計では賛成が75％～56％と過半数を占め，世代別では2002年の18～24歳層は

表 C7.1 ソ連に関する世論調査における年齢階層別「回答困難」回答率（％）

	18-24	25-34	35-44	45-59	60 歳〜
2006 年 10 月 「ソ連解体遺憾」	18	12	6	3	2
2012 年 12 月 「ソ連解体遺憾」	25	18	13	5	3
2016 年 3 月 「ソ連存続是非」	29	24	15	12	11

（全ロ世論調査センター資料より作成）

表 C7.2 将来の理想のロシア像（％）

調査年月	1998.4	2006.4	2013.3	2015.11
現ロシアのような国	2	9	8	14
西側先進諸国のような国	43	43	39	36
ソ連時代のような国	36	32	25	23
1917 年以前の国	5	5	7	3
その他	5	5	7	10
回答困難	9	6	14	14
合計	100	100	100	100

原表で合計 100％ に不足分を「その他」とした.
（レヴァダ・センター資料より作成）

例外的に高いが，すべての年で高齢世代ほど賛成回答率が高く，60 歳以上層では 80％ 近くになる.

　調査機関の専門家は，上記の 2016 年世論調査の結果から，①社会全体がソ連へのノスタルジーを抱いているという，流布している印象は誇張である，②ソ連へのノスタルジーをもっている多くの人は 25 年前にもソ連の存在に賛成した高齢世代の人々である，としている. 全ロ世論調査センターの調査（2010 年 1 月実施）によると，高齢世代にとっては「ソヴィエト」という言葉は壮年期そのものや，「よい，楽しい，明るい」思い出を想起させ，「生活・国家における秩序，安定性，明日への確信」，「無料の医療，教育，住居，休暇バウチャー」をより強く連想させる. 他方で，ソ連が両親の話などを通じた抽象的な存在になっている，若い世代の考えが台頭しつつある. 彼らは，ソヴィエト体制について，大国への帰属や福祉国家の夢という肯定的な感じをもつ一方，「失望，停滞，画一性」，「商品の不足，行列，クーポン券」など，消費財や自由の不足・不在という，否定的な思いも抱いている. 回答率もその世代間の差も少ないが，共産主義，民族友好，ヒューマニティーなども連想されている.

　以上のようにソ連をめぐって賛否両面の評価があるものの，ロシア社会においては依然として根強いソ連へのノスタルジーが認められる. 他方で，ソ連解体後25 年という年月は，ソ連という国家・社会体制を実体験していない世代の人口を増加させただけでなく，

それを体験した世代にも意識の変化を引き起こしつつある. すなわち，2016 年の世論調査は他の年と設問は異なるが，回答における賛否とともに最近 10 年間でどの年齢層でも「回答困難」の比率が増加している（表 C7.1）.

　重要なことは，現状のソ連へのノスタルジーが現実の国や社会のあり方にどの程度結びついているかである. その点については，ソ連に関する上記の 2 調査とは調査対象者・機関も異なるが，「将来の理想のロシア像」についての世論調査結果が示唆的である（表C7.2）. それによると，1990 年代後半には西側先進国型とソ連型で回答が二分されていたが，その後，両者，特にソ連型の減少が顕著になり，同時に現状のロシアを是認する傾向がみられる. 同一調査機関の「将来の国のスタイル」に関する調査（2015 年 11 月実施）でも「社会主義国」10％ に対して，「西側諸国のような市場経済・民主国家」31％，「特別の体制・発展コースを有する国」24％，「本人や家族の幸せ優先で国のスタイルは問わない」24％ であった. 国のスタイル不問という回答は特定のスタイルを明示していないので，現時点では将来の国のスタイルとして社会主義体制を積極的に支持する回答は明らかに少数派になっている. こうしてみると，現状のロシアでは，実在したあるいは刷新された，いずれのソ連型とも異なる国家モデルへの志向が大勢を占めている.　　　　　[小俣利男]

8 発達する都市——ロシア全域，モスクワ，サンクトペテルブルク

　モスクワとサンクトペテルブルクは，ロシアという国の対照的な特徴をなすところの「ロシア性」と「ヨーロッパ性」とを体現している．前者は土俗的ともいえる大地との親密性を謳う宗教色の濃い都市部を中核にもち，後者はかつての湿地を埋め立て近代性の名のもとに土俗的なロシア性を切り捨てた大都市を形成する．むろんロシアには，これらより古い都市も北欧から南へ（あるいはその逆へ）と向かう主要な交易路沿いに存在しているし，18世紀以降，東方への領土拡大とともに新しい都市も次々と建設されてきた．ソ連崩壊後，これらロシアの都市はどういう状況にあるのだろうか．本章ではそのことについてみてみることにしよう．

8.1 ロシアの都市発達の歴史と分布

　1991年のソ連崩壊から早くも四半世紀が経とうとしている．あれほど堅固なレジームであった冷戦体制があっけなく消滅し，社会主義を奉じる国もごく少数にすぎなくなっている．現在，モスクワ中心部に関していえば，一見すると，スターリン・ゴシックの高層建築物ややたらと幅の広い主要道路の信号機と横断歩道の少なさを除けば，他の資本主義の国と変わらない都市風景が展開しており，冷戦時代にテレビ映像でみていた風景とはずいぶん違うものとなっている．かつては，全体に灰色のイメージを都市景観にもたれていたものの，実際にはカラフルな色彩があふれている．もっともクレムリンの城壁はかねてより赤であり，赤の広場の南側に位置するあの特徴的でカラフルなキューポラを戴くワシーリー寺院もそうであったが，社会主義圏に対してもつ心象風景がそのようなものであったということだろう．モスクワはソ連の首都であったが，同時に社会主義圏の首都でもあった．今ではもう昔話となってしまったが，「第二世界」の首都であったのである．

　さて，ここではそうしたソ連時代を含め近代以降のロシアにおける都市の発達をみてみることにしよう．ロシアの都市は国土全域に展開しているが，その分布には偏りがある（図8.1）．ウラル山脈の西側，いわゆるヨーロッパロシアに集中し，シベリアや極東に少ないことが，また国土南部にあって東西を結ぶシベリア鉄道沿いに点在してい

るが，北部では極度に少ないことがわかるだろう．これはあまりに寒冷であるため，都市機能を十全に整備できない気候的問題からである．サンクトペテルブルクは北緯60度付近に位置するが，これは100万都市としては世界最北である．

　モスクワとサンクトペテルブルクの二大都市が人口規模や中心地機能において突出しているわけだが，図8.1と表8.1を対照してみると，この二大都市を含むヨーロッパロシアとウラル山脈付近に人口規模の大きな都市（2014年）が集中していることがわかる．このうち最も東に位置するのがノヴォシビルスクであり，他にウラル山脈より東にあるのはオムスクだけである．山脈周辺にはエカテリンブルクとチェリャビンスクがあり，ウラル西部にはウファ，サマラ，カザニ，ニジニーノヴゴロドが，南部にはヴォルゴグラード，ロストフナドヌーがある．この偏った立地の構図は少しずつ変化してきてはいるものの，何世紀もの間ほとんど変わってこなかったともいえる．

　中村（1988）によれば，ソ連の都市は中央アジア，カフカスでは紀元前から発生していたが，その全国的な発展は，19世紀後半のロシアの農奴解放後の資本主義の勃興によるものであり，1897年のセンサスでは都市は933を数え，そのうち人口10万人以上の都市は17であり，その大部分はロシア帝国のヨーロッパ部に立地したという（著者注：18が正しい）．先に述べたように，人口が増加したにもかかわらず，この構図は変わっていないのである．またソ連の都市の発展，都市化は

表 8.1 ロシア・ソ連の大都市人口の推移（単位：千人）

順位／年	1867		1915		1939		1986		2014	
1	❶ サンクトペテルブルク	539	サンクトペテルブルク	2,165	モスクワ	4,542	モスクワ	8,714	モスクワ	10,381
2	❷ モスクワ	339	モスクワ	1,806	サンクトペテルブルク	3,401	サンクトペテルブルク	4,904	サンクトペテルブルク	5,028
3	❸ オデッサ	121	キエフ	610	キエフ	851	キエフ	2,495	ノヴォシビルスク	1,419
4	❹ キシニョフ	104	リガ	569	ハリコフ	840	タシケント	2,077	エカテリンブルク	1,350
5	❺ リガ	98	オデッサ	500	バクー	773	バクー	1,722	ニジニーノヴゴロド	1,284
6	❻ サラトフ	93	トビリシ	328	ニジニーノヴゴロド	644	ハリコフ	1,567	サマラ	1,135
7	❼ タシケント	80	タシケント	272	オデッサ	602	㉝ ミンスク	1,510	39 オムスク	1,129
8	❽ ビリニュス	79	ハリコフ	258	タシケント	556	ニジニーノヴゴロド	1,409	カザニ	1,105
9	❾ カザニ	79	㉑ バクー	237	ドニエプロペトロフスク	527	ノヴォシビルスク	1,405	チェリャビンスク	1,074
10	❿ キエフ	71	サラトフ	236	トビリシ	519	㉞ エカテリンブルク	1,315	ロストフ	1,063
11	⓫ ミコラーイフ	68	㉒ ドニエプロペトロフスク	220	ロストフナドヌー	510	サマラ	1,267	ウファ	1,033
12	⓬ トビリシ	61	㉓ リヴィウ	206	△ ドネツク	466	トビリシ	1,174	ヴォルゴグラード	1,011
13	⓭ ハリコフ	60	ビリニュス	204	△ ヴォルゴグラード	445	ドニエプロペトロフスク	1,166	ペルミ	982
14	⓮ トゥーラ	58	カザニ	195	△ ノヴォシビルスク	404	㉟ エレヴァン	1,148	40 クラスノヤルスク	927
15	⓯ ベルディチェフ	53	㉔ ロストフナドヌー	172	カザニ	398	オデッサ	1,132	サラトフ	864
16	⓰ アストラハニ	48	㉕ イヴァノヴォ	168	サマラ	390	㊱ チェリャビンスク	1,107	ヴォロネジ	849
17	⓱ ヘルソン	46	アストラハニ	164	サラトフ	372	㊲ アルマトゥ	1,088	41 トリヤッチ	703
18	⓲ オリョール	44	㉖ オレンブルク	147	ヴォロネジ	344	ドネック	1,081	42 クラスノダル	650
19	⓳ ヴォロネジ	42	㉗ サマラ	144	㉛ ヤロスラヴリ	309	㊳ ウファ	1,077	43 イジェフスク	641
20	⓴ ニジニーノヴゴロド	41	トゥーラ	141	㉜ ペルミ	306	ペルミ	1,065	ヤロスラヴリ	607

年代により呼称が変わる都市は，比較のため現在の呼称で表記している（サンクトペテルブルク/ペトログラード/レニングラードなど）．2014 年はロシアのみ．
(中村, 1988 より作成)

図 8.1 ロシア，ソ連の人口上位都市（記号は表 8.1 と対応）
(中村, 1988 より作成)

革命後の 1926-39 年の期間，特に目ざましかったというが，この異様に速いテンポは，当時の工業化政策によるものであり，農村から都市へと急速に人々が移動したためと述べている．1867 年，1915 年，1939 年，1986 年の各段階における人口規模を示した表 8.1 をみながら，都市人口について具体的にみてみよう．

まず 1867 年では，旧ソ連領のウクライナ（オデッサ，キエフ，ミコラーイフ，ハリコフ，ベルディチェフ，ヘルソン），ジョージア（トビリシ），ラトビア（リガ），リトアニア（ビリニュス），モルドバ（キシニョフ），ウズベキスタン（タシケント）の諸都市が含まれており，上位 20 位中，ロシアが占めるのは 9 都市だけであることがわかる．

102　8. 発達する都市——ロシア全域，モスクワ，サンクトペテルブルク

ロシアで最も東に位置するのがカザニであり，ウラル山脈の西側である．ニジニーノヴゴロドを除けば，サラトフ，アストラハニ，ヴォロネジ，トゥーラ，オリョール，これらすべてがモスクワより南側に位置している．

ロシア革命直前の1915年をみると，ロシアの都市は1つ増え10となっている．最大都市はサンクトペテルブルクの216万人で，1867年の約54万人から50年弱で4倍に達している．2位のモスクワも33万人から180万人となり，こちらは5.5倍とさらに増加率が高い．ウクライナ諸都市のうちキエフの伸び率は8.6倍と非常に高いのが目を引く．3位以下のロシア諸都市はおおむね2.5倍前後である．前回にはなかったサマラやオレンブルクといったより東部に位置する都市や，南部のロストフナドヌーの登場が目を引く．オレンブルクが最も東に位置する大都市となっている．

次にほぼ四半世紀経った，1939年をみてみよう．首都となったモスクワが454万人で約2.5倍，サンクトペテルブルクが340万人で1.57倍であり，モスクワの都市化がより進んだことがわかる．さらに1915年には登場していなかった南部のヴォルゴグラード，ウラル山脈西麓のペルミ，そしてウラル山脈の東，クズネック炭田を擁するシベリアのノヴォシビルスクの登場により一気に東漸が進んだ．ソ連上位20都市の中でロシアの都市が12と増加しているが，中でも南部の諸都市が目立つ．この時期には重工業の発展を目指す，鉄鉱石や石炭などの原料・燃料と工場施設を計画的・有機的に結びつけた工業都市であるコンビナートの建設が各地で進められたが，これらの都市がまさにその代表例といえよう．

最後に1986年をみてみよう．ロシアの都市は9つに減っている．この間50年弱経っているわけだが，とりわけロストフナドヌー，ヴォルゴグラード，サラトフ，ヴォロネジといった南部の諸都市が上位20都市から消えているのが目立つ．その代わりにウラルのエカテリンブルク，チェリャビンスク，ウファが登場している．地図でみると顕著だが人口規模の大きな都市が東漸し，重心が南部のヴォルガ地域からウラル地域へと移って

いるのがわかるだろう．

以上のように，旧ソ連の前からロシアの都市人口と人口規模の大きな都市の位置は変化し続けている．もっとも旧ソ連時代にはソ連の党・政府の政策により，都市の計画的統制が目指されていたのも事実である．都市規模については最適規模が30万人程度とされ，後に50万人規模とされていたが，もともと都市の膨張には批判的であったという．が，実際には100万規模の大都市が増え続けたため，大都市の成長抑制が党大会で決議される五カ年計画などで押し出されるようになった．1976年の第25回党大会では大都市の成長の今後の制限と経済的に将来性のある中小都市の発展が，また1986年の第27回党大会の基本方針では「大都市に住民サービスの関連施設を除いて，新しい工業企業の建設を限定し，中小都市および町の経済発展の可能性を100%利用すること」がうたわれた（中村，1988）．

ところで，2010年のセンサスによれば，ロシアの人口は1億4,290万人であり（世界で9番目），モスクワの人口は1,151万人だが，ロシア全体の人口は，1995年を境に減少し続けている．一方で都市人口の割合は，1950年44.1%，1970年62.5%，1980年69.8%，1990年73.4%，2000年73.4%，2010年73.7%というように，ますます増加している．社会主義体制の崩壊後，資本主義経済のレールに乗って，都市への人口集中はさらに増加していくことであろう．ちなみに2011年の都市人口の実数は1億543万8,000人である（UN World Urbanization Prsopects: 2011 Revisionなど）．

なお，ロシアの8つの連邦管区別人口の割合は，中央：26.9%，北西：9.5%，南部：9.7%，北カフカス：6.6%，沿ヴォルガ：20.9%，ウラル：8.5%，シベリア：13.5%，極東：4.4%となっている．ヨーロッパロシアの中核を構成する中央，北西，南部で約46%を占めている．これに沿ヴォルガを入れると約67%，約7割となる．ウラルとシベリアを足して22%となっているが，先にみたように，この地域は社会主義時代の工業化の時代に人口が急増した地域であり，やはり国土の西側に人口が集中しているのは明らかである．

8.1　ロシアの都市発達の歴史と分布　103

20世紀初頭のロシア革命の時代と1991年のソ連崩壊の時代にも，都市の社会・経済状況，また都市間の関係性のあり方の変動は大きかったはずである．現在をみても，ヨーロッパロシアの都市には西側の資本が流入し，新たな富裕層が出現かつ集中することで，ますます繁栄する方向に向かっているが，他方で，その他の都市との地域間格差は厳しくなる一方である．

8.2 社会主義型都市から経済拠点都市へ

コンビナート都市を中心とする社会主義的な都市形態からの大きな転機は，むろん1991年の体制崩壊である．何しろ体制が崩壊するのであるからその混沌は劇的なものであり，様々な国営企業が民営化され，新興の企業家オリガルヒが台頭することになった．エリツィン政権による経済停滞の後，プーチン政権になって強権的な立て直しがはかられ，これらオリガルヒはロシア国内で潰される（巨大な脱税容疑で罪人となる）か，国外，とりわけイギリスに亡命するなどして延命をはかることとなった．

まずここでは，社会主義型の都市がどのようなものであったかを確認しておこう．スターリンの政権掌握後開始された五カ年計画では，農業の集団農場化といくつかの都市の重工業化がはかられた．1986年段階の主要都市をみてみると，モスクワは重化学工業・自動車・航空機・出版業・繊維工業などが盛んであった．サンクトペテルブルクは造船・機械，ニジニーノヴゴロドは軍需・民需両産業の拠点で，外国人の立ち入りが許されない閉鎖都市でもあり，自動車・造船・化学が盛んであった．シベリアの商業と工業の中心地ノヴォシビルスクはスターリン後，重工業化がはかられ，鉱山用設備製造に特化した．18世紀から金属加工業の拠点であったエカテリンブルクは，スターリン後重機械工業にシフトした．その他，サマラは製油・石油化学，チェリャビンスクは鉄鉱・機械，ウファは製油，ペルミは製油・石油化学，ロストフナドヌーは農作業機械，ヴォルゴグラードは鉄鋼・製油，カザニは機械・化学，サラトフは製油，ヤロスラヴリは機械・化学といった

具合であった．

18世紀以前に建設された歴史的都市以外に，多くの新興都市がチュメニ油田，クズネック炭田，ヴォルガ＝ウラル油田の周辺に建設されていった．そして体制崩壊後，これらの重工業を支えた国営企業が民営化されていったのである．2000年以降のロシアは，設備の老朽化を後目に，折からの原油価格の高騰の風に乗って，機械や化学工業といった製造業から石油，天然ガスといったエネルギー資源や鉱産物の輸出に舵を切り，BRICsの一角を占めるに至っている．ただし，これら石油・天然ガスの生産は，プーチン政権の登場によりオリガルヒ企業の解体を通じて，半国営企業ガスプロムのような巨大組織が独占している状況である．

体制崩壊後は経済危機を迎え，経済基盤の弱い農村地域や地方の小都市から大都市や地方中核都市への人口の移動が顕著となった．中でもモスクワは第3次産業が発達し，急速に発展している．その象徴が，プーチン体制の中で，資本主義的経済を導入し，その大規模な都市再生と結び付いた再開発地区であり，1992年にモスクワ市により計画・立案されたモスクワシティ（モスクワ国際ビジネスセンター，写真8.1）である．その新たなロシア経済の象徴的な場所となったのは，キエフ駅近く，モスクワ川を挟んだ対岸の，それまで下町地区であったモスクワ川河岸のクラスノ・プレスネンスカヤ（プレスネンスキー地区）である．

モスクワシティは多くの街区からなり，それぞれに個別の機能が割り当てられている．いくつかのタワービル（オフィスと住宅からなる）や博覧会場，公園，美術館，交通ターミナルや駅，市庁舎・市議会，展示場などが各々の区に分配されている．

またモスクワシティは，いくつもの高層ビルからなる大規模な商業・業務・住宅・娯楽コンプレックスとなっている．モスクワシティをはじめとして，郊外の大規模なショッピングセンターにも豊富な商品が揃えられており，西ヨーロッパのそれと何ら変わるところはない．ほとんど同じブランドが並んでいるのである．体制崩壊後の危機を

乗り越え，2000年以降の急速な経済成長が，市民の購買意識を増大させていることがわかる．

なお，モスクワとともに，大規模な人口を抱えるサンクトペテルブルクやニジニーノヴゴロドにおいても，インフラが整備され，自動車や家電などの工業を発展させており，西欧などから多くの企業が進出するようになっている．

しかしながら，ソヴィエト解体後，モスクワの就業構造は大きく変わった．ソ連時代には国営の大企業が大半を占めていたが，現在では民間企業で働く人が半数に達する．中でも17万社といわれる小企業の従事者が多いのがモスクワ市の特徴であり，文房具，日常雑貨，CD，洋服などを扱う小規模な販売店などを営む小企業の保護・育成をモスクワ市政府は促進しているという．2003年1月段階の国営の施設・企業の従事者は182万人，こうした小規模事業の従事者は186万人であり，旧国営大企業の再編の中でリストラされた人員の受け皿になっているのが実情であるようだ（中村・中村，2004）．

こうした市内の高層建築やショッピングモールなど商業施設の建設ラッシュの最中，周辺住民と建設業者や市政府との間で緊張が高まっている．モスクワにはフルシチョフ時代の5階建て集合住宅が多いが，それらは安普請で老朽化が進んでおり，解体と高層ビル化のための工事によって生じる問題から対立が起こっているのである．モスクワ市西部に1950年代から存在するレチニク住宅街の強制撤去に対し住民たちがバリケードを築いて抵抗し，結局撤去が中止されるという出来事も2011年に起こっている（片桐，2016）．

また「新ロシア人」と呼ばれる高所得者の住居をめぐって一般住民との間で対立が深まっているともいう．これは豪華な高層マンションの入居者たちが敷居を高い鉄柵で囲い，周辺の一般住民の立入りを排除しているからであるが，まさしくこの事態は，ゲーテッド・コミュニティが少なくともモスクワにおいて登場したということである．かつて階級の打破を叫んでいたこの国の名目が雲散霧消したことを実感させられよう（中村・中村，2004）．

とはいえ，市内集合住宅から脱し，週末をダーチャ（9章参照）で過ごすモスクワ市民の姿は，あいかわらず続いている．

8.3　首都モスクワの発達と特性

モスクワは「連邦直轄市」でありモスクワ州の中心に位置するが，州には属していない．モスクワの人口はおよそ1,038万人で，世界で11番目に大きな人口規模をもつ都市であり，ヨーロッパ最大の都市でもある（2014年）．面積は2,550 km^{2}である．都市圏人口は1,657万人（5,310 km^2）で，これもヨーロッパ最大である．図8.2に示すように，行政区は長い間モスクワ市域であったモスクワ環状道路の内側（一部外部にも市域が広がるが）にある中央区（1），北区（2），北東区（3），東区（4），南東区（5），南区（6），南西区（7），西区（8），北西区（9）と，2012年7月1日に編入されたゼレノグラード区（10），ノヴォモスコーフスキー区（11），トロイツキー区（12）からなる．ヴォモスコーフスキー区とトロイツキー区の編入により市域の面積は約2.5倍となった．これはメドベージェフが大統領のときに市の面積を倍増させる政策を推し進めた結果という（片桐，2016）．

8.3.1　モスクワの成立

モスクワが歴史に登場するのは，1147年である．13世紀前半にはモンゴルによって焼き払われたが，1271年にアレクサンドル・ネフスキーの子であるダニール・アレクサンドロヴィチが遺領としてモスクワを獲得し，モスクワ公国が成立した．14世紀にモスクワ大公国となり，東北ロ

写真8.1　モスクワシティ

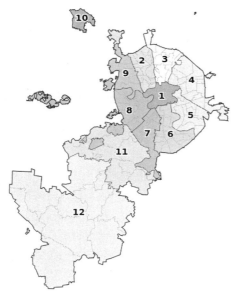

図8.2 モスクワ市域と街区
（Wikimedia Commons, © Stan Shebs）

シアで最も強大な公国の首都として発展した．

モスクワがウラジーミルなどのロシアの他都市を抜いて発展した理由を中村（1988）は次のように説明している．まずその地理的位置のよさである．カスピ海へと流れるヴォルガ川とその支流オカ川の間にあって，両河川間の重要な交通路となっていたヤウザ川の上流がモスクワ川に合流していることで水運の利があった上，モスクワ近郊には手工業が発展するための多様な天然資源（鉄鋼，石灰岩，粘土，木材など）があり，これと当時の農業生産水準からみて，農業発展に不適な条件（森林，やせた土壌，夏季末の降水量不足）が相まって，モスクワの手工業の発展を促した．また当時の政治情勢上，外敵（モンゴル・タタール，スウェーデン，ドイツ騎士団，リトアニア，ポーランド）の侵入に対し他の公国よりも奥に位置したため安全であり，よって他の公国の住民が多く流入して，モスクワの発展が促進された．

さらに重要な交易路の交差点にあったことも大きい．キエフとウラジーミルを結ぶ道，リャザニとノヴゴロドを結ぶ道がモスクワで交差していた．この遠隔地同士を結ぶ交易路によって，モスクワは14-15世紀に国際的な交易に参加できたし，当時の東ヨーロッパの重要な商業中心となったのである．主要な交易品は，南のクリミアに向けては毛皮や蜂蜜で，そこからさらにコンスタンチノープル（現，イスタンブール）に送られ，対してモスクワへは絹製品や紙が送られた．西のノヴゴロドには毛皮，農産物が，さらにその先，中部ヨーロッパへと送られ，モスクワへはラシャ，紙などの製品が送られてきた．

14世紀前半にモンゴル・タタールによる支配からの解放闘争が進み，ロシア大司教の所在地がウラジーミルからモスクワに移されたことで，モスクワはロシアの政治・経済の中心となっていった．1480年にはイワン3世が大公国をハン国から完全に独立させ，モンゴルによる支配（タタールのくびき）を終わらせたことで，モスクワはロシア最大勢力の都となり，中央集権化されたロシア国家の首都となった．このイワン3世は，現在もなおクレムリン内にあって威容を誇るウスペンスキー大聖堂やブラゴヴェシチェンスキー大聖堂，アルハンゲリスキー大聖堂を建設・再建した．また彼は14世紀にドミートリー・ドンスコイが石灰岩で築いた城壁を大幅に拡張し，レンガで構築して現在に至るクレムリンと隣接する赤の広場を建設した．その後1534-38年には，赤の広場の東に位置するキタイ・ゴロドがクレムリンと同じ城壁で囲まれることになり，商工業地域として発展していくことになる．またこの城壁の外側に農村が形成されていった．

15世紀末までに現在のブリヴァール環状道路付近までモスクワの市域は広がっていたという．1561年にはイワン4世によって赤の広場南側に位置する聖ワシーリー大聖堂が建設された．1590年頃には政治中心のクレムリンと商業中心のキタイ・ゴロドのさらに外側に城壁が築かれ，またその外側には土塁が築かれ，モスクワの町が大幅に拡張された．新しい城壁の内側は職人の住むベーリイ・ゴロド，土塁と城壁の間はゼムリャノイ・ゴロドと呼ばれた．それまでモスクワの市域はモスクワ川の北のみにあったが，ゼムリャノイ・ゴロドを取り巻くこの煉瓦壁と塔は，この時期に川を越えて南側にも築かれた．これが19世紀後半に取り壊され，今日のサドーヴォエ環状道路とな

っている.

17世紀になると動乱時代となり，ポーランド・リトアニア共和国軍によってロシア・ポーランド戦争が引き起こされ，モスクワは占領された．多くの街が焼かれたがクレムリンとキタイ・ゴロドは消失を免れた．この時期には人口も減少する．1612年，ニジニーノヴゴロドの商人ミーニンと公爵ポジャルスキーを中心として組織された国民軍がモスクワを奪回した．赤の広場のワシーリー寺院の手前に両人を顕彰する像が建っている．翌年，ミハイル・ロマノフがツァーリに選出されてロマノフ朝が成立した．モスクワの復興は早く，17世紀中頃までには再びヨーロッパの大都市の1つとなり，市域はゼムリャノイ・ゴロドの壁を越えて広がっていった．またモスクワから各地に伸びる放射状の道路沿いに集落が発達していった．現在も残る環状道路と放射状道路との組み合わせは，この時期にすでにできあがっていたのである（図8.3）.

1712年，西欧の発展を自分の目で確かめ，近代化を急速に進めようとするピョートル1世によって，首都はサンクトペテルブルクに移された．だが，モスクワは人口こそ減少させたものの，ロシアの経済，交易，文化の中心としての地位は維持していた．歴代のロシア皇帝は依然モスクワで戴冠式を行い，古い貴族階級は遷都以後もモスクワに居住するものが多く，西欧の思想を取り入れる窓口となったサンクトペテルブルクに対し，モスクワはスラヴ主義の思想の中心地となっていった．1755年には，ロシア最初の大学であるモスクワ大学が現在の赤の広場の北側，現在の歴史博物館の場所で開校された．この頃，ベーリイ・ゴロドの城壁が撤去されて，その跡地にブリヴァール環状道路が建設された．また1830年には，1742年につくられたカーメル・コレジスキー・バルまで市域が拡張された．ロシア中部諸県からの農民

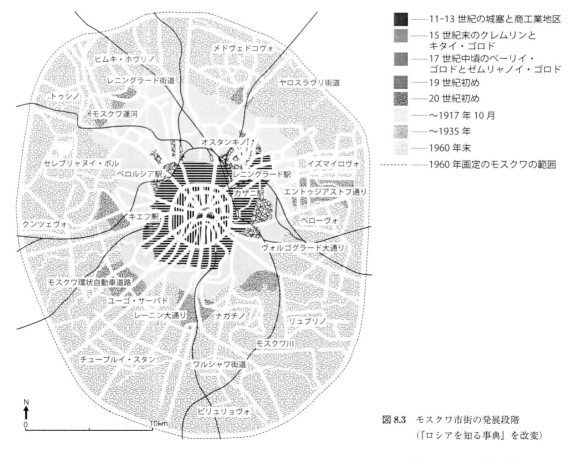

図8.3 モスクワ市街の発展段階
（『ロシアを知る事典』を改変）

の流入により人口も増加し，繊維工業を中心とする手工業も引き続き発展していった．

1812年にはナポレオンのモスクワ侵攻（祖国戦争）を受け，大火が起こり街は灰燼に帰した．しかしこの大火がナポレオンの撤退を促し，そしてその後の復興も早かった．19世紀にはゼムリャノイ・ゴロドの土塁も撤去されて，その跡地はサドーヴォエ環状道路となった．1851年にはサンクトペテルブルクとの間に鉄道が開通し，その後も1862年にはニジニーノヴゴロド，1864年にはリャザニ，1868年にはクルスク，1870年にはヤロスラヴリへの鉄道が相次いで開業した．ロシア中央部の商工業の中心としての地位は揺るぐことなく，農奴解放による労働力の流入や軽工業の発展も相まって，19世紀末には人口は100万人を突破した．

ソ連成立後，1918年に首都機能が移転され，ソ連とロシア・ソヴィエト社会主義共和国（現在のロシア連邦）の首都となった．第二次世界大戦時には市の北西40kmの地点にまでドイツ軍が進出したものの，軍民一丸となった抵抗により陥落しなかった．かつては冷戦による対立関係があったアメリカ合衆国のワシントンおよびニューヨークとともに，モスクワは超大国の首都および社会主義陣営＝第二世界の首都として存在感を示していた．スターリンはニューヨークの高層ビルに対抗意識をもち，写真8.2のようなスターリン・ゴシックとして知られる高層建築を7つ建築した（ペキンホテルを加えると8つ）．

1971年から始まった総合発展二十五カ年計画によって，工場などの産業施設は市外に移転されていく．また人口の増加に対応すべく，南西部のユーゴ・ザーパトなど，かつての郊外に大規模な住宅団地が建設されていくこととなった．10階以上のアパート群が建設された．中心部の低層建築からなる景観とは対照的である．

モスクワは，ソ連崩壊後のロシア連邦においても引き続き首都であり，現在では人口1,000万を超えるロシアの政治経済の中心となっている．

8.3.2 モスクワの特徴的な道路網と商店街

モスクワはいくつかの同心円を成す環状道路とクレムリンから放射状に外へと伸びていく道路網（街道）が特徴的である（裏見返し参照）．環状道路は，まず最も古くからのモスクワの中心地であるクレムリンとキタイ・ゴロド地区を囲むマホーヴァヤ通り（厳密にはモスクワ川があるので半円状であるが），ブリヴァール環状道路，そしてその外側のサドーヴォエ環状道路，さらに第3環状線，最後に大環状道路（モスクワ環状道路，MKAD）と，入れ子状になっている．1950年代に建設された大環状道路はそれ自体モスクワ市の外郭を成すものであった．またサドーヴォエ環状道路の内側の旧市街地は，1973年にモスクワ市当局によって「モスクワに残る歴史的文化的に貴重な建造物を保存するための総合プロジェクト」により，9つの区域からなる記念保護区と制定された（木村，1992）．

クレムリンの北側，現在のモスクワホテルの界隈はオホートヌイ・リャートと呼ばれる地区で，革命以前はにぎわいのある「モスクワの胃袋」と呼ばれる食材市場とレストラン街であったという．現在そのあたりに設けられた土産物を売る仮設店舗群は，当時の面影を再現しているのであろうか．

17世紀中頃のモスクワを描いた図8.4をみると，中心付近，モスクワ川の北側（左岸）に位置する赤の広場には，恐らく売店であろう小規模な建築物が立ち並んでいたことがわかる．赤の広場を挟むように，左手にクレムリン，右手にキタイ・ゴロドが城壁と水路に囲まれているのがはっ

写真8.2　スターリン・ゴシックの典型であるモスクワ大学（2016年8月）

きり読み取れる．それを取り囲むかのようにいくつもの城砦をもつ半市壁が半円状に取り巻き，その間に多くの建物が描きこまれているが，この城壁と広幅員の道路が現在のブリヴァール環状道路である．さらにそれを，しかも川を越えて取り巻いているのが現在のサドーヴォエ環状道路である．17世紀の段階ですでに，直径4 kmからなるモスクワ旧市街が，モスクワ川右岸市区を除いてほぼできあがっていたことがよくわかる．大まかにみれば，河川との市街地の関係や馬蹄形や環状を成す道路網など，当時のもう1つの帝国の首都ウィーンとよく似ているように思える．

モスクワを代表する目抜き通りについて，2つばかり取り上げてみよう．まずトヴェルスカヤ通りである．この通りは，日本風にいえば「モスクワの銀座」にあたる一番の繁華街であり，クレムリンの北側から北西方向にベラルーシ駅まで続く．14世紀にできたモスクワで最も古い通りの1つで，クレムリンへの近接性から，当時の有力者たちが屋敷を建てていった華やかな通りであり，もとはゼムリャヌイ・ヴェルまでであった．ベラルーシ駅は，西方へと向かう線路のターミナル駅であり，スモレンスクを経て，ベラルーシのミンスクを抜け，ワルシャワ，ベルリン，さらに西方へと続く路線である．

まずマホーヴァヤ通りとの交差点には，ナツィオナーリ，リッツ・カールトン，そしてモスクワホテルといったこの都市を代表する高級ホテルが立ち並んでいる．その角を東へ向かうとマルクスの巨大な像が建つ革命広場，その向かいにボリショイ劇場が建っている．通りに戻り，緩やかに上る道を進むと，旧中央電信局，モスクワ市庁舎といった官公庁系の建物や古くからのホテルが続く．途中，カゲルスキー横町やストレシニコフ横町など，比較的狭い昔ながらの街路が改装されたおしゃれな界隈と交差する．ブリヴァール環状道路との交差点に着くと，そこはプーシキンの像の建つ広場となっており，東側には映画館ロシアもあって，人々でにぎわっている．通りをさらに進むと旧イギリスクラブの現代史博物館，スタニスラフスキー記念ドラマ劇場などが建ち，サドーヴォエ

図8.4 17世紀のモスクワ
（Matthaus Merian, 1638）

環状道路との角にはチャイコフスキー記念コンサートホール，モスソヴィエト記念劇場など芸術関係の施設が立ち並んでいる．交差点は凱旋広場となっており，マヤコフスキーの像が建っている．スターリン・ゴシックに数えられるペキンホテルはそのすぐ西側にある．凱旋広場の先は，第1トヴェルスカヤ・ヤムスカヤ通りと名を改めベラルーシ駅へと至る．

もう1つの繁華街，アルバート通りは，クレムリンの西，ブリヴァール環状道路の外側からサドーヴァヤ通りまで伸びる繁華街である．1493年に早くも記録に登場するといい，現在は歩行者専用の通りとなっている．この通りの界隈は「19世紀的な雰囲気」が残されているといわれるように，細い横丁や古い建物も比較的よく残されている．1964年頃のアルバート通りは，「いってみればモスクワのカルチェ・ラタンといった趣きで，学生をはじめモスクワのインテリの街だったように思う．（中略）今にして思えば，あれは束の間に終わったフルシチョフの雪どけがはじまった頃だったわけだ．しかし，1989年9月のアルバート街は，全く昔の面影を失ってしまっていた．（中略）町全体の雰囲気が，何とも作りものめいていて，（中略）街並みの古風な建物とちぐはぐで，さながら安っぽい芝居の舞台装置を見る想いだった」という（木村，1992）．現在は，トヴェルスカヤ通りより間口の狭い小規模な建物に入った土産物屋やレストランなどの商店が軒を連ねて立ち並び，もっぱら

観光客向けの通りと化しているのが実情である．

最後に，グム百貨店についても触れておかねばなるまい．この建物は写真8.3にみるように，3階建ての，さながらパリ辺りのパッサージュを模して造られたかのような商業施設であり，1893年にできたものである（当時のモスクワ市街は図8.5）．この敷地はもともと勧工場であった．ソヴィエト時代には国営化されたが，現在は西側資本主義諸国企業との合弁商店も進出している．2005年にはロシアの高級品流通グループが過半数の株を取得し，現在まで経営権を把握し，百貨店内には200店舗が営業されている．現在では西ヨーロッパのショッピングモールと何ら変わりない様相を呈している．

8.3.3 モスクワの風景——寺院・聖堂

モスクワの代表的風景といえば，何といっても赤の広場と，その奥にある色鮮やかで多様なデザインのキューポラを戴くワシーリー寺院であろう（写真8.4）．ロシア正教の寺院は確かにモスクワを表象するアイコンである．特徴的な金色のキューポラを戴くウスペンスキー大聖堂（写真8.5）をはじめとするクレムリンの中にある聖堂は，歴史的に時の権力者らと結びつき，その豪壮と華麗さを誇ってきたが，正教寺院はもとはモスクワ市内に「四十の四十倍もあった」という．ロシア人の「心」・精神と深く結びついたロシア正教を旧ソ連政府が弾圧したのはよく知られているが，それと並行して1,600もあった寺院の多くが破壊されていった．モスクワ全市では220を数え，また中心部だけで約70の寺院が撤去されたという（木村,

写真8.3 グム百貨店の内部．3階建てのパサージュの体裁をとっている（2016年8月）

写真8.4 赤の広場，北側から南を臨む．右手がクレムリン，奥にワシーリー寺院，左手はグム百貨店（2016年8月）

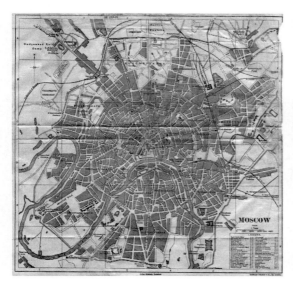

図8.5 1893年のモスクワ地図（John Murray, 1893）

写真8.5 クレムリン内のウスペンスキー大聖堂（2016年8月）

図 8.6 ソヴィエト宮殿の構想図
(Iofan-Schuko-Gelfreikh design, 1935)

1992).

その最大の悲劇は，ナポレオンによるモスクワ侵攻（祖国戦争）に対する勝利を記念して1883年に建造された救世主キリスト教会（写真9.1参照）であろう．クレムリンの南西，モスクワ川沿いにそびえ立つこの寺院は，1931年に政府により爆破され徹底的に破壊された．その後ソヴィエト政権の生みの親レーニンへの記念碑的性格をもつソヴィエト宮殿（高さ415m！）が建てられる予定であったが（図8.6），第二次世界大戦の勃発により中断され，戦後も手がつけられないままであった．この宮殿は1930，1931年に建てられたニューヨークのエンパイアステートビルやクライスラービルを強く意識したという．しかしながらついに建てられることはなく，結局屋外プール「モスクワ」がつくられ，市民に親しまれることとなった．現在，かつての姿でそびえ立つ教会の聖堂は，新生ロシアの象徴として2000年に再建されたものである．宗教をめぐるヘゲモニーの争いが政治体制や政権の変化によっていかに変化するものであるかを，この巨大な大聖堂から学ぶことができる．

また，本来はこの「宮殿」を中心にしてスターリン・ゴシックの7つ（8つ）の高層ビルがモスクワの市内に屹立する予定であったという．先にも述べたように現在その高層ビル群は残されているものの，中心が欠けているのである．あたかも，ナチス・ドイツにおけるシュペーアのベルリン計画を想起させるような，巨大な権力の夢の跡といえるだろう．

8.4 古都サンクトペテルブルクの発達と特性

モスクワに次ぐロシア第二の都市サンクトペテルブルクの人口は510万人で，世界で50番目の都市であるが，同時に世界で最北の500万都市である．モスクワとはおよそ650km離れている．ちなみに東京-大阪間が約550kmである．サンクトペテルブルクは内陸のモスクワとは異なり，まず何よりも，フィンランド湾に注ぐネヴァ川河口のデルタ地帯に構築された，ヨーロッパに向けて開かれた港湾都市（「ヨーロッパへの窓」）である．1737年の地図（図8.7）をみると，図の右（東）から左（西）にかけてネヴァ川が大きくカーブしながらフィンランド湾へと流れ込んでつくったデルタと，中央に位置する大きな幾何学模様を呈した構築物，すなわちペトロハバロフスク要塞が目につく．市街地はこの要塞を中心として川の右岸と左岸にそれぞれ発達しているのがわかる．モスクワと違い，段丘上にではなく三角州に建設されているため，運河が発達しており，水路網沿いの

図 8.7 1737年のサンクトペテルブルクの都市計画
(Petersburg Academy of Sciences, 1741)

写真 8.6 北のベニスの美観

美観から北のベニスとも呼ばれている(写真8.6).

街の形成は1703年,ピョートル1世によるものといわれている.1700年に一度敗れたスウェーデンに対するフロンティアであるこの地は,古来より北欧とギリシャを結ぶ交通の要衝であったが,そこに都市を建築し,1709年の会戦で勝利を収めロシアの優位が確立されたという.1712年にモスクワからこの地へ首都を移した.その後バルト海の制海権をとり西に向けて優位が確定して以降,ロシア帝国は東方や南方に拡大していく.また,ここを港湾拠点とするロシアのバルチック艦隊は,周知のように日英同盟によって1869年に開通していたスエズ運河を通れず,大きくアフリカ大陸を回り込んでユーラシアの反対側までやってきたものの,1905年に日本海軍に対馬沖で敗れたわけだが,この遠征の気宇壮大さには逆に圧倒される.革命後,1918年に首都はモスクワに戻されることとなった.

この都市についてはその名称の変遷も興味深い.もとはオランダ語とロシア語の混じったサンクトピーテルブルフであったが,1825年にドイツ語風にサンクトペテルブルクとなり,1914年の大戦時にドイツ語風が嫌われペトログラードとなった.革命後の1924年にはレーニンにちなみレニングラードとなり,1991年の住民投票の結果,もとのサンクトペテルブルクという名称に復帰した.

市街地は,ネヴァ川右岸にまず要塞を中心とする形で計画された.首都移転後には,西部の中洲,ヴァシリエフスキー島にも拡大していった.今も残る大規模な建造物はこの時期(18世紀前半)に建てられたものである.その後,市街地は左岸側に展開していく.ネヴァ川の南に半同心円状に3つの水路(モイカ川,グリボエードフ運河,フォンタンカ川)が平行する形で走っており,さらにこれらを結ぶ運河も発達しているが,こうした水路とそれに面して立ち並ぶ建造物群が,北のベニスを構成する重要な景観要素となっている.ネヴァ川とモイカ川との間には旧海軍省やエルミタージュなどのかつての軍事施設や王宮,官庁や公園などが並ぶ.ここがまさにサンクトペテルブルクの核となる地域である.帝政期以来,サンクトペテルブルクきっての高級ホテルであるホテル・アストリアをはじめとする高級ホテルが立ち並ぶのもこの地区である.そしてその中心である海軍省から放射状に延びる3つの通り(東に延びるネフスキー大通り,南東に延びるゴロホヴァヤ通り,南へ延びるヴォズネセンスキー通り)とそれらを結ぶ環状の同心円的な道路網が,旧市街地の街区構成の基盤となっている.

中でも,アレクサンドル・ネフスキー大修道院まで続く全長4.5kmのネフスキー大通りは,サンクトペテルブルクの目抜き通りであり,随一の商店街となっている.またこの大通り沿いには,旧参謀本部やストロガノフ宮殿,バチカンの聖ピエトロ寺院の風情をもつカザン聖堂(写真8.7),巨大な百貨店ゴスチーヌイ・ドヴォール,また特徴的な外観をもついくつかのモダン建築の商業ビルといった主要な観光スポットとともに多くの高級ホテルも立地していて,多くの観光客でにぎわっている.だが,100年前の革命期には,この同じ大通りはカザン広場を中心として労働者たちのデモのメッカでもあった.

サンクトペテルブルクの都市景観の主要なランドマークとなっているのは,旧海軍省の南に位置する,1858年に完成したイサーク聖堂(写真8.8)である.この教会は建築物の高度規制の中,サンクトペテルブルクで最も高い建物(101.5 m)となっており,ヴォズネセンスキー通りの始点ともなっている.この都市にはモスクワのようなスター

写真8.7 カザン聖堂

リン・ゴシック様式の高層建築物やポストモダンな超高層ビルはみられない．とはいえ，ラフタ・センターという高さ 463 m，ヨーロッパ一の超高層ビルが郊外で建設中であるとのことである．中心市街地は先の放射状道路を核として全体に幾何学上に構成されており，ヨーロッパによくある，上からみると口の字型のビルが連坦する街区から構成されている．旧市街のさらに南側，19 世紀になって発展していったオプヴォドヌイ運河までの区域には巨大な商業施設群，例えばハイパーマーケットやショッピングモールが立ち並んでいる．この地区は旧市街地の外側に当たる工場地帯であったところであり，主要な鉄道ターミナル駅はこうした旧市街地に隣接する地域に設けられている．

ところで，旧市街地に整然と並ぶ歴史地区の建造物群は，それぞれ代表的なお抱え外国人建築家によってつくられたものであり，彼らの出身地である西欧の建築様式と対応している．ネヴァ川右岸はイタリア系スイス人トレジーニによる都市計画をもとにしており，ヴァシリエフスキー島の都市設計はフランスの建築家ルブロンによるものという．また芸術アカデミー（12 のコレギア（官庁舎）：現サンクトペテルブルク大学）はフランス人ド・ラ・モットによるものである．左岸側では建築様式はバロックから古典主義へと変化していく．イタリア人リナルディによって建てられた大理石宮殿が代表的なものであるが，さらにイタリア人カルロ・ロッシ（ロシア美術館，エラーギン宮殿）やフランス人モンフェラン（イサーク聖堂）

らによって，今日みられるようなサンクトペテルブルクの外観，すなわちギリシャ神殿風の列柱とペディメントを戴くファサードが特徴的なローマ風の新古典様式のトーンに統一されていった．とりわけロッシは左岸の景観構築に対して多大な働きをしたとされ，彼の死後（1849 年），この街の華麗な発展は止まったといわれるほどである．目抜き通りのネフスキー通りとフォンタンカ川が交差するオシトロフスキー広場に隣接する，アレクサンドリンスキー劇場からロモノソヴァ広場のロータリーまで南へ延びる通りは彼の名をとってロッシ通りと呼ばれ，二階部に柱が 2 本ずつ等間隔で切れ目なく 200 m ほど続く，シンメトリーな景観をつくっている．

またサンクトペテルブルクの景観構成において，18 世紀中葉の豪華絢爛で壮大な様式美（ストロガノフ宮殿，ヴォロンツォフ宮殿）を誇るイタリア人建築家ラストレッリの名をあげておく必要があるだろう．彼は全部で 6 つある冬宮のうち 4 番目と 5 番目の冬宮を建築した．だが彼が 6 番目の冬宮に取り組んでいるときに皇帝はエカチェリーナ 2 世へ変わり，古典様式好みの彼女に追放される．ちなみに女帝アンナ・イヴァノヴナのための第 4 の冬宮はバロック様式で，女帝エリザヴェータ・ペトロヴナのための第 5 の冬宮はロココ様式で建築された．このように，サンクトペテルブルクはモスクワとは対照的に，血の上の救世主教会のような例外はあるとはいえ，全般的に「ヨーロッパ」的な都市景観を自ら好んで構築していった非ロシア的な都市ということができるだろう．

さて，旧市街地を離れサンクトペテルブルクの都市圏を俯瞰すると，モスクワと同様に環状道路にまず目が引かれる．総延長 115 km で，モスクワ（総延長 109.8 km）のものよりも長い．モスクワがやや南北に長い楕円状をなしているのに比べ，サンクトペテルブルクでは東西幅が延びているが，中央部および西側は海域となっており，東寄りの 3 分の 1 の陸域に主な市街地が集中している．衛星写真でみるとこのことがはっきりわかる．現在，サンクトペテルブルクの市区構成は 18 の区から構成されている．この環状線の外側にあ

写真 8.8　イサーク聖堂

8.4　古都サンクトペテルブルクの発達と特性

るのはフィンランド湾北岸地区の一部である.

他方, サンクトペテルブルクはモスクワに次ぐ工業都市でもある. 造船業のほか, 機械工業, 特に電力機器, 工作機械などの産業のほか, 化学工業, 非鉄冶金, 印刷業, 食品業なども盛んである.

19世紀になるとこの都市は, 都市騒擾, 反乱, 革命の嵐に巻き込まれることになる. まずは1825年のデカブリストの乱があり, これは農奴制の廃止と憲法制定（専制打倒）を目指したリベラルな貴族の青年将校らによる革命の試みであった. 次に1849年に起きたペトラシェフスキー事件は社会主義的なグループによるものであるが, ドストエフスキーが連座して逮捕されペトロハバロフスク要塞に投獄されたことで知られる. 1848年のフランスの二月革命後, ニコライ1世が検閲を強化したことに対する反発が契機となった. 1861年の農奴解放令を受けて, 大量の農民が都市に流入することで工業都市化が急速に加速していく中で, 資本主義が発展していく反面, 労働者の組織化も進んでいった. 1905年1月9日には血の日曜日事件がエルミタージュ前で起こる. 労働者の境遇改善を願い, 司祭に率いられた労働者とその家族たちがイコンを掲げて行ったデモであるが, それに加え, 憲法制定議会の招集,（日露）戦争中止, 8時間労働日の実施なども要求の中に含まれていた. 軍隊が市民に発砲し, 数百人の死者が出ることとなったが, これにより皇帝への信頼が大きく失われることになったという（栗生沢, 2016）. またこれを機に, ロシア各地でストライキが起こり, 映画で知られる戦艦ポチョムキンの反乱まで招くことになった.

その後, 譲歩と弾圧が繰り返されたものの, 第一次世界大戦が起こり, 1917年には二月革命が起こる. 女性労働者たちによる「パンをよこせ」が,「戦争止めろ」, そして専制打倒へと展開していく. 戒厳令が出されたものの, 軍隊の中からも反乱が生じ, 労働者とともに監獄から政治犯を解放し, 武器を奪い, 首都が無秩序状態となった. これを収拾すべく臨時政府が成立するものの, 4月にレーニンがスイスから首都に戻り, 11月7日臨時政府は打倒されソヴィエト政権が樹立される. これがロシア革命である. 革命の結果, バルト海沿岸の領土が失われ不安定な国境地帯と化したため, 1918年, 首都は内陸に移されることになった（正式な決定は1922年）.

第二次世界大戦時にはレニングラードの攻防戦があった. ドイツ軍の包囲の中, おびただしい数の死者を出したこの戦いはつとに知られている. ショスタコーヴィチの交響曲第7番ではその情景が再現されている. 戦後, この都市には「英雄都市」の称号が与えられることになった.

そして現在, モスクワと同様, 連邦構成市としての高い地位にあり, 文化・芸術的にも, 所蔵コレクションの質・量で世界屈指のエルミタージュ美術館や, 音楽好きであればかつてムラヴィンスキーに率いられレニングラード・フィルハーモニー交響楽団で知られたサンクトペテルベルク・フィルハーモニー交響楽団, そして冷戦崩壊の後, ロシアの復興を体現してきたマリインスキー歌劇場など, 多くの至宝が, この都市に人を引きつける魅力・資源となっている. しかし, これらの観光資源は労働者たちの騒擾と同時代の産物でもあり, 両者を切り分けるのではなく, 連動させて考えることが重要であろう.

ところで, 今の美観地区の風景からこうした激しい歴史の舞台を実感できるだろうか？ 地理学を学ぶわれわれには, 眼の前の風景を手掛かりとして, こうした輻輳する時間＝空間の物語を感知していくことが必要なのである.　[大城直樹]

引用・参考文献

片桐俊浩（2016）：現代のモスクワ—拡大を続ける巨大都市. 下斗米伸夫・島田　博編著：現代ロシアを知るための60章（第2版）, pp.135-139, 明石書店.

木村　浩（1992）：モスクワ. 中央公論社.

栗生沢猛夫（2016）：ロシアの歴史（増補新装版）. 河出書房新社.

中村泰三（1988）：モスクワ. 東京大学出版会.

中村喜和・中村逸郎（2004）：モスクワ【社会, 経済】. 川端香男里ほか監修：新版ロシアを知る事典, pp.748-750, 平凡社.

望月哲男編著（2007）：創造都市　ペテルブルグ—歴史・科学・文化. 北海道大学出版会.

コラム　ロシアの文化遺産

モスクワとサンクトペテルブルクの歴史的景観については本文で触れたので，ここではそれ以外の，ユネスコの世界遺産に登録されたものについてみていきたい．

1990年にモスクワのクレムリンと赤の広場，およびサンクトペテルブルクの歴史地区と関連建造物群がユネスコ世界遺産に登録されたが，同年，サンクトペテルブルクの北方，フィンランドに近いカレリア共和国オネガ湖に浮かぶキジ島の木造教会建築（写真C8.1）も登録された．ロシア正教の教会が世界遺産になる割合が高いのが，ロシアの特徴といえる．このキジ島の教会群はルーツが16世紀にまで遡りうるが，ソ連政府によって1966年，島全体が特別保存地域に指定された際に，ロシア木造建築博物館がキジ島に設置された．その後，カレリアをはじめ，ロシア全土から木造建築が移築されることとなり現在に至っている．

2年後の1992年にはさらに3件が登録されている．ノヴゴロドと周辺の文化財，ソロヴェツキー諸島の文化的・歴史的遺産群，ウラジーミルとスズダリの白亜の建造物群である．ノヴゴロドは北西連邦管轄区に属し，ロシアで最も古い都市といわれる．文化遺産はいくつもの玉ねぎ型のキューポラが特徴的な聖ソフィア大聖堂（写真C8.2）をはじめとする歴史遺産群から構成されている．ソロヴェツキー諸島は，白海南岸のオネガ湾に浮かぶ6つの島で構成される諸島であり，15世紀に設立されたロシア正教のソロヴェツキー修道院（写真C8.3）を中心とするが，この修道院はまた堅固な要塞としても知られる．さらにロシア十月革命後には，ソ連最初の強制収容所となり，他のソヴィエトのグラグ（強制労働収容所・矯正収容所）のモデルとなったという．修道院が要塞を兼ね，なおかつ収容所にすらなるというのは，建築物の堅牢さだけでは語りえない何かがあると感じさせる．モスクワの東150 kmに位置する古都ウラジーミルとその近郊のスズダリの建築物群（写真C8.4）もやはり教会を中心とするが，ゴールデンゲートと呼ばれる城門も選定されているの

写真C8.1　キジ島の木造教会

写真C8.2　聖ソフィア大聖堂

写真C8.3　ソロヴェツキー修道院

写真C8.4　ウラジーミル・ロジェストヴェンスキー大聖堂

が興味深い．白で統一された都市景観で有名である．

　このほかに，ロシアの文化遺産は 10 ほどある（セルギエフ・パサドの至聖三者聖セルギイ大修道院の建造物群：1993，コローメンスコエの主の昇天教会：1994，クルシュー砂州：2000，フェラポントフ修道院の建造物群：2000，カザン・クレムリンの歴史的・建築的複合体：2000，デルベントのシタデル，古代都市，要塞建築物群：2003，ノヴォデヴィチ修道院の建造物群：2004，ヤロスラヴリの歴史地区：2005，シュトルーヴェの測地弧：2005，ボルガルの歴史的考古学的遺産群：2014）．ロシアは日本の隣国であることは承知の上でも，首都モスクワはあまりにも遠い．しかもロシア正教は多くの読者にとってはなじみのないものであろう．まずは近くにあるロシア正教の教会を訪ねてみてはどうだろうか．素晴らしいイコンや椅子のない礼拝堂の雰囲気に驚かされるだろう．だがそのほの暗い静謐さの中に，何かしらロシアらしさを感じることができるはずである．そしてそれは遠い場所にではなく，実は身近な場所にあるということも．

[大城直樹]

9 ロシアの伝統文化，人の暮らし

　ソ連崩壊後，ロシアの人々の生活は大きく変化した．ソ連時代に抑圧されていた伝統文化の復活や宗教政策の新たな方向性の出現，社会主義体制の崩壊による社会不安とそれに伴う人口変動，ロシア政府による教育制度の改革，資本主義化による消費活動のあり方の変化など，1990年代以降のロシア社会の変容はめまぐるしい．本章では，これらの社会変化とその問題点を概観し，ソ連崩壊後の社会の中でもたくましく生きるロシアの人々の日常生活についても触れていくこととしたい．

9.1　ロシアの伝統文化

9.1.1　ロシア正教会と宗教政策

　ロシアの伝統文化を考える上で，ロシア正教の存在は大きい．ロシアがキリスト教を受容したのは，キエフ・ルーシの時代，10世紀末のキエフ大公ウラジーミルの治世に遡る．ウラジーミルは，ビザンティン帝国の教会で洗礼を受けたため，東方正教会がロシアのキリスト教信仰の基礎となった．13世紀の「タタールのくびき」において，タタール人はキリスト教に対して寛容だったため，各地で修道院が建設された．中でも有名なものは，14世紀半ばに建てられたセルギエフポサドにあるトロイツェ・セルギエフ修道院である．

　ビザンティン帝国の衰退により，ロシア正教会は独立し，モスクワ「第3のローマ」説も生まれた．東方正教会の中で，ロシア正教会は最大の勢力となった．モスクワ大公国とロシア正教会は結びつきを強め，キエフからモスクワに移ったモスクワ府主教座は，16世紀後半にはモスクワ総主教となる．しかし，ロマノフ王朝が成立すると，17世紀後半のニコン総主教による典礼の改革により，それに反対する勢力がロシア正教会から分離して，ラスコーリニキ（分離派）となった．18世紀のピョートル1世の近代化政策により，ロシア正教会はロシア国家の一機関として位置づけられた．

　しかし，ロシア革命以降，無神論を唱えるボリシェビキが政権をとると，宗教は激しい弾圧を受けた．1929年の宗教団体に関する法律により，宗教活動は厳しく制限され，共産党の指導のもとにある組織が宗教団体の管理や監督を行った．ようやくソ連末期，ゴルバチョフ政権下のペレストロイカで宗教の自由が保障される（1990年）．しかし，ソ連崩壊後，体制の大きな変換によって混乱したロシア社会に突然おとずれた信仰の自由は，ロシアの人々に混乱を引き起こした．1990年の宗教法で認められた宗教の自由は，宗教団体の活動の自由を認めたため，外来の宗教団体がロシアで活動した．ロシアで一時は数万人もの信者がいた日本のオウム真理教もその1つである．1997年，エリツィン政権下で「非ロシア的，非伝統的な」宗教の活動を制限する「信仰の自由と宗教団体に関する連邦法」が制定された．これにより，ロシア正教会は国家宗教としての存在感を強めたといえる．

　ソ連崩壊後のロシア社会とロシア正教との関係を考える上で，モスクワにある「救世主キリスト教会」の復興は興味深い．救世主キリスト教会は，モスクワの地下鉄クロポトキンスカヤ駅の目の前にある，真っ白い壁と金色のたまねぎ型のドームがまぶしい，巨大な建築物である（写真9.1）．1812年に祖国戦争（ナポレオン戦争）の戦勝記念として，アレクサンドル1世が建設を計画し，完成に44年かかり，1883年に献堂した．1917年に本教会で総主教制度の復活が決議されたものの，1931年にスターリンによる反宗教政策のもと爆破され，跡地に巨大なプールが建設された．

　ゴルバチョフ政権による宗教の自由化のもと

9.1　ロシアの伝統文化　　*117*

で，ロシア正教会はこの教会の再建をロシア政府に要請した．1992年にソヴィエト政権時代に破壊された建築物の中で，最初に再建されるべきものとして，本教会があげられた．1994年，モスクワ市の財政支援と，広くロシア国民から集められた募金のもとに再建，2000年に落成した．建物はほぼ完成当時の外観そのままに再現され，総主教が司式する復活祭と降誕祭はロシア全土に生中継される．ロシア正教会の復権を象徴する場である．現在のロシア政府によってロシア正教会をはじめとした宗教団体に求められる側面は，医療・福祉・更生者の社会復帰活動などの支援である．ロシア正教会は，非営利の慈善団体などを通して，孤児などの支援を行っており，この活動についてはモスクワ州やモスクワ市で宣伝を行っている（下斗米・島田，2012）．

ロシア正教会の信者にとっての信仰の要となるものはイコンである（写真9.2）．キリストや聖母，聖人などの画像であり，信者の自宅には暖炉と対角線に結ばれる位置に「赤い隅」と呼ばれるイコンの安置棚がある．ロシア正教会の内部においては，イコノスタース（イコン配置用の壁）が必ず設けられ，それぞれの教会の建立意義や規模により，テーマや配置，段数が変わるものの，中央部の配置は共通である．教会内部では，男性は帽子などの被り物は脱ぎ，女性はスカーフなどで頭をかくす．この参拝のマナーはロシアの人々に深く根づいており，外国人がロシア正教会を見学する際には気をつける必要があろう．

9.1.2 ロシア料理

ロシアの人々にとって，伝統的な信仰文化と同様に食文化も重要である．日本人にとってロシア料理といえば，揚げパンに挽肉がつまったピロシキや肉と野菜の赤いスープのボルシチ（写真9.3）を思い浮かべる人が多いだろう．これらは，ロシア料理のごく一部であり，ピロシキは，ロシアでは日本のものとは異なり，揚げたものだけでなくオーブンで焼いたものもあり，具も肉だけではなく，野菜やキノコ，卵，米など様々である（写真9.4）．ボルシチはもともとウクライナ料理であり，18世紀にロシアに定着した．ボルシチは，日本ではスープの赤さをだすためにトマトで代用する場合も多いが，ロシアではビーツが使われる．ビーツには食用（日本語ではカエンサイ），飼料用，砂糖採取用（日本ではテンサイ）と3種類あり，ロシアは旧ソ連時代からこの3種類のビーツの世界の生産高の大部分を占める．

ロシア料理の中の「ロシアらしさ」はどこにあるのか，きわだった特徴として沼野・沼野（2006）は以下の5点をあげている．①塩漬けや酢漬けの野菜やキノコがよく用いられていること，②前菜とスープの種類が豊富だということ，③様々なパイがつくられること（ピロシキなど），④味つけは

写真9.1 救世主キリスト教会（2016年6月）
モスクワのクロポトキンスカヤ地下鉄駅付近．

写真9.2 ロシア正教のイコン

写真 9.3 ロシア料理の代表的なスープ，ボルシチ（2016 年 6 月）
モスクワのノーヴィ・アルバート通りにあるロシア料理チェーン店「ヨールキ・パルキ」で．

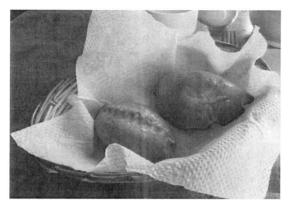

写真 9.4 ロシア料理の代表的な前菜，ピロシキ（キャベツのピロシキと肉のピロシキ）（2016 年 6 月）
ロシア料理チェーン店「ヨールキ・パルキ」で．

塩と胡椒でシンプルだが，香草（ハーブ）をよく使うこと，⑤果物の保存法として甘く煮るヴァレーニエが好まれること，であるという．

また，このような特徴を生み出した背景や条件について，気候的・自然的要因，地理的要因，宗教的要因，歴史的要因をあげている（以下，沼野・沼野，2006）．

まず，気候的・自然的要因である．ロシアは北方で広大な土地を有する．寒冷地でも生育するもの，タイガなどの森林で採取できるキノコやベリー類，狩猟による野禽類，川や湖に住む淡水魚などが主な食材となる．保存食も発達した．

次に，地理的要因とは，ヨーロッパとアジアの中央に位置するロシアの地理的な場所である．東方からの影響と西方からの影響を受けてロシア料理は形成された．ロシアの「ザクースカ」（前菜料理）の種類の多さは，フランス料理式のオードブルの影響とされる．ロシア式のサービスである前菜，スープ，メイン料理，デザートの方式も西欧の影響である．東から入ってきた料理として，プロフやシャシリク（カフカスや中央アジア）や茶（主に中国）などもロシア料理に定着している．

宗教的要因とは，ロシア正教が国教として受け入れられたことにより，ロシア革命までのロシアでは日常的な食生活はロシア正教の影響下にあったことである．肉や乳製品を食べてはいけない期間と肉食が許される期間が交互にあるという習慣がある．この影響から，肉食が許されない期間に食す穀類や野菜，キノコなどを中心にした料理が発達した．

歴史的要因として決定的に重要なことは，ロシア革命後の共産主義イデオロギーの影響である．食は質素になり，女性の家事労働をなくして共同食堂「スタローバヤ」が増え，自家用食料は配給制となった．政府から支給されたダーチャ（後述）の家庭菜園でとれる野菜や自ら採集したキノコやベリー類は各家庭の食事を支え，冬用の保存食をつくる文化が定着した．

様々なロシア料理の中で，最も「ロシアらしい」ものとしてあげられるものはパンである．これはライ麦からつくる独特の酸味をもつ黒パンが代表的である（写真 9.5）．現在では，小麦からつくる

写真 9.5 スタローバヤ方式のロシア料理（2013 年 9 月）
写真左下が黒パン．その他は，トマトのまるごと酢漬け，オリヴィエ，ビーツのサラダ，ポテト炒め，シャシリク．サンクトペテルブルクのカフェで．

9.1 ロシアの伝統文化　119

白パンもロシアではポピュラーになったが，伝統的に黒パンが好まれてきた．その大きな理由として，ライ麦が寒冷で痩せた土地という悪条件のもとでも育つことによる．このライ麦の生産高もロシアが圧倒的に高い．さらに黒パンと並んで「ロシアらしい」ものとして，日本ではあまり馴染みのないカーシャがあげられる（写真 9.6）．カーシャは，穀粉を煮た粥で，材料は小麦，蕎麦，燕麦，米など多様であり，いずれもロシアや近隣諸国で生産される穀類が主である．煮るときに牛乳を使う場合や使わない場合もある．ロシアの家庭の朝食にカーシャは欠かせない．家庭ごとにバリエーションがあり味が異なるので，まさにおふくろの味といえる．黒パンもカーシャも歴史は古く，気候的・自然的要因もあるが，宗教的要因も大きい．パンも粥も日常的な地味な食事であるが，これこそが食文化の根幹といえるのではないだろうか．

9.1.3 ロシアの伝統音楽

ロシアの伝統的な音楽といえば，ロシア民謡である．日本で有名なロシア民謡といえば，「黒い瞳」「カリンカ」「ポーリュスカ・ポーレ」「カチューシャ」「ともしび」など，いくつかあげられる．いずれも，もの悲しい哀愁を帯びたメロディーの楽曲としてよく知られる．日本での流行の歴史を振り返ると，シベリア抑留者が帰国後に日本に持ち込んだ歌がテレビ普及前の歌声喫茶などで盛んに歌われたこと，著名歌手がロシア歌謡を歌い人気を博したことなどで有名になったいくつかの歌がある．しかし，日本で歌われるロシア民謡は，本来のロシア民謡もあるものの，いわゆる「大衆歌謡」とでもいうものが多い．しかも，ロシア帝国時代から歌い継がれた歌謡もあれば，ソ連時代の歌謡もあり，歌の社会背景もばらばらであるが，それらをまとめてロシア民謡と称しているケースが多い．また，ロシア語での歌詞と日本語の歌詞が全く異なるものもある．日本で歌われているイメージだけで語ることは，ロシア民謡を正しく説明できないことに留意する必要がある．

まず，ロシアでいわれているロシア民謡とは，ロシアの農村で行われてきたフォークロアとしての叙情歌を指す．叙情歌には儀礼歌とそうでない歌がある．儀礼歌としては，豊作予祝の歌や復活祭の歌，秋の取り入れの歌などがあげられる．これらの民謡は，起源が古く，いずれも 4～6 度の狭い音域の類型的な旋律と短いリズムで単純な祈りを繰り返すことが特徴である．また，様々な時代様式の歌が混在しているものとして，家庭生活に伴う歌がある．なお，農村儀礼歌の葬礼泣き歌がロシアのフォークロアの中では最も研究が進んでいるが，日本ではほとんど知られていない．

日本で知られている農村儀礼歌としてのロシア民謡の中で，最も有名なものは「カリンカ」である．「カリーナ」という夏から秋にかけて真っ赤な実を房状につけるスイカズラ科の灌木があるが，カリンカはその愛称である．「カリンカ」は農村の婚礼歌であり，赤い実のカリンカを花嫁に例え，常緑の松（マリンカ）を花婿に例え，擬人化して愛の掛け合いを合唱し，2 人を囲んだ村人達が盛り立てる．ロシアの農村に伝わる素朴で陽気な婚礼歌である．

フォークロアとしてのロシア民謡を担ってきたのは農民であるが，それ以外の層にも独自の民謡があった．「ヴォルガの舟歌」のように船曳の歌や「黒いカラス」のような兵士の歌，「バイカル湖のほとり」のような囚人の歌，「母なるヴォルガをおりて」のような盗賊の歌などがある．19 世紀後半には労働者の歌，20 世紀初頭には革命歌もあった．

写真 9.6 ホテルの朝食ビュッフェ（2016 年 6 月）
写真中央上がカーシャ．モスクワのベガ・ホテルで．

それでは，日本でロシア民謡として有名な歌はどういう大衆歌謡なのだろうか．例えばダークダックスが歌ってヒットした「すずらん」（1959年）は，戦後復興と雪解け期の開放感と自然を歌った明るい歌で，ソ連では高音域の乙女チックな女性歌手の声で歌われていた．加藤登紀子の「百万本のバラ」（1982年）は，もとはラトビアの歌謡曲だった．作曲者は，ソ連崩壊後，独立したラトビアで文化大臣，国会議員を歴任したライモンド・パウルスである．それをロシア人の作詞家であるアンドレイ・ヴォズネセンスキイがジョージアの天才画家であるニコ・ピロスマニをモデルに創作し，ロシア人の人気歌手アーラ・プガチョワが歌って大ヒットした．ソ連時代ならではの「大衆歌謡」であるともいえよう．

9.2　ロシアの人口の変化，少子高齢化，福祉

2015年のロシアの総人口は1億4,630万人，都市人口は1億830万人，農村人口は3,800万人である（ロシア連邦統計局 2016）．2014年以前がほぼ1億4,300万人〜4,200万人であったことから，微増したといえる．しかし，ロシアの人口は1992年から自然減に転じ，その規模は年間50万人から100万人，2010年には1億4,191万人に縮小したとされる．

1992年以降のロシアの人口減の大きな原因とされるのは，出生率の低さと死亡率の高さである．死亡数が出生数を上回った1992年の両者の動きを示すグラフが交差している（図9.1）．これは，ロシアの今後を示す「ロシアの十字架」と称された．出生率の低さについては，ほかの先進諸国も同じ傾向を示しており，人口減の大きな要因となっている．しかし，ロシアにおいては，社会主義体制の崩壊による社会不安も大きな理由であろう．死亡率の高さについては，ロシアの場合は，ほかの先進諸国に比べて，男性の平均寿命が短いことに特徴がある．

ロシア人男性におけるアルコール消費と死亡率の高さについて検証した研究をみると，男性の平均寿命の短さの理由として「アルコール摂取の過剰」は妥当であるとしている．図9.2において，ロシア人男性の死亡件数に占める各死因の割合の中で，アルコール消費と関係を示すのは，循環器疾患と外因である．循環器疾患は，1965年から1990年にかけて増加している．また，1991年の体制崩壊以降，外因の比率が高まっている．これは，体制転換に伴うストレスの増大，アルコール摂取の増量とみられている．先行研究では，ロシア人といえばアルコールという，文化的・民族的な側面でアルコール摂取との関係が述べられてきたが，なぜそこまで大量のアルコールを摂取するのか，文化的・民族的な理由のみでは説明できない．むしろ，体制転換の混乱期におけるロシアの社会経済状況が影響を与えていると考えることが自然であるとされている（雲，2014）．

ところで，ロシア政府は，出生率の低さを改善する政策として，2006年には育児手当などの増額，「母親資本」の導入を決定した．「母親資本」とは，2人以上の子どもをもつ親に対して，住

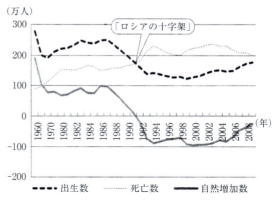

図9.1　ロシアの出生数と死亡数の変化
（雲，2011を改変）

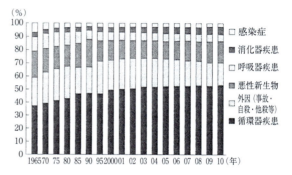

図9.2　ロシア人男性の死亡件数に占める各死因の割合
（雲，2014を改変）

居・教育・年金のいずれかに対して，25万ルーブルの補助を行うという制度である．2007年1月1日から2016年12月31日までに出生・縁組された子どもに適用される．

2014年の人口ピラミッド（図9.3）をみると，ロシアの人口構成には，大きな波がいくつかあることがわかる．1つは70歳前後，第二次世界大戦前後の時期に生まれた人々である．これは直接に戦争の影響を受けている世代である．次に45歳前後，すなわち1970年前後に生まれた人々であるが，これは戦争時代の人々の子ども世代にあたる．そして，15歳くらいまでのソ連崩壊後直後から数年間にわたって生まれた世代である．7歳より下の世代，つまり2007年以降，明らかに出生数が微増していることもわかる．この2007年以降の出生数の上昇が「母親資本」によるものだと考えられる．

しかし，これについては，単に将来ありえた出生が早められたにすぎず，再び出生率の低下がみられる可能性があると楽観的な見方を否定する見解もある．その理由として，1990年代初頭に生まれた年齢階層の人口が最も小さく，さらに出産可能年齢女性のうち相対的に若い層，20〜29歳の女性人口が今後いっそう小さくなっていくのが確実だからであることが指摘されている（雲，2014）．この政策的な出産奨励策は，短期的な影響を与えるのみにとどまるのか，補助金の終わる2016年末以降の状況を観察していく必要があろう．

近年のロシアの人口問題として，少子化と同様に高齢化もあげられる．2014年の人口ピラミッドをみると，65歳以上の人口が今後増大していくことが，人口構成の分布からも予想される．また一方で，45〜54歳の人口分布は減り，年金受給者が増え，労働力人口が減る傾向により，年金受給年齢を引き上げる案がでている．ロシアの年金受給年齢は，男性は60歳，女性は55歳であり，一方で平均寿命は，男性65歳，女性は76歳である（2013年）．年金受給年齢が男女ともに65歳になった場合，ロシア政府の試算は，3年で最大1兆3,000億ルーブルの節約になるという（『ロシアNow』，2016年1月11日付）．国家の福祉政策としての年金受給年齢の引き上げ問題はしばらく続くであろう．

9.3　ロシアの教育制度

ロシア革命以後，ロシアの教育は，読み書きできる庶民人口を増やし，教育の量的拡大を行うこと，そして国家にとって必要な専門家・技術者の養成として，教育の質保証を目的としてきた．その結果，ソ連時代のロシアにおける教育レベルは高い水準を保ってきたといえる．特に国家の言語としてのロシア語教育は徹底しており，多民族国家であるソ連において，ロシア語教育のレベルには目を見張るものがあった．

ソ連時代の教育法では，個人の国家化が重要であったが，ペレストロイカによって変更された教育の基本原則では，民主化と多元化，民族性・地方性の尊重，人間化・多様化などが唱えられた．この考え方は，1992年のロシア連邦法「教育について」に引き継がれ，さらに教育の自由化も加えられた．つまり，私立学校などの学校設置の自由化，義務教育形態の選択性，学校選択の自由，教員の教科書使用・選択の自由などである．この

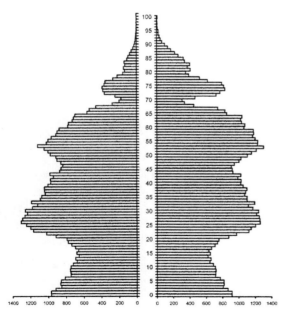

図9.3　年齢・性比の人口構成（2014年1月）
（ロシア国家統計局 HP より作成）

1992年に制定された法律は，1996年のロシア連邦法「高等・高等以後の教育について」と合わせて，ここ20年間のロシアの教育制度を支えている．しかし，新しい規則や変更が記載された付属文書が増え，煩雑になったことから，すべてを網羅した新法が議論されてきた．2012年，プーチン政権によりロシア連邦法「教育について」が署名され，2013年9月1日より発効した．

現在のロシアにおける学校教育制度（図9.4）は，4（3）・5・2・5制であり，義務教育である初等・中等教育は，6歳あるいは7歳から15歳までの1学年から9学年まで，初等学校4年と基礎学校5年の合計9年である．初等学校の開始を6歳にするのか，7歳にするのかは保護者の判断であり，7歳からの場合，初等学校は3年になる．就学前の教育である幼稚園は，2歳から6歳が対象であり，約634万人（2013年）が教育を受けている．2013年施行の新法では，幼稚園から大学院までのあらゆるレベルの教育について記述しており，就学前の教育についても全教育プロセスに位置づけられたことが評価されている（『ロシアNow』，2013年1月22日付）．

初等・基礎・中等教育（中等普通教育あるいは中等専門教育）の11年（10年）は，「シュコーラ」と呼ばれる学校で行われる．国立学校の多くは共学であり，授業料は無料である．「ギムナージヤ」と「リツェイ」は，専門科目や義務教育のプログラムよりも多くの選択科目があり，教育のレベルが高く，一般の学校よりも入学するための競争率が高い．ギムナージヤは人文・社会科目，リツェイは自然・技術科目に力を入れている．また，第2学年から第1外国語（英・仏・独・西）の学習が始まり，第2外国語も第5学年から始まる．そのほかに選択科目の外国語もある．なお新法では，初等・中等教育における家庭教育，通信教育，インターネットを通じた教育機関とのやりとりも法的に認められた．教育機関とのやりとりは，地方の学校や都市の学校においても重要であり，優れた実績や応用的なメソッドが伝わるようになった（『ロシアNow』，2013年1月22日付）．

義務教育終了後の中等教育は2年であり，大学進学を前提とした高等教育準備課程の高等学校に進学する場合と職業・技術学校に進学する場合がある．職業・技術学校の修了者の就職先は，看護師，保育士，地下鉄の機関士，図書館員などがあげられる．いずれの場合も，それぞれの学校の卒業試験を受け，さらに大学の入学試験を受けることができる．最近は，この2つを合併した統一国家試験も導入された．ロシアの初等・中等教育人口は約1,440万人（2014-15年度），ロシアの高等教育機関数は，2014年で950校（国公立548，私立402），総学生数は約440万6,000人（うち私立約80万4,000人）である．全日制で学ぶ学生が5割を超えるが，夜間や通信制の学生も多い．

近年の大学改革の重要な点として，ロシアの高等教育機関が2003年にEUのボローニャ・プロセスに加盟したことがあげられる．ボローニャ・プロセスとは，1999年からEUで取り組まれている教育空間の統一化である．EUの高等教育機関の卒業生が労働市場で自由かつ対等に就職できるように，高等教育制度を①「学士」（3年または4年）と「修士」（2年）制度に統一し，②単位互

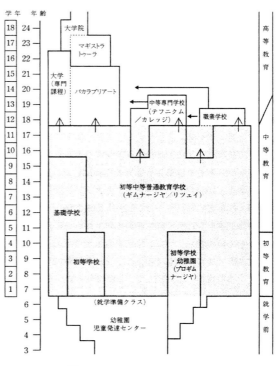

図9.4 ロシアの学校教育制度
（岩﨑・関，2011を改変）

換制度により国を越えた大学間移動と教育水準の統一をはかり，③関係国の協力を推進することである．しかし，ロシアの大学は，ソ連時代からの名残があり，専門家，準博士，博士の3段階を踏む．博士号取得は大変難しく，何年も仕事を経験して論文を書き，ようやく博士号が取得できるもので，40歳以下の博士はまれである．この教育システムを2010年までにボローニャ・システムへ移行させる目標であったが，その目標は達成されなかった．次の目標は2020年である．2010年の段階で全学生の12％程度が4-2制度に移行した．図8.4にあるように，ソ連時代からの5年間の専門家養成システムは，100種程度に削減して存続する予定である．

ソ連崩壊後のロシアの教育改革は，共産主義イデオロギーの脱却と同時に，個性の重視，カリキュラムの多様化，教育の選択の自由が目標であった．それは，初等教育のギムナージヤとリツェイというエリート教育の登場，大学の序列化，親の経済力による教育格差など，資本主義社会における学校教育のあり方に同様の問題が起きているといえる．一連の教育改革の結果，どのような国民が生み出されていくのか，今後の課題でもある．

9.4　ロシアの人々の日常生活，住居，余暇・レジャー

ソ連崩壊直後のロシアでは厳しい経済状況が続いたが，2000年頃から急速な経済発展をとげ，ロシアの人々の生活水準は向上した．市場経済への移行や経済状況の変動から，私企業の創設が可能になり，雇用形態にも変化が生じ，自らの意思で職場や職種を選択する機会も広まった．ソ連時代のように政府が労働管理し，賃金は低いものの所得格差が最小限に抑えられていた時代とは異なり，市場の変動に応じた失業機会の増大や経済格差が拡大した．

また，住宅事情もソ連崩壊後に大きく変動した．1991年の住宅私有化法によって，ソ連自体に建てられた公営住宅や企業保有住宅は，無償で個人の住宅になった．新規住宅は，富裕層向きの都心部の高級マンションや郊外の戸建て住宅が建築された．しかし，庶民向けの新規建築の住宅は不足しており，ソ連時代の低品質な老朽化したアパートに住む人々も多い．個人の住宅購入は，制度的には銀行の住宅ローンが可能であるが，ロシアの人々にはそれほど普及しておらず，購入資金は自分で準備する傾向にある．1990年代までは，ソ連時代の制度の延長で，電気・ガス・暖房などの公共サービスが無償であったが，2002年には受益者負担に変更された．

都市に住むロシアのどの階層の人々にとっても，彼らの日常生活を支え，余暇を過ごすためのダーチャは重要である（写真9.7）．ダーチャとは，日本語では別荘と訳すことが多いが，欧米スタイルの庭つきの高級なものから家庭菜園つきの小屋といったものまで様々である．

ダーチャの歴史は古く，語源は「与える」という動詞のダーチで，大公が臣下に与えた土地を指す．初期のダーチャは，18世紀初めに，ピョートル大帝の別荘があるペテルゴフに向かい街道沿いに廷臣たちが建てたものをいった．初期のダーチャは大貴族の郊外の別荘であったが，19世紀になると中流層の役人や商人などにも広まった．ロシア革命以後，社会主義体制は土地の私有を認めなかった．そこで，政府は共産党幹部や有名な作家，芸術家などの特権的階層のためにダーチャを与えたが，庶民層向けにはダーチャ建設協同組合をつくり，そこに所属した者が組合から与えられるものというシステムをつくった．特にソ連時代の都市部では住宅事情がよくなかったため，狭いアパート暮らしを補うためのものとしてダーチ

写真9.7 ダーチャ

ャは発展した．現代のロシアの都会人には，家庭菜園つきタイプのダーチャが人気である．世論調査によると，ロシア人の3人に2人がダーチャの所有を希望しているという（『ロシアNow』，2015年6月2日付）．

富裕層には，黒海のリゾート地や海外旅行での長期のバカンスなどの機会もあるが，多くの庶民層にとっては，やはり週末や夏の休暇を有効に過ごす手段としてダーチャは欠かせない．2014年にロシアの世論調査機関が結果を発表したデータによると，ロシア人の夏の過ごし方ランキングは，長年変わっておらず，郊外のダーチャで過ごす人が22％，自宅で過ごす人が21％である．黒海のリゾート地で休暇を過ごす計画のある人は15％，国内旅行の計画に6％，海外旅行は5％であった（『ロシアNow』，2014年6月6日付）．同じ世論調査によって，ダーチャを所有している，あるいはこれから所有したいと希望する人にその理由を尋ねたところ，家族で消費する食品の「補助的な調達先」と「主な調達先」として，答えた人がそれぞれ30％である．次に多かった回答は，「自然と触れ合うため」（27％），「社会的な混乱や不安定が生じたときの避難所として」（10％），「友人を招待して遊ぶため」（10％），「長期休みのときに子供を呼ぶため」（10％）という結果であった（『ロシアNow』，2015年6月2日付）．

ロシアの就学児童・生徒の夏季休暇は6月から8月まで3か月あり，この長い期間をどのように過ごすのかが問題となってきた．ソ連時代は，1920年代にロシア赤十字が主導して始まったサマーキャンプが主であった．しかし，ソ連崩壊後，サマーキャンプを運営していた国営企業が存続の危機に陥ったため，キャンプ施設は閉鎖された．そこで，家族とダーチャで過ごすことが重要になったのである．子どもの頃から，家庭菜園で野菜をつくり，家の手入れをして，周囲の自然に親しみながら過ごす．ダーチャに併設されている「バーニャ」（ロシア風のサウナ）で体を休めることもできる．都市で働く両親から離れて，リタイアした祖父母とダーチャで夏季休暇を過ごす場合もあるという．

しかし近年，ソ連崩壊以降実施されていなかったサマーキャンプを企画する企業がでてきた．休暇中の家庭の負担を減らすことと同時に，最近のロシアの親が子どもにお金を使うことをいとわないという傾向があるため，そこにビジネスチャンスを見出したのである．急激な需要の拡大から大規模な市場になりつつあり，2014年の夏には850万人の子ども達の利用が見込まれており，施設も3万5,000か所あった（『ロシアNow』，2014年5月22日付）．ソ連時代のサマーキャンプは都市部の子どもが農村で手伝いをしたりすることが多かったが，現在のキャンプはテーマ・キャンプが多く，夏季エコ教室や外国語教室なども開かれている．

また，市場経済移行後の消費生活の変化には目を見張るものがある．モスクワやサンクトペテルブルクなどの大都市には，欧米の有名ブランド品を取り扱う店舗はもちろんのこと，欧米式のスーパーマーケット企業が増加し（写真9.8），外国の大型スーパーや食料品店，飲食店や衣料品店も多数出店している．ファストフードのマクドナルド，サブウェイ，ケンタッキー，家具店のイケアなど日本でも数多くある外資系のチェーン店はもちろん，モスクワには日本のユニクロや丸亀製麺も出店した．

ところで，ロシアの小売店といえば，広く街頭や地下鉄駅などにあるキオスクが馴染み深い．かつて日本の国鉄が，各駅にある小売店に同じ名称をつけたことから，日本人にとっても親しみのあ

写真9.8 欧米式のスーパーマーケットの野菜売り場（2013年9月）サンクトペテルブルク鉄道駅近くの地下にあるスーパーで．

る名前である．ソ連時代には国営であったが，ペレストロイカ以降に個人営業となった．新聞や雑誌，日常雑貨，飲み物や軽食，花，夏にはアイスクリームなどが売られている（写真9.9）．しかし，スーパーマーケットとなど小売業態の変化だけでなく，インターネットやスマートフォンの普及といった情報環境の変化などにより，都市部にある大型書店が売り場を縮小し，新聞や雑誌を販売する街角のキオスクの数もずいぶんと減少し，消費の傾向も変わりつつあることがわかる．

最後に，ロシア人の日常生活を考える上で，ロシアにおける最近のインターネット事情の変化にも触れておく必要があろう．まず，ロシアのインターネット利用者数は世界の上位5か国に入っている．イギリス（90％），日本，カナダ（いずれも85％），アメリカ合衆国（84％）の次であり，総人口の割合の61％，利用者数は約8,700万人（2015年）である．上位4か国とは少し離れているが，中国（47％）やブラジル（52％）よりは多い．ロシアの通信調査会社による2015年の調査によれば，ロシアはモバイル・インターネットの安い国で第3位であるという．第1位はイラン，第2位はパキスタンであり，イランが安いのは国家によって通信が厳しく規制されているためである．ロシアの通信料金は1ギガバイトあたり1.7ドル（2015年9月7日）であるが，例えば，日本では1ギガバイトあたり13.5ドルでロシアの8倍にあたる（『ロシアNow』，2015年9月10日付）．モスクワの地下鉄では，2014年に全車両内で無料Wi-Fiが導入され，通勤通学するロシア人たちが黙々とスマートフォンを利用する姿が目につくようになったことは大きな変化であろう．

［米家志乃布］

引用・参考文献

岩﨑正吾・関　啓子（2011）：変わるロシアの教育（ユーラシア・ブックレットNo.162）．東洋書店．
外務省：諸外国・地域の学校情報．http://www.mofa.go.jp（2017年8月16日確認）
川端香男里ほか監修（2004）：新版ロシアを知る事典．平凡社．
雲　和広（2011）：ロシアの人口問題―人が減りつづける社会．東洋書店．
雲　和広（2014）：ロシア人口の歴史と現在．岩波書店．
下斗米伸夫・島田　博（2012）：現代ロシアを知るための60章（第2版）．明石書店．
中堀正洋（2010）：ロシア民衆挽歌．成文社．
沼野充義・沼野恭子（2006）：ロシア（世界の食文化⑲）．農文協．
三浦清美（2003）：ロシアの源流―中心なき森と草原から第三のローマへ（講談社選書メチエ）．講談社．
溝口修平（2007）：ロシアの少子化をめぐる立法動向．外国の立法，233：170-174．
山之内重美（2002）：黒い瞳から百万本のバラまで．東洋書店．
ロシア国家統計局：http://www.gks.ru（2017年8月16日確認）
RBTH「ロシアNow」．http://jp.rbth.com（2017年8月16日確認）

写真9.9　アイスクリームと飲料を売るキオスク（2009年3月）ハバロフスクで．

コラム　ロシアの冬の過ごし方——音楽と芸術の都を楽しむ

　長い夜，厳しい寒さ，ロシアの冬はつらいというイメージがあるだろう．ロシアの人々はどのように過ごしているのだろうか．筆者もこれまで何度か，冬のモスクワやサンクトペテルブルク，ノヴォシビルスクなどのシベリアの街に滞在した経験をもつ．例えば，豊かな自然の中でのスキーやアイスホッケーなどのスポーツ観戦は，ロシアの冬ならではの楽しみである．しかし，都市に住む多くのロシアの人々にとって，また筆者のような外国人にとっても，冬のロシアの街の魅力とは，音楽と芸術をたっぷりと楽しめることにある．有名な大劇場はもちろん，多くの中小劇場でも，冬は演目が目白押しである．これは，この国の歴史の中で，劇場芸術としてのオペラやバレエが，人々の中に精神文化として根づいていることに要因がある．

　ロシアの有名な劇場は，たいていオペラとバレエの両方を演目とする．サンクトペテルブルクには，ロシアのオペラとバレエ芸術の中心であるマリインスキー劇場がある．1783年にエカチェリーナ2世によって創設された「石の大劇場」がもとであり，ロシア初の帝室直属の劇場として，オペラやバレエ，演劇などが上演された．イタリアのオペラが数多く紹介されるとともに，併設のバレエ学校にはフランスから教師や振付師を招いてバレエの振興がはかられた．19世紀初めには演劇は切り離され，オペラとバレエの専用の劇場となった．また，チャイコフスキーの「白鳥の湖」の初演（1877年）で有名なモスクワのボリショイ劇場（写真C9.1）は，1776年にモスクワ県検事ウルーソフとイギリス人興行師メドークスによって組織された演劇一座から出発した．1806年には帝室直属の劇場になる．その際に，ボリショイ劇場もオペラとバレエの専用の劇場となった．

　ロシアのオペラとバレエにこの2つの劇場を中心に発展した．ロシア革命以降は，ロシアの首都がモスクワに移ったことにより，ソ連政府からの莫大な援助を得て，ボリショイ劇場がロシアのオペラ・バレエの中心となり，世界中に名声をとどろかせた．しかし，ソ連崩壊後は，厳しい状況におかれることになる．一方，マリインスキー劇場は，いち早く西側にシフトし，資金難を乗り越えた．これには，指揮者であり，劇場の経営面も担う芸術監督であるゲルギエフの才能が大きかった．現在，ボリショイ劇場はロシア政府の国家プロジェクトの支援やロシアの富豪たちによる多額の寄付を受けている．

　ところで従来から，ソ連・ロシアのオペラ・バレエ界では人材育成のシステムが整っていたことが特徴としてあげられる．ロシアの劇場は「生産型劇場」といわれる．劇場が専属の団員をもち，団員は附属の音楽学校やバレエ学校が育てた優秀な人材で構成される．欧米の有名な劇場の大半は「消費型劇場」といわれ，演目ごとに客演アーティストが契約で登場し，客を呼び込むタイプである．数年前筆者は，モスクワ行きの飛行機の中で，ノヴォシビルスクの国立オペラ・バレエ劇場附属のバレエ学校に入学する日本人の女子高生と話したことがある．現在，多くの日本人がロシアのバレエ学校に在籍し，卒業後にはロシアや欧米のバレエ団で活躍する夢を描いている．一方，ソ連崩壊後のロシアの各地のバレエ団は，外国人学生を増やし，ロシア人学生以外からの授業料を高額に設定している．ソ連時代，音楽・芸術に携わることは，まさに「エリート」だったことに比べ，就職先としての劇場は以前の魅力を失ってしまった．地方都市の各劇場は，ロシア国内での新しい人材を輩出できないという問題も抱えている．

[米家志乃布]

引用・参考文献

大木裕子(2009)：ロシアのバレエに関する一考察．京都マネジメントレビュー，17：27-48.
下斗米伸夫・島田　博(2012)：現代ロシアを知るための60章（第2版）．明石書店．
日本・ロシア音楽家協会編(2006)：ロシア音楽事典．河合楽器製作所出版部．

写真C9.1　モスクワ・ボリショイ劇場（2016年6月）

10 多様な民族と地域文化

　多民族国家として知られたソ連が解体した結果，各構成共和国が独立国となったが，これら諸国家の多くは依然として多民族国家であり続けている．中でもロシア連邦は，人口の8割近くをロシア人が占めるとはいえ，最近の2010年の国勢調査においても登録された民族は146を数える．

　このようなロシアを中心とする旧ソ連の諸地域の民族をめぐる歴史的状況をはじめ，政治的・文化的・社会的状況を概説する．ロシアにおける民族をめぐる状況の具体例として，トナカイ遊牧民として知られるシベリア北方先住少数民族の文化的・社会的状況を取り上げたい．その他中央アジア諸国やカフカス地域における民族政策や民族文化的状況を解説したい．

10.1　ロシア人の移動とロシア化

10.1.1　ロシア人の故地と居住地域の拡大
——ロシア人の東方進出

　ロシア人はスラヴ民族の一地域集団である東スラヴ系民族とされる．これは主として東スラヴ，西スラヴ，南西スラヴの諸語に分けられる言語学的分類に依拠している．現在東スラヴ諸語にはロシア語，ウクライナ語，ベラルーシ語があり，それらの話者はいずれもヨーロッパ東部を居住地としてきた．これらの諸語が分離した時期について確定的な学説はないが，一般に比較的最近の17世紀頃とされる．それ以前，東スラヴ諸族の居住地として最古の年代記に記録されているのは，北はノヴゴロドを中心とするヴォルホフ・ロヴァチ川水系流域，南はキエフを中心とするドニプロー（ドニエプル）川の上・中流，これにヴォルガ川上流域を加えた流域であるとされる．11〜13世紀のキエフ・ルーシ時代にはフィン系の諸民族が先住していた北東方のウラジーミル，スズダリおよびその奥地の森林地帯への移住が進行した．

　このような歴史を背景として，ロシア人の故地は，東スラヴ諸族の当初の居住地とされる現在のウクライナのキエフ周辺といわれる．キエフ・ルーシという国家内の民族的詳細は曖昧であって詳しいことはわからないが，ロシアの名称は，ヴァリャーグ（ヴァイキング）的要素を保持していたキエフ・「ルーシ」に由来するとされ，これをギリシャ語系の雅語にしたものといわれる．ロシア国家においては，人口の大多数を占める東スラヴ系を母体とし，支配者系のノルマン系，フィン・ウゴール系，バルト系，テュルク系，イラン系住民が混交し，それらの総体としてのルーシ人が14〜16世紀にロシア，ウクライナ，ベラルーシの3民族に分化したとされている（加賀美・木村，2007）．

　民族的要素はさておいて，ロシア性なるものがあるとすれば，それは教会スラヴ語を介してロシア正教に帰依していたという点にある．民族的要素としては非スラヴ諸語を母語とするヴァリャーグ，ハザール，フィン，タタールなどを含む諸民族を常に含有していた模様である．彼らの間でロシア語は一種の共通語（リングア・フランカ）として通用していた可能性がある（Brown *et al.,* 1994）．

　ロシア人は，2010年のロシア連邦国勢調査において，連邦全体の人口1億4,286万人のうち78％の1億1,102万人を数える．ロシア人という自己認識を有する民族集団は，国外にも多数居住している．旧ソ連の構成共和国を中心にした近隣諸国と遠隔の諸外国である．ロシア語話者を中心に，他民族でもロシア人としてのアイデンティティをもつ住民をもロシア人として算入する方法で計算した数値では，近隣諸国（ウクライナ，カザフスタン，ベラルーシ，ウズベキスタン，ラトビアなど）に4,000万人程度，遠隔の諸外国（アメ

リカ合衆国，イスラエルなど）に300～500万人で，ロシア連邦内のロシア人との合計で1億7,800～1億8,400万人とされている（Baranov and Konov, 2009）．このような形で，ロシア人は国外各所で「ディアスポラ」を形成している．ディアスポラとはギリシア語起源の言葉で，もともとイスラエル以外の地に暮らすユダヤ人社会を指していたが，次第に故郷を離れ異国に少数派として暮らすエスニックな共同体を一般的に意味するようになっている．在外ロシア人の状況により，在外ディアスポラと呼びうるような諸団体も少なくない．登録されている在外ロシア人団体は751あり，また国際団体も10登録されている（モスクワ市CIS研究所（ディアスポラ/統合研究所））．

10.1.2 内国植民化とロシア/ソ連化，多民族国家の実態

ロシアおよびその周辺では，ロシア人としての民族性をめぐる状況は複雑化し，13世紀中葉にモンゴル族の侵入を受け，また南西部は14世紀に勃興したリトアニアとポーランドの版図に組み込まれ，17世紀までそれらの支配が続いた．15～16世紀にかけて，モスクワ大公国によるロシア民族の独立と政治的統一が完了して，中央集権国家モスクワ・ロシアが成立する．その後領土拡大が著しく，16世紀半ばまでにカスピ海までのヴォルガ川下流域がロシア人の勢力圏となり，17世紀末までにシベリア全土がロシア領となるに至った．帝政期の18～19世紀には，バルト海沿岸，ウクライナ，ベラルーシ，ポーランド，フィンランドの一部を併合，さらに黒海北部，カフカス山脈以南，中央アジア，極東沿海地方を帝国領とした．

現在のロシアの広大な領土の中でも，シベリアの占める面積の割合はきわめて大きい．ロシアの領土拡大に最大の貢献をしたのがシベリアであった．ロシア人によるシベリア進出は16世紀以降急速に進み，17世紀中葉までのきわめて短期間に太平洋に達したことで完遂された．太平洋に達したというイベントは，東シベリアの拠点要塞都市ヤクーツクよりオホーツク海に出た1638-39年のモスクヴィチンを頭とするコサック隊や，1648年にデジニョフとポポフによるベーリング海峡回航，1650年のハバロフを隊長としたアムール川沿岸地域探検隊といった一連の業績により確認されている（ユーラシア大陸東端の岬はデジニョフ岬と命名されている）．他方で，その後のシベリアと呼ばれる地域全体の統治，経営には多大の労力や支配力が必要とされた側面もあり，その広大な版図の維持が決して容易であったわけではない．ロシア帝国は一時北米大陸にまで領土（ロシア領アメリカ，1700-1867年）を広げたが，それを放棄せざるをえない状況に陥ったことは，そのような状況の一端を物語っている．

ソ連期の国勢調査によれば，1926-89年の間，全人口に占めるロシア人の割合は終始50%台で推移してきた．つまり，ソ連では最大民族であるロシア人は約半数を占めるにすぎなかった．ところがソ連崩壊後のロシア連邦においては，構成共和国が独立した結果，当然ながらロシア人の相対的比率は格段に上がった．1989年以降ロシア連邦の領域においてロシア人の比率は漸減しており，82%（1989年）→80%（2002年）→78%（2010年）と推移している．絶対数では，1989年に1億4,702万人，2002年が1億5,167万人，2010年が1億4,286万人と減少傾向にある．ちなみに2010年の人口規模は世界で第9位であるが，上位8位の諸国との違いは，唯一人口が減少していることである．この間（1989-2010年）にロシア連邦の構成単位83の中で人口の増加をみたのは23のみである．これらの構成単位の多くは，最高の増加率を示したイングーシ（176%）やダゲスタン（50%）をはじめとして，北カフカスの諸地域（クラスノダル地方やスタヴロポリ地方など）が多い．

ロシア人の次に多い民族を順にあげていくと，タタール人（531万人，全人口の3.7%），ウクライナ人（193万人，1.3%），バシキール人（158万人，1.1%），チュヴァシ人（144万人，1.0%），チェチェン人（143万人，1.0%）と続く．以降は100万人台の民族から4人というケレキ人に至るまで認証，登録されている．ロシアの国勢調査時にはアメリカ人，日本人といった諸外国人も民族としてカウントされ，2010年の国勢調査時に認証され

た民族数は 146 を数える（ロシア国勢調査 2010）．ロシアは国名に連邦の名を冠していることからも推察できるように，ソ連崩壊後も，多民族国家であることには変わりない．

ソ連期最後の国勢調査である 1989 年のロシア連邦部分と，ロシア連邦国勢調査 2002，2010 の結果をみると，それぞれの時点の主要民族の構成（上位 20 位まで）は表 10.1 の通りである（国勢調査時の調査票は図 10.1 参照）．表からも一部うかがえるが，ロシア連邦を構成する民族のうち，この 20 年間で減少率の高い民族がある．ウクライナ人，ベラルーシ人，ドイツ人は，2002 年から2010 年の間に軒並み 30％以上減少している．さらに 1989 年からみると，これら 3 つの民族はいずれも半数以下に減少している．ほかにユダヤ人も対 1989 年比で 3 割以下に激減（後述）した．これらは諸事情により故国に帰還したことによるとみられる．それに対して人口増加の著しい民族もある．アルメニア人，イングーシ人は 2 倍以上，アゼルバイジャン人，アルギン人，チェチェン

人，アヴァール人，ダルギン人は 50～80％増加している．これらの諸民族の増加は，故国，故地における紛争や社会経済情勢の悪化などにより，ロシア連邦に移民してきたことが主たる要因とみられる．

ロシアにおいては，現在に至るまでユダヤ人問題やロマ人（ジプシー）問題が根強く残っている．ロシア，ソ連におけるユダヤ人にとっての 19 世紀以降の市民社会とは，ロシアおよびその周辺地域における反ユダヤ主義的土壌とソ連政権の公的ともいえる反シオニズム的姿勢との戦いであったといえる．同時に 19 世紀末以降の，北米大陸や西欧，イスラエルなどへの移民の歴史でもあった．

ユダヤ人は帝政ロシア期末期の 1897 年の国勢調査において 500 万人であったのが，ソ連の1926 年の国勢調査では 270 万人，1941 年には480 万人であった．第二次世界大戦時の戦災やホロコーストによる犠牲者は 250 万人ともいわれ，その結果大戦後の 1959 年の国勢調査時には 230

表 10.1 ロシア連邦の最近 3 回の国勢調査時における上位 20 位までの民族構成と人口（1989 年はソ連統計のうちロシア・ソヴィエト連邦社会主義共和国部分の統計）

順位	1989 年		2002 年		2010 年	
	ロシア連邦全体	147,021,869	ロシア連邦全体	145,166,731	ロシア連邦全体	142,856,536
1	ロシア	119,865,946	ロシア	115,889,107	ロシア	111,016,896
2	タタール	5,522,096	タタール	5,554,601	タタール	5,310,649
3	ウクライナ	4,362,872	ウクライナ	2,942,961	ウクライナ	1,927,988
4	チュヴァシ	1,773,645	バシキール	1,673,389	バシキール	1,584,554
5	バシキール	1,345,273	チュヴァシ	1,637,094	チュヴァシ	1,435,872
6	ベラルーシ	1,206,222	チェチェン	1,360,253	チェチェン	1,431,360
7	モルドヴィン	1,072,939	アルメニア	1,130,491	アルメニア	1,182,388
8	チェチェン	898,999	モルドヴィン	843,350	アヴァール	912,090
9	ドイツ	842,295	アヴァール	814,473	モルドヴィン	744,237
10	ウドムルト	714,833	ベラルーシ	807,970	カザフ	647,732
11	マリ	643,698	カザフ	653,962	アゼルバイジャン	603,070
12	カザフ	635,865	ウドムルト	636,906	ダルギン	589,386
13	アヴァール	544,016	アゼルバイジャン	621,840	ウドムルト	552,299
14	ユダヤ	536,848	マリ	604,298	マリ	547,605
15	アルメニア	532,390	ドイツ	597,212	オセット	528,515
16	ブリャート	417,425	カバルダ	519,958	ベラルーシ	521,443
17	オセット	402,275	オセット	514,875	カバルダ	516,826
18	カバルダ	386,055	ダルギン	510,156	クムイク	503,060
19	ヤクート	380,242	ブリャート	445,175	ヤクート（サハ）	478,085
20	ダルギン	353,348	ヤクート	443,852	レズギン	473,722

太字は増加率の高い民族（2010/1989 が 150％以上），網掛けは減少率の高い民族（2010/1989 が 50％以下）．
（ロシア国勢調査統計より作成）

万人に激減した．その後も 1970 年に 215 万人，1989 年に 145 万人（ロシアに 54 万人，ウクライナに 49 万人）と減少が続き，ソ連崩壊後のロシアでは，2002 年に約 23 万人（26 位），2010 年には約 16 万人（33 位）と激減した．イスラエルが短期間にシナイ半島やゴラン高原を制圧した 1967 年の第三次中東戦争（六日戦争）以後，ソ連における反体制運動の進行もあってソ連からの移民が増加し，1971 年から 1991 年の間に，75 万人のユダヤ人がイスラエルやアメリカ合衆国に移民したといわれる（Brown et al., 1994）．

ユダヤ人は差別，迫害される一方で，社会的には重要な役割を果たしてきたことが指摘されている．例えば 1987 年のデータではあるが，当時ソ連においてユダヤ人の占める割合は約 0.5% であったが，高等教育ないし専門教育を受けた者の中での比率は 1.4%，あらゆる学者の中で占める比率は 4%，医学博士に占める割合は 10% という数字がある．その他にも法学者，医者，文化関係者・芸術家，作家・ジャーナリストの中でも多くのユダヤ人が活躍してきた．

ソ連体制自体の反シオニズム的性格は特にスターリン期に優勢であり，公職からの追放や言語文化的制約，禁止などの差別的，抑圧的政策が実施された．このような中で公的な反ユダヤ的色彩を弱める意味も込めて，1934 年に極東のハバロフスク西方にユダヤ自治州が設立された．ユダヤ自治州は当初ユダヤ人の民族的ホームランドを目指し，東方ヨーロッパのユダヤ人の文化的繁栄の地の建設が想定され，また公的な反シオニズムの隠れ蓑的存在として設立された．ユダヤ自治州は本来ソ連国内のユダヤ人の多くを移住させる目論見であったが，彼らを惹きつけるには至らず，州内のユダヤ人人口は決して多数派にはなりえなかった．この州におけるユダヤ人の母語であるイディッシュ語（ドイツ語にヘブライ語等の要素が加わって成立した，ヘブライ文字表記の中東欧出身のユダヤ人の言語）の扱いは，公的ステータスを保持した時期もあったが，概して複雑であった．現在ユダヤ自治州の公用語はロシア語のみである．ユダヤ自治州内には，1979 年に 1 万 200 人のユダヤ人（州総人口の 6%）が居住していたが，2002

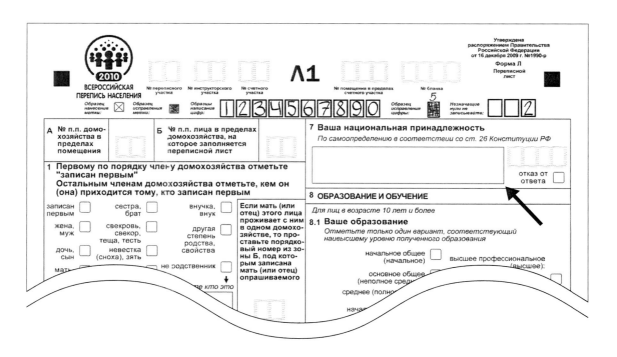

図 10.1　ロシア国勢調査 2010 の際に使われた調査票の一部（ロシア国勢調査 2010 資料）
7 番の民族帰属記載欄「あなたの民族帰属」（矢印）には「ロシア憲法第 26 条に基づく自己決定による」との注記がある．その右下のチェック欄は「回答拒否」である．

10.1　ロシア人の移動とロシア化　　131

年にはその比率は1.2%，2010年には0.9％にまで減少している（ロシア国勢調査2010）．

ロマ人（ロシア語ではtsygane，自称はルスカ・ロマ）とその文化もロシア・ソ連の社会の構成要素として重要である．ロシア周辺にも，ウクライナ，ベラルーシ，バルト諸国に居住している．ロマ人は北インドから中・東欧地域に移動したグループの末裔とされ，ロシアには2つの流れで移民してきたといわれる．1つは15〜16世紀にバルカン半島経由で，もう1つは16〜17世紀にドイツ，ポーランド経由できたというものである．

ロマ人の国勢調査時の人口は，1989年に15万2,939人，2002年に18万2,766人，2010年に20万4,958人と増加している（2002年/1989年の増加率は139%）．1989年のソ連全体に占める人口は26万2,000人であるが，実際の人口は50万人に近いであろうという推測がなされている．その理由の1つに，移動生活をする者が多く居所が一定ではないことがある．このこともあり，ロマ人は第二次世界大戦時にはユダヤ人と同様とみなされて迫害され，数多くの犠牲者を出したことは，あまり知られていない．

彼らの非定住性や恒常的な職業に就労しない傾向に対し，ソ連当局は当初より，彼らを定住化させ，土地を賦与して集団農場を用意するなどして，社会主義経済社会に組み込もうと試みたが，ほとんど功を奏さなかった．1956年にはロマ人の定住化を企図した最高会議決定が出され，浮浪生活自体を犯罪として不服従者に強制労働につかせることを目論んだ．シベリアに強制移住させられた者もいたが，実質的効果は少なかった．

ロシア社会においてロマ人の活動で一番知られているのは歌謡・舞踏活動であろう．1931年に創設されたモスクワのロマ劇場「ロメン」は，現在まで続く有名な劇場である．

ユダヤ人やロマ人に対する（差別）問題は，ロシア社会における影の部分として，現在に至るまで諸方面・諸分野において課題となり続けている．

10.1.3　カフカス問題と民族

「カフカス問題」とは，ロシア側からみたカフカス地域の諸民族との関係とその対処・統治法をめぐる歴史学的・政治史的用語である．この地域は過去にオスマン帝国，イラン，ロシア帝国の間での角逐の場となったが，19世紀中にロシアの支配下に入った．20世紀に入りソ連政権成立前後にもさらなる紆余曲折があった．この地域のソ連化に際しても，当初ザカフカス社会主義ソヴィエト共和国連邦が1922年に成立したが，その後1936年に現在の3国（ジョージア，アルメニア，アゼルバイジャン）に分割されてソ連解体まで推移した．1920〜1930年代には，これらの諸国，特にジョージアとソ連政権との間およびソ連共産党政権内部において民族政策をめぐり「グルジア（ジョージア）問題」と呼ばれる熾烈な論争が発生した．

このようなソ連政権初期におけるこの地の民族問題を背景にした諸関係は，ソ連崩壊前後に再び表面化することになる．主なものだけでも，ペレストロイカ期から衝突が表面化したアゼルバイジャンのナゴルノ・カラバフ自治州（現在アルメニア共和国統治下），ジョージアの南オセチア自治州，アブハジア自治共和国（いずれも現在独立し，ロシアの支援のもとにあるが，国際的には未承認国），同じくジョージアのアジャリア自治共和国（現段階ではジョージア政府の統治下にある）がある．これにロシア連邦内の北カフカス地域のチェチェン問題などを加えれば，この地域がいかに政治的に不安定であるかがうかがえる．その背景として，歴史的に築き上げられてきた諸民族の居住地とその変遷や相互の関係という民族問題や宗教的対立といった問題が複雑に絡んでいることは否めず，そこに問題の深刻さが横たわっている．本章では10.4.1項においてこの地域の民族文化的概説を述べるにとどめることにする．

10.2　シベリア遊牧民の暮らしと文化

10.2.1　シベリア北方先住少数民族とは

16世紀以降に進展したロシアのシベリア進出により，シベリアには先住の異民族が居住してい

ることが「発見」されていった．彼らの多くは狩猟，漁労，トナカイ牧畜といった生業に従事し，移動（遊動，遊牧）生活を送り，ヨーロッパ世界とは異質な生活文化様式を保持していることで，すでに帝政時代に一定の注目がなされてきた．彼らが「少数」や「先住」という用語でくくられるようになったのは20世紀になってからのことであり，帝政時代には異民族（異族人）を意味するイノローデッツ（inorodets）と呼ばれ，統治の対象として特別な分類がなされた．ソ連期には，必ずしも厳密なものとはいえないが，民族の規模や階層によりナロード，ナロードノスチなどの名称が付された．

ナロードの名称は一定の規模の人口でかつソ連期に自治共和国を保持した民族（シベリアではアルタイ，ハカス，ヤクート，トゥヴァ）に賦与され，それより少数で自治共和国より下の区分（民族管区/自治管区）ないし自治単位をもたない民族に対してナロードノスチの名称が賦与されることになった（実際には，この用語の用法は徹底されたわけではない）．このうち，人口が多い前者を除く少数民族を一定のカテゴリーとする枠組みが，ソ連初期の1920年代にできあがった．ソ連期にはこれらの諸民族について，その言語，物質文化，精神文化などの観点から調査されるようになる．すでに1925年の全ソ中央執行委員会・内務人民委員会決定で北方小民族ないし少数民族として26の民族が確定し，ソ連期末までこの民族数で確定して推移した．彼らは略称として北方民族（ナロードノスチ/ナロードゥイ・セーヴェラ）と呼ばれ，ときに小民族（マールィエ・ナロードゥイ/ナロードノスチ）ともいわれた．ソ連崩壊後の1996年に，それまで独立した民族として扱われなかった3民族が追加的に認定され，以下の基本法整備に至った．

ロシア連邦の成立以降，先住民族の諸権利をはじめとする法制度や施策についての国際標準化などが試みられ，ロシア先住民族に関する基本法（「先住少数民族の諸権利の保障に関するロシア連邦法律」）も1999年に制定された．その法律に従い，当該法による規定の対象となる民族リストが作成された．その基準としては

①伝統的居住地域に居住
②伝統的生活・生業様式を維持
③人口5万人以下
④民族としての自覚を保持

があげられた．この基本法に基づき2000年にロシア連邦先住少数民族統一リストが作成された．その後改訂が数回行われ，2016年現在，50の民族（集団）が認定されている．

この基本法による先住少数民族のカテゴリーとは別に，2006年4月17日付政令で「北方，シベリア，極東先住少数民族」として40の民族が認定されている．これは上記の「北方（少数）民族」の流れを汲んで1つのまとまりをなしている集団で，2010年の国勢調査時の彼らの総人口は25万1,710人（全人口の0.18％）である（ただしこのときの認定民族数は38）．両者の違いは，前者には北方，シベリア，極東以外の地域（例えば北カフカス地方）に居住する先住民族が含まれている点と，北方でも一部の民族に認否の相違がある点である．以降ではシベリア北方地域に居住する先住少数民族として「シベリア北方先住少数民族」と略称し，後者のカテゴリーを扱うことにする．

10.2.2　シベリア・トナカイ遊牧民

シベリア北方先住少数民族の多くは，伝統的生業としての狩猟・採集・漁労，ならびにトナカイ牧畜に従事してきた．ソ連期においては，これらの生業は伝統的であると同時に，低生産性，未開性，後進性というレッテルを貼られ，これらに従事する民族ないし住民集団は特別なカテゴリーの集団として扱われてきた．その結果，特別な施策が必要な住民として，様々な特権（免税措置，高等教育入学特別枠など）を賦与されるに至った．ソ連崩壊以降はこれらの特権的措置は基本的には継続されたが，彼らの就業企業の廃業や経営不振により，生活水準が低くなったり，失業状態に陥ったりといった事態が発生した．他方で，彼らに対する保護政策は時を経て，縮小されつつもときに形を変えて維持されてきた．現在では所得税の免除，サケ科の魚などの特別漁獲クオータの設定，特別手当の支給，高等教育機関への入学特別

枠の設定といった諸措置がある．これらはアファーマティブ・アクション（積極的差別是正措置）の一環ととらえることができる．国営や公営のトナカイ飼育企業などが補助金により支えられているのは，ソ連期と基本的に同じ状況である．

上記において，シベリア北方先住少数民族の多くがトナカイ牧畜に従事しつつ，複合的な生業に従事して生存の方途を探ってきたことを述べた．とはいえトナカイ牧畜は彼らの多くの間で主たる生業であり，現在でもトナカイの放牧地を探求しつつ移動（遊牧）生活を送っている．40 あるシベリア北方先住民族のうち 16 ないし 17 の民族がトナカイ牧畜に従事しているといわれている．トナカイ牧畜は，極北の広漠としたツンドラやタイガという自然・植生環境への適応の極致として評価できる文化装置である．狩猟・漁労のほかにトナカイを家畜化して放牧する生業を得ることで，当地の先住民は北方ユーラシアの広大な空間をエクメネ（人類の居住可能圏）として利用することに成功した．基本的に食料（餌）を野生の植生に依存する家畜トナカイは，放牧管理することで飼育可能であり，その産物である移動力（輸送力），肉その他の食用部分（地域グループによっては乳を利用する），毛皮や角，骨などの素材を利用する生活様式が確立した．

ソ連期にはほとんどのトナカイ飼育者がコルホーズやソフホーズといった集団化国営/公営企業に編成され，地域産業として一定の貢献をしてきた．とはいえ，遊牧を基本とする飼育形態は基本的に変わらず，飼育者も先住民が担当したため，トナカイ群の放牧管理を任される労働班（ブリガーダ）は基本的に家族単位で構成され，伝統的飼育法を維持したところがほとんどであった．そのためソ連崩壊後も，集団化企業体での改編という形で対応する試みがなされた．結果として，国営，公営のままの企業体，私企業として再編された企業体，個人企業の集合体形式での再編などの諸形態が出現した．一部の集団化企業体は体制転換の波を越えられずに廃業し，地域社会に大きな混乱をもたらしたという現実もある．家畜トナカイの頭数は，ソ連期の 1960 年から 1990 年初めまでは 200〜250 万頭台で推移してきたが，ソ連崩壊後は減少が続き，2000 年には 120 万頭にまで減少した．その後は地域行政単位（共和国，自治管区など）の積極的保護政策もあって漸増しつつあり，2012 年には 158 万頭となっている（頭数はロシア農業統計 2015 による）．

ここで付言しておかなければならないのは，現在の家畜トナカイのうちかなりの部分を個人経営下のトナカイが占めているという事実である．特に西シベリアのネネツ人によるトナカイ飼育の多くがこのような個人経営によるものである．ヤマル・ネネツ自治管区（ヤマロネネツとも表記する）という行政単位にはロシアの家畜トナカイの 43 ％に相当する 68 万頭余が飼育されているが，そのうちの 53 ％，40 万頭近くは個人経営下にある（数値はヤマル・ネネツ自治管区統計）．

筆者は 1995 年より，このような個人経営（家族経営）のトナカイ牧畜民の調査を行ってきた．彼らはツンドラの極限的な環境のもと，周年遊牧体制で，家族単位で移動家屋（テント）により年間数十回の移動を繰り返しつつトナカイ牧畜を維持する生活を送っている（写真 10.1）．

数千頭前後の家畜トナカイをいくつかの群に分けてブリガーダに担当させる集団化企業とは異なり，個人経営者は数十〜数百頭のトナカイを輸送力，機動力としてのそりの牽引の動力として利用しつつ（生体利用），限定的に屠畜して肉その他の食用部分，毛皮（衣服，テントの被覆用），角（夏

写真 10.1 キャンプ移動中のツンドラ・ネネツ人のトナカイ遊牧民とキャラバン隊（ヤマル・ネネツ自治管区, 2001 年 11 月）

の袋角は薬用に売却，骨化したものは骨とともに素材利用）を利用してきた（屠体利用）．なお現代ネネツ人は，トナカイに騎乗したり駄獣として直接荷駄を負わせることはなく，また搾乳の習俗もない．また彼らの世界観の中において，至高霊や主霊(川，湖，大地母神など)，悪霊などとともに群の守護神など家畜トナカイを統率する霊的存在も存在する．狩猟・漁労開始時や葬送時，冬至以後最初の日の出時などには，供儀の対象となることもある．

家畜トナカイによるそりの牽引で保証される機動力のおかげで，群の管理をはじめ狩猟や漁労活動，薪水採取，集落訪問，テント間移動などの手段が確保され，生活の様々な局面での諸物資，資源の確保の基礎が保証されてきた．同時に彼らの精神面，象徴的役割を果たしてきたのも現実である．トナカイ牧畜は，飼育民にとっては主要な生業活動であるが，上述の通り彼らは複合的生業に従事することで生存の確保を行ってきた．特にネネツ人は小型の刺網を使い，遊牧域の水系に豊富なサケ科コレゴヌス属の魚（シロマス）を主要な漁獲の対象として積極的に漁労に従事して食材を確保してきた．冬季の氷結期にも氷下刺網漁を行って漁獲を確保している．また，罠猟や猟銃を使った狩猟により，野鳥類やウサギなどの小動物を捕獲して食材の確保をしている．ときに野生トナカイやヘラジカに遭遇してこれらを狩猟することもある．罠猟ではホッキョクギツネなどの毛皮獣も捕獲して現金収入源となってきたが，近年では都市住民のファッション性の問題や他素材の製品の増加，さらには動物愛護運動の影響による毛皮需要自体の低下により，販路は限定的である．さらに石油・天然ガス開発地との錯綜に加え，地球温暖化によるとみられる環境変化の居住環境の動植物相への影響も懸念され，彼らの生活基盤の脆弱さが深刻な問題となっている（岡ほか，2009；高倉，2012）．

このような個人経営によるトナカイ牧畜の存続は，ソ連期に事実上家族経営の経営形態が一定規模で存続してきたことを物語っており，社会主義的集団化経営一色に塗られがちなソ連期の農業実態の複雑さを改めて想起せざるをえない．

10.3　中央アジアのイスラームの暮らしと文化

10.3.1　中央アジア諸国のイスラームとは

わが国で「中央アジア」という名称で連想するのは，まずシルクロードであろうか．その「中央アジア」と呼ばれる地域の範囲は必ずしも一定しているわけではない．まず，ソ連期の「中央アジア」には「スレードニャヤ・アジア」と「ツェントラーリナヤ・アジア」という2つの言葉があり，前者は旧ソ連構成国である（現）ウズベキスタン，キルギス，タジキスタン，トルクメニスタンの4国を指す用語であった．これに対して後者は旧ソ連の版図を超えたモンゴルや新疆ウイグル，トルキスタン，チベットなどの内陸アジア諸地域の統合的名称として使われることが多かった．近年では内外で「中央ユーラシア」の用語も散見されるようになった．ここでは近年の用法をもふまえて，「中央アジア」としてウズベキスタン，カザフスタン，キルギス，トルクメニスタンにタジキスタンを加えた旧ソ連構成共和国5か国を対象としたい．

この地域は気候的には乾燥地帯で，ステップ地帯や砂漠地帯が卓越するが，他方で，海抜マイナス28mのカスピ海沿岸地域（トルクメニスタン）から，7,495mのコミュニズム峰（タジキスタン）に至る多様な景観や地形を擁する地域でもある．この地の住民は，歴史的に遊牧民が多いといえるが，南部のオアシス都市を中心に定住者も居住し，オアシス農業という特有の生業も展開してきた．これら諸国の公用語は，テュルク語系のウズベキスタン，カザフスタン，キルギス，トルクメニスタンとイラン系のタジキスタンに分かれる．また宗教はイスラームが卓越的に浸透している．

ここでは各国事情を個別に詳細に述べることは避け，主要国であるウズベキスタンとカザフスタンの民族状況の特徴的側面について簡単に述べ，その後で中央アジアの宗教・文化的状況について概説することにしたい．

ウズベキスタンは人口3,212万人（2017年）で中央アジア最大の人口を擁する．日本より少し大

きめの国土（44万7,400km²）を有し，その中でもオアシス地域に人口が集中している．首都はタシケントである．民族構成は，テュルク系のウズベク人が79％を占め，以下タジク人（5％），ロシア人（4％），カザフ人（4％），カラカルパク人（2％）などである（2002年）．このうちカラカルパク人はアラル海南部のカラカルパクスタン共和国を中心に居住している．工業人口が20％であるのに対して農業人口は44％を占め，農業国の色彩を帯びている．ソ連時代より綿花の栽培で有名な農業国である（4.3.1項参照，ウズベキスタン国家統計委員会）．

カザフスタンは人口1,769万人（2016年）で，国土は日本の7倍を超える272万km²に達し，中央アジア最大である．首都は1997年にアルマトゥよりアスタナに移転している．民族構成はカザフ人67％，ロシア人21％，ウズベク人3％，ウクライナ人2％などである（2016年，カザフスタン国家経済省統計委員会）．ロシア人は帝政期の中央アジア入植や第二次世界大戦後の処女地開拓により移住し，1930年代の遊牧民強制的定住化に伴う大量死によりカザフ人の比率が低下していった．第二次大戦前・戦中のソ連民族強制移住と戦後の処女地開拓も民族構成の複雑化に拍車をかけ，一時カザフ人は30％程度にまで落ち込んだ（1959年国勢調査時）．しかし，ソ連崩壊後はロシア人が流出し，カザフ人比率が上昇した．

イスラーム化したテュルク系諸民族の遊牧集団が，10世紀頃にはこの地域を遊牧範囲としていた．その後モンゴル帝国の統治下でのイスラーム化も進んだ．そして帝政ロシアが16世紀より3世紀かけて中央ユーラシアに版図を拡大した結果，巨大なムスリム人口を帝国内に抱えることになった．その数は20世紀初頭において約2,000万人で，これはロシア帝国人口の約13％を数えた．ソ連期には当初政権側は民族解放運動との提携を目指す戦略を展開し，ロシア・ムスリム地域の各地で革命の隊列に加わったムスリム・コミュニストは，ソヴィエト権力の確立と内戦の勝利に貢献した．しかし1920年代後半より，ソヴィエト政権はムスリムに対する断固たる攻撃を開始

し，イスラームの諸制度や慣行がムスリム地域の後進性の主要因，社会主義建設の障害とみなし，イスラーム法やアラビア文学の廃止，モスクなどの宗教教育施設の閉鎖，ムスリム知識人・聖職者への抑圧，粛清が進められた．ソ連時代にはロシア・ムスリムの活動も停滞を余儀なくされたが，ペレストロイカ政策の実施による宗教自由化により，1990年代にはイスラーム復興が急速に進んだ．

イスラームの再生，復興は，ソ連末期のペレストロイカにおける宗教への回帰現象の一環であったという点を指摘しておく必要がある．イスラームの再生には地域的な様相もあり，またソ連時代の世俗主義的な環境や教育のために，イスラーム的慣行には従っても，イスラーム信仰には関心をもたない人々も少なくないのが現実といわれている（帯谷ほか，2012）．

10.3.2 文化的特色

中央アジア諸国に共通する文化的状況としてまずあげなければならないのは，イスラームの浸透という点であろう．歴史的に，中央アジアにおいてイスラームがこの地域に受容され普及するには長い時間がかかったはずである．またイスラームを受容してからも，それ以前の民間宗教的形態を残存させ，一部イスラームと習合する場合もあるだろう．帯谷ほか（2012）では中央アジアのイスラーム化のプロセスの重要な点として，以下の3点をあげている．

①この地のイスラーム化は長期にわたるプロセスであり，イスラーム化の後も，既存のイスラームの革新をはかる動きが繰り返された．

②イスラームはまず南部のオアシス地域に根づき，そこから長い時間をかけて草原や高原の遊牧民の間に浸透していった．遊牧民社会を律したのはむしろ慣習法であったという側面がある．

③イスラームは多様なエスニック集団の移動と混合が繰り返された当該地域の社会と文化に緩やかな統合と秩序をもたらした．

このような伝統的システムがソ連期には否定ないし除去されたかにみえたが，実は基層文化とし

て息づいてきたことは，現在のこの地域における
イスラームの復興が証明しているといえる．

　もっとも，中央アジアのイスラームと中東地域
のイスラームとの間には相違がある．ウズベキス
タンでは宗教は個人的な問題であり，集団として
選択するものではないとする世俗主義が根づいて
いる．このような世俗主義的傾向は都市部におい
て強く，宗教への愛着が薄れている（ダダバエフ，
2008）．

　このような宗教的状況とともに，いわゆる伝統
社会の構造，機能の継承という側面も指摘してお
くべきであろう．ソ連期にはソ連化，ロシア化の
進んだ側面も少なくなかったであろうが，他方で
伝統的社会構造や組織はソ連期にも継承・温存さ
れてきたものがある．典型的なものとして，ウズ
ベキスタンの都市の住宅地域にマハッラと呼ばれ
る地域末端組織としてのコミュニティで，かつ行
政区域・行政単位がある．住民にとっては，相互
扶助的ネットワークであり，非金銭的相互扶助の
仕組みであった．ソ連期にはソヴィエト的機能を
賦与されたりしながら形式的に存続したところも
ある．ソ連崩壊後，独立とともに公的地域末端組
織としての性格が賦与されている側面もあるよう
であるが，概して旧来に近い方向での復活がなさ
れている模様である（宇山，2003；ダダバエフ，
2008：2010）．

　中央アジアのイメージの1つに遊牧と遊牧民と
いうものがあろう．一般に移動式住居（テント／天
幕小屋）に住み遊動性の高い牧畜の一類型を遊牧
というが，当地では牧畜は主にテュルク系の諸民
族により営まれてきた．カザフ人，クルグズ（キ
ルギス）人などが代表的である．現在，純粋な形
での周年移動生活を送る遊牧民はきわめてまれと
いえるが，牧畜という生業に必須の要素である放
牧のために一定の移動を伴う家畜飼育自体は当地
域の生業形態として維持されている．ソ連期には
農業集団化政策により，この地域の家畜飼育も集
団経営化され，畜産コルホーズ，畜産ソフホーズ
といった集団化経営の国営／公営企業体が存続し
た．ソ連崩壊後において，これら集団化公営企業
の農業経営体への改編が進められたのは，旧ソ連

の他地域と同様である．このうちカザフスタン，
キルギス，タジキスタンは，急進的な改革を導
入，斬新的な改革を目指したウズベキスタン，ト
ルクメニスタンとは一線を画した．カザフスタン
とキルギスでは，家畜飼育部門は壊滅的状況に陥
っているともいわれる（帯谷ほか，2012）．

　中央アジアの別のイメージに，シルクロードが
あろう．ヨーロッパと中国を結ぶルートとして，
オアシス都市を中継しつつ開拓されたルートの重
要な部分を中央アジア地域が担ってきた．近代以
降はその重要性は低下したが，近年は新たな国際
関係の中での交通のルートとしてその可能性が模
索されている．例えば国連アジア極東経済委員会
（ECAFE）（現，アジア太平洋経済社会開発委員
会（ESCAP））が1950年代に提唱したアジア・ハ
イウェイ計画がある．既存の道路を利用しつつ，
将来的に国際的な基準にかなう高速道路を整備す
ることが計画されている．8本の幹線ルートを軸
に47の支線ルートが計画される中で，3路線が
中央アジア地域を経由する．また，欧州側からは
TRACECAというEU主導の構想もある．これ
は，港湾，鉄道，道路の整備を通じて，ユーラシ
ア内陸部とヨーロッパとの流通の連携をはかろう
という構想である．

10.4　カフカスの民族の暮らしと文化

10.4.1　カフカス三国と諸民族

　カフカス三国とは，カフカス山脈の南側に位置
し，旧ソ連の構成共和国であったジョージア（グ
ルジア），アルメニア，アゼルバイジャンの3国
のことで，南カフカスともいう地域である．かつ
てソ連期には「カフカス山脈の向こう側の地域」
を意味する「ザカフカジエ」と呼ばれた地域であ
るが，ソ連崩壊以降はこの名称はあまり使われな
くなった．これらの3国のほかに，カフカス山脈
の北側には北カフカスとも呼ばれる地域に，ロシ
ア連邦の連邦構成単位である7つの共和国（ダゲ
スタン，チェチェン，イングーシ，北オセチア，
カラチャイ・チェルケス，カバルダ・バルカル，
アディゲの各共和国）がある．

　カスピ海と黒海に挟まれるカフカス地域は，上

記のカフカス山脈の分水嶺を境に南北カフカスと分けて呼ばれることが多いのは，ロシアとそれ以南を画する形になったためであろう．しかし元来は地域全体が1つの文化圏であり，このことが現在でもこの地域の文化，政治・社会関係の底流を規定している．

カフカス地域は諸言語の話者が多数入り組んで居住しており，言語の山ともいわれる．カフカス三国においては，話者人口順にアゼルバイジャン語（900万人），アルメニア語（700万人），グルジア語（410万人）が多数派言語であるが，これに北カフカスのチェチェン語（70万人），アヴァール語（60万人），チェルケス語（57万人）が続き，それ以外の話者人口の少ない（数千～数万人）言語も多数である．

アゼルバイジャン語はテュルク語派の言語で，隣接するイランのアゼリ語とは方言程度の差であるという．ソ連時代はキリル文字を採用したが，独立後はラテン文字に変更した．アルメニア語はインド・ヨーロッパ語族の中のアルメニア語派の言語で東西の方言がある．アルメニア共和国で話されるのはほとんどが東方言といわれており，アルメニア文字という表記法を有する．グルジア語は南コーカサス語族（カルトヴェリ語族）の言語であるが，バスク語などとの親縁関係を主張する研究者もおり，グルジア文字を有する．これらの諸言語は系統的に異なるが，周辺諸語相互間での借用も多い．

帝政ロシアは1801年の東グルジア（カルトリ・カヘティ王国）併合以後，カフカスに領土を広げていった．19世紀の前半には現在のカフカス三国に近い領域が帝政ロシアの領域になった．このように，この地域はすでに19世紀よりロシアとの関係を密接にもってきた．

a．ジョージア

ジョージア（グルジア，グルジア語による国名はサカルトヴェロ）はカフカス山脈の南側に位置し，黒海に注ぐクラ川水系上に展開している．北方は高峻な山岳地形が卓越しているが，クラ川沿岸には農地が広がる．温暖な気候を利用して，果樹，野菜，茶などが豊富に栽培されてきた．

人口は373万人（2014年）で，ソ連最後の国勢調査時（480万人，1989年）に比べて激減している．ソ連崩壊後はガムサフルディアを初代大統領として独立したが，民族紛争や内紛が相次いだ．旧ソ連で外相を含め党要職を経験したシェヴァルナッゼが大統領になると，親欧米路線を歩む一方でCISにも加盟した．2004年に当時36歳のサーカシビリが新大統領になると親欧米路線はさらに顕著となったが，国内情勢は不安定化した．2008年には南オセチア（自治共和国）をめぐりロシアとの間で紛争が発生，アプハジア自治共和国，南オセチア自治共和国，アジャリア自治共和国といった民族自治区域との関係に関する問題が先鋭化した．2008年8月にロシアがアプハジア，南オセチアを国家承認したため，ロシア–ジョージア間の国家関係は非常に複雑な状況に陥って今に至っている．2012年の議会選挙でロシアとの関係改善を目指す野党連合「グルジアの夢—民主主義グルジア」が勝利し，2013年の大統領選挙で「グルジアの夢」が推薦したギオルギ・マルグヴェラシヴィリが選出された．

ジョージアは民族的には複雑である．人口371万人のうちジョージア人が87%と圧倒的な比率を占める．その他の民族はアゼルバイジャン人6%，アルメニア人5%で，ロシア人は1%で2万6,500人程度である．宗教的にはキリスト教（グルジア正教会）が83%，ムスリムが11%，3%がアルメニア教会に帰依している．キリスト教のカトリックやプロテスタントは僅少である（ジョージア国家統計局，2014年）．

ジョージアはソ連期から国内に2つの自治共和国（アプハジア，アジャリア）と1つの自治州（南オセチア）を抱えてきた．このうち2016年現在で中央政府の管轄が及んでいるのはアジャリア（アチャラ）自治共和国のみで，ほかの2つ，アプハジア自治共和国と南オセチア自治州はロシアの肩入れで統治が及んでいない．黒海の東岸に位置するアジャリアは，スンニ派のイスラーム教徒のジョージア人が多い地域である．

ジョージアの国土は中部のリヒ山脈により東西に分けられる．東側は乾燥した大陸性気候で，ヒ

ツジを主とする家畜飼養とコムギ栽培が盛んであり，最東部のカヘチアはワインの産地である．一方西部は湿潤な気候で，ブタの飼育とトウモロコシ栽培が盛んである．黒海沿岸の地域（グリアとアジャリア）は湿度の高い地帯で，ソ連期から茶や柑橘類の栽培が盛んな地である．ソ連期にモスクワで紅茶といえば，一般にグルジア紅茶の各種等級のものが販売されていた．それは，日本などのソ連外貨ショップ「ベリョースカ」などでも購入することができた．しかしソ連崩壊前後から，グルジア紅茶はほとんど入手不可能となった．集団化経営体制の崩壊による国内の栽培地の機能停止によるものであろう．

ジョージア人は尚武の気風を保ち，ユネスコの「人類の口承及び無形文化遺産の傑作の宣言」リストに最初に載ったポリフォニー，民族舞踊，古式武術（チダオバ）といった独特の文化を有している．またワイン，乳製品を中心に特徴のある食文化を展開している．周辺諸国の大都市にジョージア料理店のないところはないといっても過言ではない．また山岳地帯を中心に長寿の国としても知られている．

b．アルメニア

アルメニア（アルメニア語ではハイアスタン）は人口 301 万人（アルメニア国家統計局，2015 年）であるが，ジョージア同様，ソ連末期（1989 年に 354 万人）より減少した．民族構成は 98％をアルメニア人が占め，そのほかはヤズィデイ人（ヤズィデイ教を信奉するクルド系住民）1.2％，ロシア人 0.4％，アッシリア人 0.1％などである（アルメニア国家統計局，2011 年）．このように，アルメニア共和国はアルメニア人の占める比率のきわめて高い構成となっているのが特徴である．首都はエレヴァンで，同国の人口の 3 分の 1（107 万人）が集中している．

アルメニア人は国外在住者が多く，アメリカ合衆国やフランスそのほかにおいてディアスポラを形成していることで知られる．全世界でのアルメニア人全体の人数は諸説あるが，550～700 万人といわれている（中島ほか，2009）．

アルメニアは現在ジョージアとトルコの間に位置する内陸国であるが，歴史的にはアルメニア人居住地は南北により広範であり，その頃のアルメニア人の居住範囲を「大アルメニア」と言い表すことがある．国土の大半は標高千 m 級の山岳性の高地に展開している．首都のエレヴァンは標高 900 m，平均標高は 1,800 m，最高峰はアラガツ山で 4,095 m という高原国である．なお，ノアの箱舟がたどり着いたとされ，アルメニア人の聖地として知られるアララート山（標高 5,137 m の大アララート山と 3,896 m の小アララート山からなる）は首都エレヴァンからもその美麗にして神々しい姿をみることができるが，現在はトルコ領に位置している．

ペレストロイカ期に顕在化した，隣国アゼルバイジャン領内のアルメニア人自治州ナゴルノ・カラバフをめぐる両国間の紛争により，ナゴルノ・カラバフは現在はアルメニアの管轄下にある．1988 年 12 月にはアルメニア地震（スピタク地震）が発生し，北西部の被災地では約 2 万 5,000 人の犠牲者を出した．

アルメニアではアルメニア教会が広く受け入れられている．アルメニア教会はアルメニア使途教会とも呼ばれる単性論派に属すキリスト教の一派で，301 年に世界で初めて国教とされたことで知られる．首都エレヴァンの西方のエチミアジンに教会の首長の座がおかれた．また，文化的にはアルメニアは芸術家を多く輩出してきた．19 世紀に風景画家のアイヴァゾフスキー，近代文学の父アボヴィアン，音楽家のコミタス，20 世紀では作家のトゥリアニ，アルメニア系アメリカ人サロヤン，作曲家のハチャトリアン，アルメニア系フランス人の歌手アズナブール，映画監督のパラジャーノフなどが知られている．

c．アゼルバイジャン

アゼルバイジャン共和国はカフカス三国の中では人口が最も多く，現在は 954 万人を数える（2014 年）．人口増加率も高く，1970 年比で 1.8 倍，1989 年比でも 1.3 倍に急増している．このうち民族構成は，アゼルバイジャン人が 92％，レズギン人 2％，ロシア人 1％，アルメニア人 1％などとなっている．アゼルバイジャン人の比率

は，ソ連崩壊前の 1989 年（83％）に比べて 10％
近く増加した（2009 年）．なお，隣接するイラン
の一地方には，アゼルバイジャン共和国の人口を
はるかに上回る 1,000 万人以上のアゼリ人（アゼ
ルバイジャン人）がイランの少数民族として居住
している．

火の国と呼ばれるアゼルバイジャンは，東側は
カスピ海に面する低地で湿潤性の気候，西側は山
地性の地形で内陸乾燥気候である．本土とは別に
アルメニア共和国とトルコに囲まれた飛び地のナ
ヒチェヴァン自治共和国を有する．上述の通り，
アルメニア人口が多いナゴルノ・カラバフ自治州
およびその周辺地域は現在アルメニアの統治下に
あるが，いまだ散発的にアゼルバイジャンとアル
メニアの間で戦闘行為が続いている．

首都のバクー周辺のカスピ海地域は産油地とし
て 20 世紀初頭より有名であった．第二次世界大
戦後は内陸部の石油はほぼ枯渇したが，独立後は
外資を導入したカスピ海の海底油田開発により，
新たな産油体制に入っている．

10.4.2　文化的特色

カフカス三国は宗教面では対照的ともいえる特
徴がみられる．この地域にはユダヤ教，キリスト
教，イスラームの各派が混在している．アルメニ
アとジョージアはキリスト教のうち，前者はアル
メニア教会，後者は東方正教会の一派であるグル
ジア正教会が主流である．上述したようにアルメ
ニア教会は世界最初の国家宗教として知られてお
り，アルメニアの人口の 94％がアルメニア教会
に属し，一部がカトリックとプロテスタントとい
う構図である．また，国外にも信者が多く，その
数は 700 万人ともいう．

グルジア正教会の総本山は首都トビリシの旧市
街に位置する．旧ソ連時代にグルジア正教会は全
ソ連に 33 を数えただけであったが，独立による
宗教自由化を経て現在では 1,000 を超えていると
いう（帯谷ほか，2012）．

アゼルバイジャンの宗教はシーア派のイスラー
ムが卓越的で，ロシアおよびその周辺のイスラー
ムの多くがスンニ派であることと対照的である．
なお，以上の状況は 3 国の代表民族についてのも

のであり，各国国内の少数民族の宗教的状況をも
考慮すれば，カフカスの宗教事情はその言語的状
況とともに複雑である．

アルメニアやジョージアにおいては，キリスト
教教会建築を背景に高度な宗教建築の文化が花開
いてきた．そのほかにも，カフカス地域ではその
古く遡る歴史を背景に，多様多彩な芸術文化が展
開されてきた．それは工芸，美術，文学（口承文
学を含む），演劇，音楽，舞踊，映画といった多
様な分野に及ぶ．

この地域は旧ソ連では南部の温暖な気候的条件
であるため，中央アジア諸国とともにその条件を
生かした農業生産が行われてきた．そもそもカフ
カス地方は多くの栽培植物種の故郷（原産地）で
あるといわれてきた．特にパンコムギ，ナシ，サ
クランボ，スモモ，リンゴ，ヨーロッパグリ，ブ
ドウの原産地として知られている．ブドウ栽培と
関係するワイン製造についても，ジョージアやア
ルメニアは「最古のワイン地帯」ともいわれてい
る（北川ほか，2006）．

ソ連期においてモスクワのコルホーズ自由市場
に行けば，必ずカフカス系の売り子が，野菜や果
物に乏しいロシアの市民生活の中で豊富な生鮮野
菜，果物，漬物などを山のように陳列して客引き
をしつつ販売していたものである．またブドウの
栽培をもとにワイン（ジョージア）やコニャック
（アルメニア）といったアルコール類の生産や，茶
（ジョージア）の生産も盛んであった．カフカス地
域には，これらの多様かつ豊富な野菜・果物類と
畜産製品（肉類や乳製品）を使った独特の食文化
も展開している．特にジョージアの山岳民は長寿
で有名であるが，その長寿を支える食文化には注
目する価値があるといえる．ロシアの主要都市な
どでは，ジョージア料理やアルメニア料理のレス
トランは外食産業に彩りを添えている．近年はそ
のような旧ソ連構成共和国を代表するような従来
の民族料理文化に加えて，西欧や日本食などの外
来食文化・ファストフード的外食産業が進出して
浸透しているようにみえる（コラム参照）．

食文化を構成する一要素として，宴会の風習を
指摘しておきたい．ジョージアをはじめとして，

140　　10.　多様な民族と地域文化

この地域の宴会には独特の手順や規範が存在する．ジョージアではタマダと呼ばれる責任者，酒宴の長が選出され，その采配で宴が進行する．乾杯の要領や頻度とタイミング，その口上と内容に，そのような場面に遭遇する日本人は少なからず当惑することになろう．　　　　　　［吉田　睦］

引用・参考文献

アルメニア国家統計局：http://www.armstat.am/en/（2017年8月16日確認）

ウズベキスタン国家統計委員会：http://www.stat.uz/en/（2017年8月16日確認）

宇山智彦編著（2003）：中央アジアを知るための60章．明石書店．

岡　洋樹ほか編（2009）：東北アジア（朝倉世界地理講座2）．朝倉書店．

帯谷知可ほか編（2012）：中央アジア（朝倉世界地理講座5）．朝倉書店．

加賀美雅弘・木村　汎編（2007）：東ヨーロッパ・ロシア（朝倉世界地理講座10）．朝倉書店．

カザフスタン国家経済省統計委員会：http://www.stat.gov.kz（2017年8月16日確認）

川端香男里ほか監修（2004）：新版ロシアを知る事典．平凡社．

北川誠一ほか編著（2006）：コーカサスを知るための60章．明石書店．

国立民族学博物館編（2014）：世界民族百科事典．丸善出版．

小松久男ほか編（2005）：中央ユーラシアを知る事典．平凡社．

斉藤震二編（2000）：シベリアへのまなざしⅡ．名古屋市立大学．

ジョージア国家統計局（2014年センサス）：http://census.ge/files/results/Census_release_ENG.pdf（2017年8月16日確認）

高倉浩樹編著（2012）：極寒のシベリアに生きる—トナカイと氷と先住民．新泉社．

ダダバエフ，ティムール（2008）：社会主義のウズベキスタン—変わる国と揺れる人々の心．アジア経済研究所．

ダダバエフ，ティムール（2010）：記憶の中のソ連 中央アジアの人々の生きた社会主義時代．筑波大学出版会．

中島偉晴ほか編著（2009）：アルメニアを知るための65章．明石書店．

日本国外務省HP：ジョージア基礎データ．

http://www.mofa.go.jp/mofaj/area/georgia/data.html（2017年8月16日確認）

モスクワ市CIS研究所（ディアスポラ/統合研究所）：

http://www.materik.ru/rubric/detail.php?ID=10948&phrase_id=1804938（2017年8月16日確認）

ヤマル・ネネツ自治管区統計：http://tumstat.gks.ru/wps/wcm/connect/rosstat_ts/tumstat/ru/statistics/jnoStat/（2017年8月16日確認）

ロシア国勢調査2010：http://www.gks.ru/free_doc/new_site/perepis2010/croc/perepis_itogi1612.htm（2017年8月16日確認）

Brown, A. *et al.* (eds.) (1994)：*The Cambridge Encyclopedia of Russia and the Former Soviet Union*. Cambridge University Press.

Baranov, S. D. and Konov, D. V. (2009)：*Russkaya Natsiya. Sovremennyi Portret*. Mittel' Press.

Demeter, N. G. (1994)：Tsygane. In Panov, V. G.：*Narody Rossii. Entsiklopediya*, pp.390-393, Bol'shaya sovetskaya entsiklopediya.

Foxall, A. (2015)：*Ethnic Relations in Post-Soviet Russia: Russians and Non-Russians in the North Caucasus*. Routledge.

コラム　多民族国家ロシア——モスクワの民族料理店事情

ソ連期のモスクワでは，旧ソ連構成共和国の民族文化に触れることのできる機会がいくつかあった．身近なところではルイノックと呼ばれるコルホーズ自由市場にて，必ずといってよいほど，カフカスや中央アジアからの行商人が自民族食材を販売しており，民族料理店も街角にあった．またヴェー・デー・エヌ・ハー（VDNKh）として知られた「国民経済達成博覧会場」（現，「全露展示場」）に主な構成共和国の経済達成を展示するパビリオンがあった（現在もその名残はあるがロシア国内の地方の展示が多い）．そのほかにも地方から民族舞踊団・アンサンブルが客演に来る機会があった．

ここでは民族料理店の新旧事情について述べてみたい．民族料理店の中にはいくつかの著名なロシア料理店や，中国などの友好諸国の料理店（ホテル兼中華料理店の「ペキン」が有名）と並んで，ジョージア（グルジア）料理の「アラグヴィ」，ウズベク料理の「ウズベキスタン」など，外国人旅行者にも知られたレストランがあった．重厚長大ともいえるロシア料理に比べ，野菜・果物を多用し，味つけや調理法にも多様性のあるカフカスや中央アジアの料理は，特にソ連期の邦人滞在者にとっては貴重な外食の場でもあった．こ

のほかにも質はともかく庶民的なチェブレキ屋（タタール料理の肉入りパイ風の料理），シャシリク屋（カフカス風串焼き肉屋），ヒンカリ屋（ジョージアの茹で餃子風料理）などが時折街角にみられた（写真C10.1，C10.2）。

最近ではかつての構成共和国の諸民族に加えて西側諸国料理や日本料理などが百花繚乱状態で，サービスも格段に向上して外食の場に困ることもない。料理店の種類と数がどのくらいかについて，多少安易ではあるが，あるロシアの広告サイトの情報（http://www.afisha.ru/msk/restaurants/）を使って各国（民族）料理のレストランの数を調べてみた（アクセスは2016年6月4日）。

まずロシア料理（1,585）が圧倒的に多いかと思ったところ，イタリア料理がそれを超える1,619軒を数える。旧構成共和国の民族料理では，ジョージア料理店が612でロシア料理店の半数近くに達する。昨今のロシア-ジョージア国家関係を想起すると，政治情勢は食事情にはさほど影響していないようである。ウズベク料理店は264軒でその次に多く，アルメニア料理店は76軒である。ウクライナ料理店は54軒で，もともと多くなかったが，ロシア料理との違いが少ないからであろうか（ロシア料理として有名なボルシチは，実はウクライナ料理である）。構成共和国の民族以外の料理をあげておくと，ユダヤ料理レストランが19軒，タタール料理店は16軒ある。

参考までに述べると，日本料理店がロシア料理店並みの1,470軒もあることは意外である。かつて1980-90年頃には，モスクワで日本料理店といえば，クラスナヤ・プレスニャの国際貿易センターにあった「さくら」とプロスペクト・ミーラ通りにあった「サッポロ」くらいだったことを思うと隔世の感がある。市内のちょっとしたカフェにも（怪しげな）寿司がおいてあるような昨今であるため，驚くべきことではないのかもしれない。ちなみに中華料理は316軒，またフランス料理店は意外と少なく105軒であった。

［吉田　睦］

写真 C10.1　モスクワ中心部のシャシリク，ヒンカリ料理店（ジョージア料理店）（2011年8月）

写真 C10.2　モスクワ市郊外のジョージア・カフェの料理（2011年8月）
手前：ヒンカリ，右奥：ハチャプリ（チーズ入りパン）．

11 日本，東アジアとの関係――ロシア極東地域

　本章が対象とするロシア極東地域とは，ロシアのバイカル湖周辺より東側の地域を指し，行政区画としては9つの連邦構成主体からなる「極東連邦管区」に一致する．総面積はロシア全体の3分の1を上回る約622万km^{2}および，アメリカ合衆国や中華人民共和国それぞれの国土面積の3分の2ほどにも相当するが，その一方で人口は約650万人，ロシア全体の4.5%程度にすぎず，人口密度はおよそ1人/km^{2}と非常に希薄である．シベリア鉄道など幹線鉄道沿いや天然資源の開発拠点などに点々と都市が分布している．首都のモスクワからは物理的にも心理的にも遠い地域である．

11.1　日本との接触の歴史

11.1.1　近代国家としてのせめぎ合い

　日本人とロシア人の接触は，現在ではロシア極東と呼ばれているこの地域を舞台にして，16世紀末から始まっている．海流の影響で日本の沖合からカムチャツカ半島方面へ漂流した漁民たちが，ロシア人と接触した初めての日本人であった．ロシア人は当初，クロテンの毛皮を求めてシベリアを東進し，先住民のイテリメンやコリヤークの人々に毛皮税（ヤサーク）を要求し，応じなければ容赦なく殺戮した．さらに，清朝の市場でラッコの毛皮が高額で取り引きされていたことから，ロシアの狩人や商人はラッコを追って，海上での狩猟に慣れたアリュートの人々を使役しながら，18世紀初頭にはカムチャツカ半島から千島列島へ進出した．

　それ以前より北海道から樺太を経てアムール川流域に至る地方では，アイヌの人々を含む先住民たちによるいわゆるサンタン（山丹）交易が行われており，この交易ルートの両端は清朝と日本に結ばれていた．日本の江戸幕府は，時として松前藩を介在させながら，アイヌとの交易の「場所」を商人に請け負わせて「運上金」を得るという場所請負制によって，北海道以北に関与していた．

　そして18世紀の後半からは，日本とロシアの勢力争いが顕著になる．ロシア人が千島に拠点を築いたという情報を1759年に得た幕府の老中田沼意次は，大船2隻をもって蝦夷地を探検させ

た．その後1792年にはロシア使節団のラックスマンが根室にやってきた．幕府は1798年にふたたび北方の調査を行わせて択捉島に「大日本国恵登呂府」の標柱を建て，翌1799年には高田屋嘉兵衛が択捉航路を開いた．1804年にはレザノフがロシア皇帝の国書を携えて長崎にやってきたが幕府は拒絶し，その部下が樺太・礼文・択捉・利尻を襲って暴行略奪した．1809年になると，伊能忠敬の門人である間宮林蔵が松田伝十郎とともに樺太・間宮海峡を探検した．

　明治時代以降，北海道の開拓が進むにつれて，国後島や択捉島などへも多くの日本人が移り住み，漁業および水産加工業に従事した．他方，1860年の北京条約により，アムール川東岸は清朝からロシア帝国に割譲された．東清鉄道ルートのシベリア鉄道が全線開通したのは1904年である．ロシアは太平洋に面するようになり，海上貿易とともに海軍が駐留できるような不凍港を強く求めた．当時のウラジオストクは夏の間しか港として機能しなかったため，通年で機能していた旅順港へロシアは触手を伸ばすことになる．

11.1.2　戦争の時代

　ロシアはウラジオストクやハバロフスクなどの諸都市の建設を進め，19世紀末から20世紀初頭には，中国人，朝鮮人，日本人がやってきて建設業や商業などに従事するようになった．1876年に早くも日本政府貿易事務所（領事館）が置かれ，シベリア鉄道敷設の出稼ぎに行った日本人も多かった．

11.1　日本との接触の歴史　　*143*

1904 年に日露戦争が開戦し，1905 年に日本の勝利をもって終結した．ポーツマス条約では，双方が満州から撤退してその支配権を中国に返すことで同意し，日本は遼東半島の租借権（旅順港と大連港を含む），満州鉄道の利権，そしてサハリン（樺太）の南半分も獲得した．日本の軍隊による朝鮮人ゲリラの追放により，ロシア領内の沿海地方で朝鮮人が増加した．1916 年にはアムール川を渡る鉄橋が完成してシベリア鉄道のロシア国内線が完成した．それまでは東清鉄道による中国領内のショートカットでウラジオストクへ通じていた．

1917 年にロシア革命が起こると，極東地域は反革命軍が制圧し，さらに 1918 年にはシベリア出兵により日本軍がハバロフスクを占領した．1920 年に極東共和国が成立した後，1922 年に日本軍がシベリア出兵を終了すると，ハバロフスクはソヴィエト政権の支配下に入った．日本軍が撤退するまではおよそ 600 人の日本人居留民がいたという．1930 年代になると外国人が退出し，ソ連のヨーロッパ方面からの移住が増えた．その一方で，スターリンは朝鮮人が日本のスパイとして活動することを恐れ，20 万人以上の朝鮮人を 1937-39 年にウズベキスタンやカザフスタンへと追放した．

第二次世界大戦における日本の敗戦後，ソ連は満州など当時の占領地域から，武装解除した日本人の軍人らを強制的にソ連およびモンゴルの収容所に移送，抑留し，労働力として使役した（シベリア抑留）．抑留は長くて 11 年以上に及んだ．日本政府の推計によれば，抑留された日本人は約 57 万 5,000 人，死亡者は約 5 万 5,000 人である．抑留者は 65 万 194 人，死亡者は 9 万 2,053 人という報告もある．抑留地は極東からシベリア・中央アジアまで及んだ．厳しい自然環境と劣悪な生活条件のもとで，鉄道・港湾・工場等の建設や天然資源の採掘などの過酷な労働を強いられた．1956 年の日ソ共同宣言では戦争の結果に対する請求権は相互に放棄したが，ゴルバチョフは墓参の自由化などに関する協定を日本との間で結び，エリツィンは抑留の不当性を認め謝罪の意を示した．

11.1.3　北方領土問題

北方領土問題とは，北海道根室沖から広がる歯舞群島，色丹島，国後島，択捉島をめぐる日ロの領有権問題である．1945 年 8 月から 9 月にかけての日本の敗戦プロセスの中で，ソ連軍がそれまで日本領であった南樺太および千島列島などを，アメリカ合衆国が対日参戦の見返りとして約束したヤルタ協定をもとに，占領したことによる．1951 年のサンフランシスコ講和条約で日本は南樺太と千島列島を放棄したが，ソ連が条約に参加しなかったため，日ソ間の領域は確定されず，1955 年からの平和条約交渉に持ち越された．歯舞・色丹についてはソ連側から引き渡しの提案があったが，日本側が要求を引き上げて国後・択捉の引き渡しをも求めたことで交渉は決裂した．冷戦構造の中で，日本の位置づけをめぐるソ連とアメリカ合衆国の駆け引きが強く影響した．ソ連は「領土問題は存在しない」という立場を表明し，日本は四島を合わせて「北方領土」として返還を主張することになった．ソ連崩壊後，日ロ間で交渉の努力が続けられたが，歯舞・色丹の二島が先行して返還されるような妥協案は，四島一括返還という原則論によって日本国内で批判された．

歴史的に遡れば，日本とロシアの国家間の取り決めは，国境画定と日本の開港を主たる内容とする日露通好条約を 1855 年に調印したことに始まる．そこでは，択捉島とウルップ（得撫）島との間を国境とし，樺太は両国民の混住地とされた．そして 1875 年には樺太・千島交換条約が結ばれ，千島列島は日本が，樺太はロシアが領有することになった．しかし，日露戦争後のポーツマス条約により，北緯 50 度以南の南樺太は日本領となった．第二次世界大戦中の 1945 年 8 月 8 日に，ソ連が日ソ中立条約を破棄して日本に対して宣戦布告し，日本がポツダム宣言を受諾して降伏した後にかけて，北方四島までを軍事占拠した．当時ソ連の人々は四島に居住しておらず，1 万 7,000 人あまりの日本人が暮らしていたが，彼らは脱出，あるいは強制的な退去や樺太での抑留を強いられ，函館へ強制送還された．

北方四島の総面積は5,036 km²で千葉県とほぼ同じであり，今では約1万6,000人のロシア人が居住しているとみられる．最大の択捉島の面積は3,184 km²で鳥取県より大きく，国後島は1,499 km²で沖縄本島よりも広い．歯舞群島と色丹島を合わせても，国土全体の7％程度にしかならないが，200カイリ経済水域を見ると，二島だけで全体の40％に達するとの試算もある．スケトウダラ，タラ，カレイ，カニなどの世界的に有数の漁場であり，サケ・マスの産卵地でもある．択捉島では水産加工のギドロストロイ社が事業を展開しており，従業員1,500人を有している．

　ソ連解体後の1990年代は，中央政府の関心と関与が弱まって，日本による経済開発を期待する声が高まった．人口が劇的に流出し，2005年のクリル諸島（千島列島および北方四島）の人口は1989年の62％にまで減少していた．ところがその後，原油価格の高騰で潤沢になったロシア政府の財政資金がこの地にも振り向けられ，「クリル諸島社会経済発展計画（2007-15年）」に従って空港，港湾，教育，通信，医療，電力などのインフラの整備が進められるようになった．ロシア政府は北方四島を安全保障の面から改めて重視しており，その実効支配を既成事実化しているともいえよう．

　領土問題としての解決が見通せない中で，地元の人々は生活圏の分断状況を徐々に緩和し，現地における日ロ間の交流を持続的に行ってきた．1963年の貝殻島コンブ協定の締結を嚆矢として，四島周辺海域の安全操業枠組協定が結ばれてきた．1964年からは四島への墓参訪問が実施され，その後に中断されたものの，人道的見地から1986年に再開している．1991年のゴルバチョフ訪日を契機として，1992年から相互の生活や文化を尊重し理解を深めるための北方四島交流事業（ビザなし交流）が開始された．また，元島民とその家族への配慮から北方四島への自由訪問・墓参も実施されている．日本側は，北方四島からの患者の受け入れや，医師看護師の研修など，人道的な支援も行っている．ビザなし交流については，事業開始から2015年までの24年間で，延べ328回，1万2,439人の日本人が北方四島を訪問し，延べ222回，8,859人の北方四島に住むロシア人を受け入れている．

　その後メドベージェフは，地域開発を推進し日本との経済的な協力を呼びかけつつ，元首として国後島に上陸をするなど政治的な主権を誇示せんとした．2012年に再び大統領に就任したプーチンは，両者が妥協して互いが納得のいく解決策を見つけるべきだとの見解を示している．領土問題解決を含む平和条約の締結に向けて，交渉や交流を通して両国間の距離を縮めていくことがこれまで以上に望まれている．

11.2　ロシア極東地域の変容

11.2.1　体制転換と人口減少

　ソ連解体後の1992年以来20年にわたって，ロシアは死亡者数が出生者数を上回るという人口の自然減少を経験した．ロシア極東地域も同様であるが，極東地域の年齢構造は相対的に若いことから，自然減少率は全国平均に比べて小さかった．しかし，極東地域からは他地域への大規模な人口の流出が生じたため，その人口は1991年をピークとして20年間で150万人以上，約20％減少し，2000年以降は減少の速度が比較的緩やかになったものの，650万人を下回るまでになっている（図11.1）．

　ソ連時代は，軍事的・政治的配慮から，ある意味において過剰な人口がロシア極東地域に配置されていたといえる．国際的な冷戦構造や対立関係

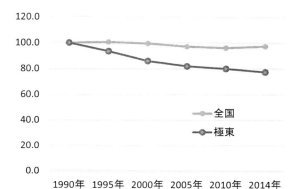

図11.1　人口の推移（1990年＝100とする）
（ロシア連邦国家統計局データより作成）

に対応するため，そこには国家財政から大規模な資金が，交通や都市のインフラ，軍事施設，軍需産業などの構築のために，あるいは非鉄金属，森林資源，水産資源などの開発のために投じられた．そこに必要な労働力を確保し維持するため，ヨーロッパロシアよりも高い賃金水準が設定され，大学卒業者に対して国家が職場を割り振ることが行われた．また，自然条件が厳しく首都からはるかに遠いこの地域について，1つの社会主義国家の内部における地域間格差を政策的に抑制しようという志向も作用していた．

ところが，1980年代になると，ソ連は要塞と資源のモデルを放棄し，ロシア極東をアジア太平洋貿易に開放するという合理的な考え方に傾斜していった．ゴルバチョフが1986年のウラジオストクにおける演説で，中央政府からのこの地への巨額の補助金を廃止し，ロシア極東を開放することを提唱する．そして1991年にソ連が崩壊すると，そうした補助金はまさに消えてなくなり，表だって軍事的意義を強調することもなくなって，この地域の雇用の最大40％を支えていた軍事防衛支出も大幅に削減された．ロシア極東地域は深刻な経済停滞に陥り，人々はこの地から去り始めたのである．

冷戦が終結して市場経済体制への移行が進むと，極東地域の社会経済の問題点が顕在化した．人口規模の縮小は市場の縮小に直結した．計画経済体制のもとでは多額の補助金が投入されていたシベリア鉄道などの輸送コストが市場価格を反映するようになり，物価が高騰した．逆に，極東地域はヨーロッパ市場を喪失することにもなった．人口が少ない地域に住むことによるストレスや，不十分な医療・福祉サービスなどのマイナスの側面も指摘されている．広大な領域にわずかな人口が分散している状態から，いくつかの結節点への集住を進めて地域の効率性を高めることが検討されるようになり，1997年から立案が進められていた「極北地域リストラクチャリングプログラム」では，極北地域からの住民の転出を促し，長期的には当該地域のいくつかの都市の閉鎖を視野に入れている．

1990年代に極東地方各地の自立の機運が高まったが，それはロシアの政治的混乱と財政難に伴う，中央政府のこの地域に対する関与あるいは関心の低下と表裏一体であった．こうした状況の中で，この地域を，もはや西方の遠いヨーロッパに対してではなく，東方のより近いアジアに開放していこうとするのは，必然的な流れであった．

11.2.2　産業と資源開発

ロシア極東地域の産業構造の特徴を全国と比較しながらみてみよう．表11.1によると，極東地域の鉱業の比重が著しく高いことがわかる．そして，太平洋へ面していることから漁業への特化が際立っているが，農業・狩猟・林業は多くない．運輸・通信業や公務・国防・社会保障の比率が全国よりも高い一方で，製造業，商業，サービス業などの比率が相当に低い．以下では，この地域を特徴づける鉱業，とりわけ石油・天然ガス関連産業を詳しく検討する．

ロシア極東地域では，様々な天然資源の開発が行われてきた．ダイヤモンドや金の世界的な産地であり，石炭や非鉄金属の埋蔵も多い．そして，それにもまして大きな経済的価値を生み出してきたのが，石油と天然ガスに関わる開発事業である．日本企業も出資しているサハリン大陸棚の石油・天然ガス開発プロジェクト（サハリン1およびサハリン2）や，遠く東シベリアから太平洋岸の港湾まで，総延長4,700kmの原油パイプラインに関わる事業がその代表的なものである．

サハリン1は，サハリン島北東部の沖合にある3つの石油・天然ガス鉱区を対象とする開発プロジェクトであり，アメリカ合衆国のエクソン・モービル（権益の30％），ロシアのロスネフチ（ロシア最大の国有石油会社，20％），インドのONGC（国営の石油・天然ガス会社，20％）とともに，日本からは日本政府，伊藤忠商事，石油資源開発，丸紅などが株主となっているサハリン石油ガス開発（SODECO，30％）という会社が参加している．石油と天然ガスの生産は2005年に開始され，生産される石油はパイプラインで大陸側のデカストリ港まで運ばれてから海路で日本や韓国へ輸出されている．ガスの方は，販売先が十分

146　11. 日本，東アジアとの関係——ロシア極東地域

表 11.1 ロシア全国および極東連邦管区の産業構造（2012 年，単位：%）

業種	極東	全国
農業・狩猟・林業	3.4	4.2
漁業	2.4	0.2
鉱業	27.1	11.2
製造業	5.3	17.3
電気・ガス・水道業	3.9	3.8
建設	9.8	7.1
卸売・小売・自動車・生活用品修理	10.7	18.2
ホテル・レストラン	0.8	1.0
運輸・通信	12.9	10.4
金融業	0.3	0.6
不動産・賃貸・ビジネスサービス	6.1	11.9
公務・国防・社会保障	8.2	5.6
教育	3.5	3.1
保険・社会事業	4.4	4.0
その他の公的・社会・個人サービス	1.2	1.4

（2014 年ロシア地域統計年鑑より作成）

に確立できておらず，全体の 2 割がハバロフスク地方の発電所などにパイプラインで供給されるが，残りは地中へ戻す再圧入措置がとられている．

サハリン 2 は，サハリン島北東部の沖合にある 2 つの石油・天然ガス鉱区を対象とする開発プロジェクトであり，ロシアのガスプロム（幹線ガスパイプラインの管理運営も独占するロシア最大の国営ガス会社，50％＋1 株）のほか，イギリス・オランダのロイヤル・ダッチ・シェル（27.5％‐1 株），日本の三井物産（12.5％），三井商事（10％）の外資系 3 社が出資するサハリンエナジーが開発に取り組んでいる．2006 年 9 月にロシア天然資源省がこの事業について環境破壊を理由として開発をストップさせ，翌年 4 月に再開することが承認されたが，その際に新たにガスプロムの経営参加が条件とされるという強硬な手段によって，エネルギー利権の主導権を国家が掌握することになった．石油の生産は 1999 年に開始され，当初は夏季限定の生産だったが，サハリン島南端の不凍港までパイプラインが完成した 2008 年末から年間を通しての生産に移行した．石油はすべて海路で輸出され，日本へはそのうち 40％程度が供給されており，中国，韓国，フィリピンなどへも運ばれている．ガスはサハリン島南部のプリゴロドノエで液化天然ガス（LNG）プラントが稼働を開

始した 2009 年初めから専用タンカーで輸出され，そのうち約 60％が日本の電力会社へ供給され，韓国などへも運ばれている．軽質低硫黄の品質が高い評価を得ている．

東シベリアから太平洋側へ延びる石油パイプラインが，東シベリア・太平洋（ESPO：East Siberia-Pacific Ocean）パイプラインと呼ばれている．1964 年にはアンガルスクまで，途中のイルクーツク州タイシェトからスコヴォロジノまで延びたのが 2009 年，ナホトカ郊外の積出港コジミノまで延びたのが 2012 年であり，2015 年には日量 60 万バレルに及んでいる．コジミノへパイプラインが通じるまでは，途中からシベリア鉄道で港湾へ輸送されていた．コジミノ港を管理・運営するのはトランスネフチ（ロシアの幹線石油パイプラインを管理運営する国営企業）である．ロシア極東サハ共和国にあるタラカン他の油田で生産された石油も，この東シベリア・太平洋パイプライン経由で日本や韓国をはじめとするアジア諸国に輸出されている．また，スコボロジノから中国のヘイロンチャン（黒竜江）省ターチン（大慶）へ向かう支線は 2010 年に完成し，2011 年から直接に輸出されている．

石油や天然ガスの採掘やそれらの輸送インフラの整備については，紆余曲折を経ながらも大規模なプロジェクトが推進されてきた．その一方で，石油・ガス化学工場の建設プロジェクトなど付加価値を高める事業はなかなか進まず，産業構造の高度化は遅滞している．

11.2.3 それぞれの連邦構成主体

以下，ロシア極東地域のそれぞれの連邦構成主体の歴史と現状をみてみよう（表 11.2）．

a．ハバロフスク地方

極東地域における行政・産業・物流の中心であり，極東連邦管区全権代表部が州都ハバロフスクにおかれている．モスクワと 7 時間の時差がある．領域は南北に長く，オホーツク海に面し，南部はアムール川を挟んで中国と接する．寒暖の差が大きい大陸性気候である．地名は，17 世紀のロシアの探検家エロフェイ・ハバロフにちなんでつけられた．機械工業や金属工業などの重工業，

11.2　ロシア極東地域の変容　　*147*

表 11.2 極東連邦管区の連邦構成主体別データ（地域総生産のデータは 2012 年，その他は 2013 年のデータ，％はロシア全国に占める割合）

	面積		人口		地域総生産		1人当り地域総生産
	(1,000 km²)	(％)	(1,000 人)	(％)	(100 万ルーブル)	(％)	(ルーブル)
極東連邦管区	6,169.3	36.1	6,226.6	4.3	2,700,318	5.6	431,452.7
サハ共和国	3,083.5	18.0	954.8	0.7	540,412	1.1	565,450.4
カムチャツカ地方	464.3	2.7	319.9	0.2	126,984	0.3	396,388.6
沿海地方	164.7	1.0	1,938.5	1.3	555,018	1.1	284,789.3
ハバロフスク地方	787.6	4.6	1,339.9	0.9	434,113	0.9	323,415.0
アムール州	361.9	2.1	811.3	0.6	234,010	0.5	285,642.7
マガダン州	462.5	2.7	150.3	0.1	76,875	0.2	501,071.2
サハリン州	87.1	0.5	491.0	0.3	641,603	1.3	1,297,866.6
ユダヤ自治州	36.3	0.2	170.4	0.1	42,451	0.1	244,614.0
チュコト自治管区	721.5	4.2	50.5	0.0	48,852	0.1	960,056.9

（2014 年ロシア地域統計年鑑より作成）

森林資源を利用した木材業などがあり，サハリンからの石油・天然ガスパイプラインが引かれて石油化学工業も行われている．

ハバロフスクは人口が約 60 万人（2014 年）で，1858 年からアムール川の右岸中流域，ウスリー川との合流点のすぐ下流に建設された．行政や経済の中心地として発展し，数少ない外国人開放都市でもあった．またコムソモリスクナアムーレは極東地域第 3 位の人口を有する都市であり，ソ連時代から航空機製造や造船業などを発達させ，現在も極東における製造業の中心地である．第二シベリア鉄道に相当するバム（バイカル・アムール）鉄道は，コムソモリスクナアムーレを通ってタタール海峡に面するワニノ港やソヴェツカヤガヴァニ港に通じている．ともにサハリンとの国内物流や対外的な資源輸出の拠点として整備されている．

b. 沿海地方

ハバロフスク地方と並ぶ，極東地域の経済と産業の中心地である．沿海地方南部のピョートル大帝湾は日本海でも最大級の湾で，この湾内に州都のウラジオストクが位置し，ナホトカ港やロシア最大の石炭積出港であるヴォストーチヌイ港（写真 11.1）などの港湾が集中する．東アジアの諸国と近く，国際的な物流の要と期待されて，ロシア極東の中では経済的に優位にある．東シベリアやサハリンからの石油・天然ガスパイプラインの終着点であり，石炭や木材もシベリア鉄道で運ばれてきて，天然資源の輸出基地になっている．また，日本からの中古車をはじめアジアからの輸入品がこの地方の港湾で荷揚げされる．歴史的に海軍が拠点を置いた軍事都市地域であり，それと関連した造船・船舶修理業が盛んであったが，ソ連解体後は低迷している．漁業や水産加工業もある．

この地方も 1860 年の北京条約で清から割譲されてロシア帝国が領有することになった．ロシア人をはじめとするスラヴ民族が最も多いが，そもそもはツングース系民族の居住地であった．近年は中国との交流に伴って漢民族が急増している．また，スターリン時代に中央アジアへ強制移住させられた朝鮮民族（高麗人）の一部が帰還している．

ウラジオストクとは，「東方を支配する町」という意味である．ロシアの極東政策の拠点となる軍事・商業都市であり，人口は約 60 万人（2014 年）

写真 11.1　ヴォストーチヌイ港（Shutterstock）

である．1903年以降シベリア鉄道の起点となり，20世紀初めには，中国人，朝鮮人，日本人などのアジア系外国人が人口の大半を占める国際都市であった．軍事的拠点として1930年代から外国人は退去させられ，太平洋艦隊司令部が置かれて1958年から1992年までは閉鎖都市であった．その間，東側に位置するナホトカが外国貿易港の機能を代行した．2012年にAPEC首脳会議が開催されたことを契機に開発が進んでいる．

c. サハリン州

サハリン州はサハリン島およびクリル諸島などからなる．州都はサハリン島南部の平野に位置するユジノサハリンスク市である．宗谷海峡やオホーツク海を挟んで日本の北海道に接しており，日本，特に北海道との経済的な結びつきが強い．サハリン島の南部（南樺太）およびクリル諸島全域は，第二次世界大戦以前には日本領であった．サハリン島北部については，1918年のシベリア出兵から日本が実効支配をしていたが，1925年の日ソ国交樹立を期に日本軍が撤退してソ連の統治下に戻った．

漁業・水産加工業や林業・製紙業，近年はサハリン沖での大陸棚開発による石油・天然ガスの採掘などが主要な産業である．特に石油・天然ガス開発の収益によってロシアでも有数の豊かな州となり，潤沢な財政資金を投じてインフラ整備が進んでいる．ただ，その恩恵を享受しているのは開発に関わる一部の富裕層，モスクワに本社のある国有企業，そして外国企業ばかりであるとして，貧富の格差についての人々の不満が大きいともいわれる．開発による海洋汚染など環境への影響も懸念されている．

d. アムール州

南は中国と1,200 kmにわたって国境を接し，アムール川が境界線になっている．17世紀半ば頃からロシア人が流入し，19世紀に移住はピークを迎え，1858年にはアイグン（愛琿）条約締結により清から割譲された．20世紀初めにシベリア鉄道が開通してさらに移民が増えた．農業はとりわけ大豆の生産が盛んであり，その生産量はロシア全体の50%を占めている．石炭や金を産し，

主要な産業は金属加工や木材加工である．ヴォストーチヌイ宇宙基地が建設されて，そこに従事する技術者・労働者も増えている．中ロ国境の町ブラゴヴェシチェンスクはアムール州の州都であり，ハバロフスクから西へ約600 kmのところに位置する人口約21万人の都市である．アムール川の対岸は中国黒竜江省のヘイホー（黒河）である．

e. ユダヤ自治州

南と西はアムール川を隔てて中国黒竜江省と，北はハバロフスク地方，北西はアムール州と接する．面積は日本の関東地方よりやや広い．夏は蒸し暑く，冬は酷寒の過酷な自然環境である．経済は農業の比重が高く，大豆やトウモロコシを産す る．林業・木材加工業や鉱業がある．1858年に清から割譲されてロシアの領土となった．1917年のロシア革命後にユダヤ人たちが独自の土地を要求し，スターリンの社会主義民族政策として1928年より西ウクライナや西ベラルーシのユダヤ人が移住した．しかし1930年代後半にスターリンの大粛清によりユダヤ人指導者が逮捕・投獄され，ユダヤ文化は迫害された．実際にはユダヤ人の入植は少なく，ソ連解体後にはドイツやアメリカ合衆国など海外への出国もあり，ユダヤ人は州人口の約1%程度になっている．州都のビロビジャンに再建されたシナゴーグがあり，イディッシュ語の新聞や雑誌がわずかに発行されている．1991年に独立した連邦構成主体になった．

f. サハ共和国

地方行政単位としては世界最大の面積を有し，独立国7位のインドと8位のアルゼンチンの間，日本の国土のおよそ8倍である．その40%は北極圏に含まれ，土壌はすべて永久凍土である．レナ川が首都のヤクーツクを通って北極海へ注ぎ，10月から6月にかけて凍結するものの重要な交通路になっている．北極海沿岸はツンドラで緑のコケ類が覆いトナカイが放牧され，ツンドラより南には針葉樹林帯（タイガ）が広がる．大陸性気候で冬の寒さは極限に達し，オイミャコンでは南極を除く世界最低気温 -71.2℃を記録した．

スターリン体制下では，強制労働所に送られた

人々が道路建設・鉱山労働・森林伐採などに従事し，多数が命を落とした．地下資源は石油，天然ガス，石炭，金，銀，ダイヤモンドなどが豊富にあるが，鉱区の大半は僻地にあって莫大な開発コストがかかる．バム鉄道の支線のアムール・ヤクーツク鉄道が建設されており，東アジアへ向けて石炭を搬出している．サハと自称するヤクート人が人口の約半数を占め，政財界の要職にも就いている．

g. カムチャツカ地方

2007年にカムチャツカ州とコリヤーク自治管区が合併してカムチャツカ地方が成立した．州都はペトロパヴロフスクカムチャツキーである．カムチャツカ半島の全域を占め，東はベーリング海，西はオホーツク海に面する．第二次世界大戦後は軍事地域として閉鎖され，潜水艦基地が建設された．現在も太平洋艦隊の主要拠点の1つである．主要な産業は，豊富な天然資源を利用した漁業・水産加工業，林業，鉱業である．輸送インフラの整備が遅れており，その孤立状態はソ連解体後の輸送コストの高騰によって深刻化し，産業の停滞と人口流出を招いた．1990年以降は外国人にも開放されており，観光・レクリエーション産業の発展が期待される．

h. チュコト自治管区

ロシア，そしてユーラシア大陸の最北東端にあり，北は北極海，東はベーリング海に面し，ベーリング海峡を挟んでアメリカ合衆国のアラスカ州と向かい合っている．ほとんどが北極圏であり，ホッキョクグマなど絶滅危惧種の動物が生息している．東西冷戦の最前線となり，外国人の立ち入りや先住民の交流が厳しく制限されていた．先住民族のチュクチ人は人口の約4分の1を占め，現在でも遊牧をして暮らしている．タングステン，石油，石炭，天然ガス，金などの資源が豊富であるが，社会経済環境の悪化により1990年代に人口流出が続いた．富豪として知られるロマン・アブラモヴィッチがロシア連邦議会に当選し，2000年から2008年まで同管区の知事を務めた．彼の資産が社会基盤整備に投入され，住民の生活向上に大きく貢献した．州都はアナドゥイリである．

i. マガダン州

面積の4分の3をツンドラが占め，オホーツク海に面する．州都はマガダンである．ロシア人の定住は17世紀に始まったが，人口の流入が急激に増加したのはソ連のスターリン時代に流刑地とされてからである．政治犯たちが極寒の地で金採掘や木材伐採などに従事し，港湾と居住地を建設した．強制収容所の収容者数は100万人を超え，約20万人が生きて戻れなかった．ソ連崩壊からの20年間で人口は半分以下に減った．鉄道が通っておらず冬に海が凍結して陸の孤島となるため，夏の間に燃料や物資を輸送しておく北方輸送の対象地域である．輸送コストがかさむため，物価が特に高い．主要な産業は金，銀，錫，タングステンの採掘・精錬と漁業・水産加工業である．

11.3 近隣との関係

11.3.1 環日本海経済圏とトゥーメン川（図們江）開発

ゴルバチョフ政権のもと，ベルリンの壁が崩壊した1989年には中国との関係が正常化し，翌1990年には韓国との国交が樹立された．1991年には日ソ共同声明が出され，翌1992年には北方四島のビザなし交流が開始されている．ロシアとアジア太平洋諸国との関係が劇的に改善され，国境の壁が取り除かれて人々の往来は一気に拡大し，ロシア極東を含む北東アジアに新しい時代が到来する期待が否応なく高まった．朝鮮半島の南北での対話も進展し，ロシア国境にも近いラジン（羅津）・ソンボン（先鋒）自由経済貿易地帯が経済特区として1991年に指定された．

1990年5月15日の日本経済新聞には「環日本海経済圏・自治体主導で始動」という記事が掲載され，1991年には「環日本海経済圏」あるいは「北東アジア経済圏」を論じた一般書籍が相次いで刊行された．それらにおいては，ロシアの資源，中国・北朝鮮の労働力，日本および韓国の資本・技術の経済的相互補完関係が展望され，21世紀の巨大市場出現に対する夢が膨らんでいた．イデオロギー対立，領土問題，民族問題などが渦巻き，20世紀のあらゆる対立要因をはらんだ北東

アジアが，世界的な冷戦構造の溶解を契機として，開かれた交流の海へと転換しつつあるという楽観的な見通しがその基底にはあった．

しかしながら，そうした楽観的な展望はその後の国際関係の中で挫折を余儀なくされた．21世紀に入らんとする頃には，「環日本海構想」の唱道者たちが国家主権の演じる役割を過小評価しがちであったこと，また，冷戦終結後の現実は必ずしも地域主義の展開を促進する方向に好都合な動きを示しているとは限らなかったこと，などが反省されるようになった．ただ，そのような国家間での発想とは別の次元で，日本海沿岸地域の人々は，国境を越えた地方間での様々なレベルの交流を追求していった．継続的な自治体間交流，学術交流，そして地域間の経済交流などが行われるようになったことも無視できない．

環日本海構想を具体化するような試みの1つとして，トゥーメン川（図們江）開発のケースを見てみよう．図們江（朝鮮名：豆満江）は，中朝国境から朝口国境へと流れて日本海へ注ぐ河川である．その河口周辺の約1,000 km^{2}を，中国・北朝鮮・ロシアの関係3か国だけでなく，関心の深い韓国，モンゴル，日本を巻き込んで，国際的な自由貿易基地として開発しようという国連開発計画（UNDP）の青写真が「図們江地域開発計画」である．1990年代の半ばに関係諸国による計画管理委員会や専門家会議がUNDPの支援を受けて組織され，1995年に中国，北朝鮮，モンゴル，韓国，ロシアの5か国からなる国際協力の枠組みが構築された．しかし，数年に及ぶ国連開発計画の合意形成に向けた努力にも関わらず，一体的な「図們江地域開発計画」は結局のところ挫折し，その後はそれぞれの国・地域が開発を進めていくことになった．

北朝鮮には，日本海に面して羅津港（1938年に日本が建設して当時の日本と満州国を結んだ港湾）があるが，国際的な協力のもとで老朽化したこの港湾を改修し，交通インフラなどの整備により図們江地域へ有機的に組み込もうとする計画案は耳目を集めた．ところが北朝鮮は領土の国家主権を理由に開発対象地域の国際的な共同管理には断固として反対して独自開発を主張し，とりわけ韓国の関与を排除しようとした．その後，北朝鮮には断続的に核開発疑惑が生じ，また金日成が1994年に死去し，政治的にも経済的にも不安定要因が増す中で，この国際的な開発計画から北朝鮮は撤退していった．

中国は，東北地方内陸部の外洋への出口を求めて，もともとこの開発計画に対して積極的であり，図們江の河口に最も近い中国領のファンチュワン（防川）地区に国際自由貿易港を建設しようとした．しかし図們江を利用するには相当な浚渫が必要であることや，冬季には凍結してしまうことなどの深刻な問題点が次第に明らかになり，UNDPのフィージビリティ・スタディのずさんさが批判された．また，この地区は少数民族である朝鮮族の自治州の一部であり，北朝鮮や韓国などとの共同プロジェクトが進行すれば，朝鮮族の民族的アイデンティティを高揚させてしまうのではないかとの警戒感もあった．

ロシアはそもそも多国間協力には慎重であった．極東地域の地方政府が北東アジア諸国へと接近していく先に，連邦からの独立志向があることを警戒した．また，中国からの大量の物資の流入と合法・非合法の移民の流入にも苦慮し始めていた．もし図們江下流域の開発が成功して国際的な港湾が新しくできると，それがウラジオストクやナホトカのライバルになってしまうとも考えられた．そして日本も消極的であった．ロシアとの間の北方領土問題をはじめ，この枠組みの北東アジア各国とは領土問題や歴史問題を抱えたままであり，能動的な関与がためらわれた．

総体として，「図們江地域開発計画」は，この地域の特殊性に対する認識をあまりに欠いていた．冷戦構造の溶解という国際政治状況の変化だけで，ただちに国際的な経済圏が生み出されるわけではない．近代以降の度重なる不幸な歴史によって，北東アジアにはそれぞれの間に強い不信感が蓄積されていたのである．

11.3.2　中国との関係性

極東における1990年代の多国間協力は停滞したが，ロシアと中国の二国間関係は徐々に改善

し，2000年代には新しい局面を迎えることになる．冷戦構造の中の1950年代の中ソは蜜月関係にあったが，1960年代には一転して対立関係となり，極東の地においては国境線をめぐって武力衝突も勃発した．中ソ国境貿易が再開されたのは1983年からであり，貿易が拡大したのはロシアの体制が変わって1995年になってからであった．ロシアと中国に挟まれる中央アジアの安全保障の観点から上海協力機構が組織されることなどを通じて，ロシアと中国の関係は正常化に向かい，2001年には中ロ友好善隣協力条約が締結され，2004年には長大な中ロ国境のほとんどが画定され，2008年には残されていたアムール川とウスリー川の合流点にある大ウスリー島についても両国で分割をして，国境線が確定した．

しかしながら両国の間には根強い相互不信があるといわれている．ロシアにおける「中国脅威論」の源泉は，中国からの急速な移民流入や経済進出が自分たちの生活に対する圧迫と実感されるところにあり，いずれ中国がロシア極東の領土を奪うのではないか（歴史をふまえれば，「奪い返そうとする」のではないか），少なくとも経済的には中国に従属してしまうのではないかと危惧する人は多い．躍進する中国とその影響力を前に，ロシアは何らかの対策をとらざるをえない状況に追い込まれている．実際の関係を貿易のデータからみると，ロシアにとって中国は2009年から最大の貿易相手国となっている．一方，中国にとってロシアは14番目の貿易相手国であり（2014年），貿易収支はロシア側の赤字が増え続けている．

国境線によって両国間の交流が制限され，それぞれが異なった経済状況にある場合，それはむしろ補完的な経済要因が近接した地域に存在している可能性を意味している．辺境地域としての不利な条件や国境そのものによる制度的な障壁を何らかの工夫によって乗り越えることができれば，国境をまたいだヒト・モノ・カネの移動が活発になり，諸々の経済要因が補完的に組み合わされて，それぞれの地域が発展する展望も開けるだろう．

ロシア極東地域は，ソ連が崩壊した1990年代に価格自由化に伴う消費財・生産財の価格上昇や

それらの輸送コストの大幅な上昇に見舞われた．ロシアと中国の国境貿易が活発化するのはその頃であり，大量の安価な中国製品がロシア極東地域市場を席巻することになった．それだけでなく，ロシア極東地域への中国企業の進出や中国人労働者の流入が活発になった．一方，中国東北地方は，中国沿海部が高度経済成長を遂げるのに比較して経済的な立ち遅れが顕著であり，「東北現象」あるいは「東北病」とも揶揄されていた．ロシア極東地域との貿易をはじめとした経済的な交流は，東北地方経済再生の打開策としても期待された．

ロシア極東地域と中国東北地方の間には，閉鎖や再開を繰り返しながらもおよそ20か所の国境検問所があり，それらの中でも往来が盛んな地点としては，ブラゴヴェシチェンスクと黒河の間やポグラニチヌイとスイフェンホー（綏芬河）の間をあげることができる．それぞれトラックや鉄道による輸送が太い物流のパイプとなっており，食料品，衣料品，日用品といった中国製品が中国からロシアへ運ばれ，木材，石炭，海産物などの一次産品がロシアから中国へ運ばれている．加えて，いわゆる担ぎ屋貿易も活発である．担ぎ屋貿易とは，無申告で持ち込める範囲で衣服や家電製品などの中国製品を運び込み，ロシア側で販売するビジネスである．ロシア極東の都市にはそうして運び込まれた商品を取り扱う中国商品市場があり，店のオーナーは中国人で売り子は雇われたロシア人というケースが多い．ロシアからの買い物ツアーは，そうした担ぎ屋貿易の一翼を担っており，旅行会社が中国製品をツアー客に個人の名義で持ち込んでもらい，1 kgあたり数百ルーブルの謝礼を渡している．

そこには，ロシア極東地域が中国東北地方への資源供給基地となり，同時に，中国に資本も労働力も依存しなければ立ち行かなくなりかねない状況をみてとることができる．付加価値の低い原材料を輸出し，付加価値の高いその加工品を輸入している様子は，途上国と先進国の垂直貿易のようであるが，中国側が輸入したくなるような製品をロシア極東地域の経済は用意できていない．

ブラゴヴェシチェンスクと黒河の間のアムール川は，川幅がわずか500㍍であり，国境の往来は年間延べ100万人以上にのぼる．夏の間は船が運航し，冬の間はバスやトラックが凍結した川の上を往来する．秋や冬のしばらくはホバークラフトが運航し，1年中の往来を可能にしている．5人以上のツアーであればビザは必要なく，ブラゴヴェシチェンスク市民であればビザなしで黒河へ行くことができる．日帰り感覚で旅行する人が多いという．

ポグラニチヌイと綏芬河の間においても担ぎ屋貿易が盛んであるが，ここは国境を通過する鉄道が運行されており，一般貿易の貨物量が多い．また，クラスキノとフンチュン（琿春）の間にも鉄道が運行されるようになった．中国東北地方の黒龍江省やチーリン（吉林）省では，リャオニン（遼寧）省の大連などの港湾を経由した場合に比較して輸送時間を節約できるこれらのルートへの期待が大きい．黒竜江省の場合，綏芬河の国境からポグラニチヌイを通ってウスリースクまで120 km，ウラジオストクまで230 km，ヴォストーチヌイ港まで369 km である．吉林省の場合は，琿春からクラスキノを通ってやはり日本海に面したポシェット港やザルビノ（トロイツァ）港へ鉄道や道路で出ることができ，ウラジオストク方面の港湾へ向かうこともできる．中国としては，中国東北地方の輸出入拠点をロシア極東の港湾に確保したい．ところがロシア側にはこのような国際物流のオペレーションの主導権を握りたいという思惑があり，必ずしも順調にこれらの輸送ルートが運営されているわけではない．また，ロシア極東経由のルートは輸送料金が割高であり，価格競争力は今後の課題である．

● 11.4 アジアと結ばれる ロシア極東地域

11.4.1 貿易の拡大

ロシアのアジア太平洋志向の戦略は，2000年代に入るとようやく形になって現れ始めた．プーチンは極東シベリア開発の強化を訴え，2000年代に入ってからロシアは東アジア地域の多国間協議の国際組織へ次々と加盟した．巨額の国家予算

が投じられて，極東地域において大規模な経済建設が行われ，石油・天然ガスの開発，パイプラインや液化天然ガス（LNG）プラントの建設，そして交通・輸送インフラの整備などが進められ，極東地域からアジア各国・地域への輸出が増加した．さらに，好景気に支えられて可処分所得が上昇し，個人消費が活発化したことにより輸入も増加している．ロシアの貿易総額に占める対APEC諸国の取引のシェアは，2000年には15％にすぎなかったが，2014年には27％に及んでいる．2014年にロシアは初めて，APEC諸国との貿易で黒字を記録した．

ロシア極東の日本との関係をみると，日本への輸出は石油や液化天然ガスなどの鉱物資源が約7割と圧倒的であり，水産品や木材も依然として多い．サハリン州が輸出全体のおよそ6割を占めている．輸入は中古車を含む機械類が全体の5割以上であり，繊維製品や食料品などもある．日本からみれば，サハリン州から石油・天然ガスを輸入し，ウラジオストクやナホトカなど沿海地方の港に中古車を輸出するという貿易のルートができている．日本から極東地域への投資は，投資額の7割ほどが，産業別では資源部門に，地域別ではサハリン州に集中しており，もっぱらサハリン海洋開発の2つのプロジェクト向けであることが明らかである．

韓国との関係をみると，韓国は対ロシア極東物流ルートのハブとしての強みを有しており，貨物船の多くは韓国の港湾を経由している．天然資源を輸出し，機械類を輸入する貿易は，日本の状況と同様である．航空便が多くて訪問しやすいことからロシアからの医療ツーリズムが盛んになっている．ロシア極東には韓国・朝鮮系ロシア人（高麗人）が少なからず居住していることも反映しているとみられる．

中国との貿易のデータについてもみてみると，かつて中国はロシア極東の最大の貿易相手国であったが，サハリンから日本や韓国への原油や液化天然ガスの輸出が急増した結果，2007年以降の輸出は韓国や日本に次いで3位になっている．輸入についてみてみると，中古車輸入の影響で

2006年までは日本が最大であったが，関税の大幅引き上げなどによる中古車輸入の激減により，2007年以降は中国が最大の輸入相手国になっている．先述の担ぎ屋貿易が貿易統計には反映されていないものの，実際には一般貿易に相当する規模になっているともいわれており，もしそうであるとすれば2000年代初頭から最大輸入相手国は一貫して中国だったということになる．

11.4.2 日本から輸入する中古自動車

ロシア極東と日本との関係を考えるとき，日本の右ハンドルの中古車（写真11.2）が大量に輸入され，ロシア極東地域で広く愛用されていることが興味深い．そもそもは1980年代後半から1990年代初頭にかけて，北海道や日本海側の港から，日本に木材を運ぶ在来船の帰り荷として中古車がロシア極東へ運び出されたことに始まる．日本車の性能のよさが評判になり，在来船の乗組員に車の注文が殺到した．彼らにとっては，高く転売できる実入りのよい副業であった．新車にはなかなか手が届かない極東の人々にとっては，念願のマイカーを手に入れるチャンスであった．2000年代の後半になると，数百台もの車を積んだ専用の運搬車が日本海を行き来するまでになり，ついに2008年には50万台を超えた．ところが2008年の世界的な金融危機と2009年の輸入関税の引き上げのために，2009年には前年の10分の1以下にまで減少してしまった．2010年以降は持ち直す傾向がみられ，年間約10万台程度にまでに回復している．

高率の関税による負担を少なくするために，驚くべき工夫がなされた．車を真っ二つに切断し，それらを部品として輸入し，ロシア入国後に再度接合して，車両登録することさえも行われた．日本で購入した中古車を複数のパーツに分解し，それぞれを別便で送って自動車の構成部品の名目で通関することもしばしば行われた．

日本の中古車は極東の人々の生活に密接に関わり，地域経済に貢献する重要なビジネスでもあった．転売ビジネスやアフターマーケットも生み出していた．2008年に中古車関税の引き上げが打ち出されたとき，それによって輸入が減少して関連ビジネスに従事する人々の収入が減少したり失業してしまったりすることを恐れ，政府が保護するロシアの国産車を破壊して抗議をするパフォーマンスまでもみられた．冬季には自動車の故障がそのまま生命の危機にもなるロシアにおいては，故障が少なく長期間使用できる日本車に対する信頼が厚く，生活を支える家財道具になっているともいえる．

日本における輸出港の上位は，富山，新潟，伏木など日本海側の港と，横浜，名古屋，神戸など太平洋側の主要港であった．2000年代の後半には，港湾の一角に車を一時保管するヤードがつくられ，中古車ビジネスで世界にネットワークをもつパキスタン人の業者やロシア人の姿が多くみられた．一方，ウラジオストク郊外の丘陵地には広大な中古車の屋外市場があり，中古車売買の象徴的な場所であった．近年ではネットオークションの比重が高まり，オークション代行業者を通じて買いつけて，通関を経たところで中古車を引き取るというユーザーも多い．

なお，ウラジオストクでは日本車のノックダウン生産が行われている．新車の日本などからの輸入も増えており，一部は極東の港からシベリア鉄道で西へ輸送されている．

11.4.3 ウラジオストクの発展

2000年代に進行した原油価格の高騰により連邦財政は潤沢となり，プーチンの戦略に従った極東地域開発が本格化した．政府と関係の深いエネルギー関連の国営企業もこの地域へ莫大な資金を供給した．2012年9月にはアジア太平洋経済協力（APEC）首脳会議（サミット）がウラジオス

写真11.2　富山港から輸出される中古車
（富山県土木部港湾課提供）

トクで開催され，それを契機として，ウラジオストクの開発に巨費が投じられることになった．ウラジオストク国際空港の改修や高速道路の建設が進められ，市内ではウラジオストク中心部の金角湾をまたぐ黄金橋や長さ 3,100 m の世界最長の斜張橋であるルースキー橋（写真 11.3）がいずれも 2012 年に開通した．首脳会議の会場となったルースキー島へは，ウラジオストクの諸大学を統合した極東連邦大学が移転して，イノベーションの拠点となることが期待されている．2012 年 5 月に極東開発省が設置され，2013 年 3 月には国家プログラム「極東バイカル地域の社会経済発展」が採択された．

しかしながら，インフラなどの大型プロジェクトへ政府投資を供給し続けることによる発展という手法は，ソ連時代の辺境開発政策に通じるものであり，東西冷戦期のような安全保障上の意義を主張しがたいときに，もはや合理性を失いつつある．極東の市場の小ささを考えれば，地域内における輸入代替という政策はありえず，輸送コストの大きさを考えればロシアの国内市場に向けた生産に特化することも考えにくい．それよりはこの地域を対外的に開放して外国投資を誘致し，資源輸出で稼いだ資金ができるだけ域内で循環するようにして，極東地域の自立した発展の道を模索する必要がある．

プーチン政権は，ロシア極東の豊かな鉱物資源や農林水産資源を活用し，製造業を誘致してそこでつくられる製品をアジア各国へ輸出することを目指して，「ウラジオストク自由港」と新型特区とも呼ばれる「先進社会経済発展区」という 2 つの政策を打ち出している．

ウラジオストク自由港の政策は，沿海地方南部 15 市・地区にあるウラジオストク港，ナホトカ港，ザルビノ港などにおいて，手続きの簡素化と迅速化，保険料の軽減や税の優遇措置，関税の免除，外国人労働者の受入基準の緩和などを実施し，自由港エリアから入国する外国人は最大 8 日間のビザを取得できる．大幅な優遇措置や規制緩和を通じて，日本や中国などアジア各国との人やモノの交流拡大をはかり，「ウラジオストクを香港やシンガポールのような国際貿易センターにする」ことが目標とされている．

先進社会経済発展区の対象には広くロシア極東地域が想定されており，2015 年現在で 9 か所が選ばれている．外国資本を含め進出企業が税制優遇や規制緩和を受けられる制度であり，それによって内外の投資を誘致して輸出拡大を企図している．水産加工，観光，農業，ガス化学，石油加工といった分野が例としてあげられており，ハバロフスクのようなすでに社会インフラが整備された都市から近い地区における指定もあれば，クリル諸島のような辺境地における指定もなされている．ロシアを取り巻く国際情勢が流動化する中で，ウラジオストクそしてロシア極東地域の新しい試みが軌道に乗るかどうかは，予断を許さない．

11.4.4　北極海航路

ロシアのシベリア沖の北極海を航行してアジアとヨーロッパを結ぶ航路が，新しい海上輸送のルートとして注目されている．ロシアでは北方航路と呼ばれている．ヨーロッパからは北東に進み，バレンツ海，カラ海，ラプテフ海，東シベリア海を通り，ベーリング海峡を通過して，ロシア極東地域の太平洋側へ抜け，アジアの各国・地域へ至る．

北極海航路を利用すると，海上輸送日数を大幅に短縮でき，燃料代や人件費などの運航コストを

写真 11.3　ルースキー橋（Shutterstock）

3割から4割も削減可能である．例えば日本からオランダのロッテルダムへ南回りルートでスエズ運河を経由すると約40日間，喜望峰を経由すると50日間を要する．しかし北極海航路ならば約30日間となる．インド洋の海賊や緊迫する中東・アラブ情勢のような懸念材料が少ないという利点もある．

　この航路が注目されるようになった背景には，地球温暖化がある．夏季にはロシア沿岸およびベーリング海へとつながる東シベリア海あたりで氷縁がかなり後退しており，北極海における20年間平均の氷海域面積は，夏季で約700万km²，冬季で約1,600万km²であるが，2009年夏季には約500万km²とこれまでの平均に比べれば約200万km²も減少していた．北極圏は地球の温暖化の影響が最初に顕著に現れてくる地域であり，今後温暖化が一番進行する地域であるといわれている．

　北極海航路が検討されたのは1990年代からである．冷戦時代は米国とソ連が原子力潜水艦を潜航させて軍事作戦を展開し，軍事的に立ち入り禁止区域の扱いだった．しかし冷戦が1990年頃に終わったことで，北極海の利用へと発想が転換した．

　一方で，北極海航路には検討すべき課題がいくつかある．まず，航行できる期間が限られていることである．年間で夏季の2か月のみ航路として開通するようになったが，残りの期間は海氷や流氷に覆われて航行不能となる．次に，貨物船にとっての商業性が課題となる．貨物船は通常，複数の港に立ち寄ってなるべくたくさんの貨物の荷揚げ作業を行うことで収益を捻出するが，北極海の沿岸には，天然資源の輸送を除けば，寄港すべき都市などが存在しない．さらに，航行にはロシアとの協力関係が肝要である．原子力砕氷船や水先案内人が同行することが義務づけられており，高額の費用が懸念される．ロシア政府もこの航路を振興するために補助金などによって運航コストを下げる努力をしている．最後に，環境問題も考えなくてはならない．流氷の衝突により船が損傷して油流出が起こるなど大規模な環境破壊の恐れも

あるが，そうした状況への用意はまだ整っていない．また，ロシアが旧体制下で大量の核廃棄物を海洋投棄したため，放射能汚染による被曝の危険がある．

　北極海航路では，ヨーロッパから出発してベーリング海峡を回り込めば，最初に寄港するのはロシア極東地域であり東アジアである．ロシアには，ヨーロッパとアジアを結ぶ輸送路として大陸を横断するシベリア鉄道もあるが，海上輸送に比べれば輸送能力は小さい．両者の利点を勘案し組み合わせながら，そして従来の南回り航路との補完関係の中で，北極海航路の今後は展望されよう．

　ロシア極東地域は，それ自身の地域性を把握するだけではなく，ヨーロッパロシアあるいはモスクワの中央政府との関係性，そしてアジア地域との関係性を検討することによって，より的確に理解することができるのではないだろうか．

［小野寺　淳］

引用・参考文献

岩下明裕(2005)：北方領土問題—4でも0でも、2でもなく．中央公論新社．

大津定美・松野周治・堀江典生編著(2010)：中ロ経済論—国境地域から見る北東アジアの新展開．ミネルヴァ書房．

奥脇直也・城山英明編著(2013)：北極海のガバナンス．東信堂．

河尾　基(2013)：ロシア極東の中古日本車市場：黄金時代の後に来るのは？ http://www.nippon.com/ja/currents/d10011/（2017年8月16日確認）

環日本海国際学術交流協会編(2012)：環日本海地域の協力・共存・持続的発展．環日本海国際学術交流協会．

斎藤大輔(2015)：中国・ロシア国境最新事情．ロシアNIS調査月報，3：14-29．

斎藤大輔(2015)：ロシア連邦と極東管区の対中貿易データ．ロシアNIS調査月報，3：36-37．

斎藤大輔(2015)：ロ中朝国境ルポ2015．ロシアNIS調査月報，3：50-53．

斎藤大輔(2015)：2014年のロシア極東の貿易．ロシアNIS調査月報，9/10：51-55．

斎藤大輔(2015)：東方経済フォーラム開催される．ロシアNIS調査月報，11：1-8．

斎藤大輔(2015)：ロシアの新しい極東政策．ロシアNIS調査月報，11：16-33．

坂口　泉(2015)：ロシア極東・東シベリアの石油ガス開発

と輸送. ロシア NIS 調査月報, 2：8-27.

坂田美奈子(2014)：歴史認識のネットワーク化へ―北海道～北東アジア～アラスカ先住民の生存の三〇〇年. 谷垣真理子・塩出浩和・容　應萌編：変容する華南と華人ネットワークの現在, pp.177-194, 風響社.

塩川伸明・池田嘉郎編（2016）：東大塾　社会人のための現代ロシア講義. 東京大学出版会.

下斗米伸夫・島田　博編著(2012)：現代ロシアを知るための 60 章（第 2 版）. 明石書店.

竹田いさみ (2014)：現実となる北極海航路. http://www.nhk.or.jp/kaisetsu-blog/400/195160.html（現在は閲覧不可）

辻　久子（2015）：中国発「借港出海」の試み. ロシア NIS 調査月報, 11：88-91.

帝国書院編集部（2016）：日本と世界の領土. 帝国書院.

ミナキル，パーベル（2013）：ロシア極東―現状と見通し. ERINA REPORT, 114：3-9.

堀内賢志(2014)：ロシア極東地域の管理体制の転換と地域政策. ERINA REPORT, 119：5-13.

堀内賢志・齋藤大輔・濱野　剛編著(2012)：ロシア極東ハンドブック. 東洋書店.

望月喜市(2015)：日ロ平和条約締結の活路―北方領土の解決策. ロゴス.

コラム　中国側からみた国境地帯

　中国と北朝鮮の国境に標高2,744mのチャンパイ（長白）山（朝鮮名：ペクト（白頭）山）があり，そこを水源として3本の国際河川が流れ出ている．1本目は南西へ向かうヤールー川（鴨緑江）であり，中国と北朝鮮の国境を流れて黄海へ注ぐ．2本目はソンホワ川（松花江）として中国東北地方を北西へ向かい，東に折れてハルビン（哈爾浜）などの都市を過ぎてロシアとの国境に至り，アムール川に合流する．そのアムール川は，ハバロフスクなどを通ってオホーツク海に注いでいる．そして3本目はトゥーメン川（図們江）（朝鮮名：トマン川（豆満江））である．中国と北朝鮮の国境に沿って北東へ向かい，最後の部分でロシアと北朝鮮の国境に沿って流れて日本海へ注いでいる．

　この図們江の河口からほんの15kmほど上流に，中国・北朝鮮・ロシアの3国境界点があり，そこに接する中国の領土の先端部分に防川村がある．ここに地上12階建ての龍虎閣という施設が建造されて，その展望台からは3国を一望のもとに見渡すことができる．左手にはロシア極東の草原が広がり，右手には北朝鮮北部の丘が連なり，前方には図們江が流下する先に日本海を確認できる．

　ロシアと北朝鮮が日本海に面して約15kmの国境を接しているということは，中国の領土が日本海に接していないということになる．そのロシアと北朝鮮の間には唯一の国境連絡路としての鉄道が通じており，図們江をまたぐ鉄橋は龍虎閣の展望台からもよくみることができる（写真C11.1）．左手にみえるロシア側のハサンの駅と，右手にみえる北朝鮮の豆満江の駅の間を，旅客列車が週に2本程度往来し，不定期にはモスクワと平壌を結ぶ旅客列車も通過する．旅客列車は，ディーゼル機関車に客車1両であり，時速10km程度で20分以上もかかって国境を越えていく．乗客の多くは木材伐採や建設現場などへ出稼ぎに行く北朝鮮人とのことである．

　1990年代以来の図們江開発の展望が開けない中で，中国はこの国境地帯を新たに観光開発しようと意気込んでいる．龍虎閣の展望台のほか，国境を示す歴史的な標識である「土字牌」や防川朝鮮族民俗村などがある．観光開発計画を読むと夢は大きく，図們江から外洋へクルーズに出られるようにすると書かれている．すなわち，観光ふ頭を整備して，防川からロシアのポシェットあるいは北朝鮮のラソン（羅先）へ図們江河口を経て行けるようにし，それから大型船に乗り換えて，ウラジオストクや韓国，日本まで周遊できるという．また，免税ショッピングセンター，カジノ，スキー場，ゴルフ場などが構想されている．ゴルフ場のコースは国境をまたいでいて，1打ごとに国境を通過することもできるという．

［小野寺　淳］

写真C11.1　ロシア・北朝鮮の間の図們江にかかる鉄橋（2015年9月）

12 世界の中のロシア —— EU との関わり

　　冷戦時代の超大国ソ連の後継国として，ロシアは今なお大きな政治的発言力をもち，経済の影響力も甚大なものがある．アメリカ合衆国や中国，さらには EU との関係を重視しつつ，国の保全と繁栄を目指した国家戦略を展開している．その一方で，国境を隔てて隣接する EU 加盟国のフィンランド，エストニア，ラトビアとは，帝政ロシア時代以来の多彩な歴史の記憶とともに，新しい関係が構築されようとしている．また，ロシアの飛地カリーニングラードは，第二次世界大戦後にドイツ領からロシアの軍事基地に転換された歴史をもつ．近年は，観光や住民のアイデンティティ形成を目指して歴史的景観の保存・再建もなされており，ロシアとヨーロッパをつなぐ場として関心が寄せられている．

12.1　世界とつながるロシア

　　ロシアはかつての超大国ソ連の後継国として，縮小こそしたものの，国際社会において政治的に大きな発言力をもち，経済でも一定の影響力を保っている．第二次世界大戦後，アメリカ合衆国とともに二極体制を担ったソ連のパワーはロシアに引き継がれており，国際連合では常任理事国として，国際的な問題解決にきわめて大きな発言力をもち続けている．常任理事国には拒否権が付与されており，これを発動させることによって世界の動向を左右することができる．ロシアはソ連時代からかなりの回数で拒否権を発動させており，最近では，マレーシア航空機墜落事件を扱う国際法廷設置をめぐる決議案に対して反対を表明し，決議案を否決させている．

　　先進国首脳会議（G7）が，ロシアの参加によって主要国首脳会議（G8）に発展したことも，ロシアの国際的地位の重要性をよく示している．1998年のバーミンガム会議に当時のエリツィン大統領が初めて参加して以来，ロシアは国際的な政治や経済に関する議論に加わっている．2006年にはロシアで開催され，サンクトペテルブルクの会場に各国首脳が集まった．しかしその後，ウクライナへの軍事介入が問題になったことから，2014年にロシアのソチで開催予定だった会議は，急きょ会場変更となり，以来，ロシアの参加は停止されている．近い将来，ロシアの復帰が予想されて

いるが，国際的な足並みをそろえることの難しさが，ここにきて露呈している．

　　こうした世界的なレベルでの国際関係に深く関わる一方で，ロシアは近隣諸国との連携確立にも戦略的に取り組んでいる．中でも旧ソ連構成国の間で締結された独立国家共同体（CIS）では，その中心的な役割を担っている．これは，かつて東ヨーロッパ諸国との間にあった経済相互援助会議（COMECON）が東欧諸国の体制崩壊とともに1991年6月に解散したことから，旧ソ連を構成した国々の間での経済協力を目指して結成されたものである．また，より緊密な経済協力体制を求めて，2015年1月1日にはロシア主導で，ベラルーシ，カザフスタン，アルメニア，キルギスの6か国からなるユーラシア経済連合（EAEU）が結成されている．

　　ソ連時代には，安全保障体制としてワルシャワ条約機構があった．これもソ連解体とともに解消されたため，ロシアは新たな安全保障組織として集団安全保障条約機構（SCTO）を1992年5月15日に発足させた．現在，ロシア，アルメニア，ベラルーシ，カザフスタン，キルギス，タジキスタンの6か国が加盟し，軍事分野での協力関係を強めている．

　　さらに，中国，カザフスタン，キルギス，タジキスタン，ウズベキスタンとともに，2001年6月15日に上海で上海協力機構（SCO）を発足させ，国境を接する国家間で国際テロや民族運動に

対する安全保障を求める国家連合体を結成している．近年は，合同軍事演習を定期的に行うなど軍事的な連携組織にも発展し，アメリカ合衆国を意識した動きも目立ってきている．インドやパキスタンなど加盟国を増やし続けており，ユーラシア大陸の巨大な連合組織に成長しつつある．

ロシアは，アジア太平洋経済協力（APEC）にも1998年に参加している．この国家連合は，アジア太平洋地域の地域間協力をうたって1989年に発足して以来，貿易・投資の自由化を推進している．ロシアもその恩恵を求めてメンバーになっている．

貿易に目を転じてみよう．2013年のロシアの輸出総額は4,979億900万ドルで世界第9位，輸入総額は2,866億6,900万ドルで世界17位にあり，世界有数の貿易規模を誇っている．しかも2,112億4,000万ドルもの輸出超過にあり，貿易による経済発展の見通しを明るくしている．また2013年の貿易相手国をみると，輸出相手国は，オランダ（総輸出額の13%），イタリア（8%），ドイツ（7%），中国（7%），トルコ（5%）と続くが，EU全体では54%にもおよび，EUとの関係がきわめて重要であることがわかる．同様に輸入相手国は，中国（輸入総額の17%），ドイツ（12%），アメリカ合衆国（5%），ウクライナ（5%），イタリア（5%）の順になり，EU全体では43%を占めている．

これは，世界各国においてロシアが重要な貿易相手国であることをも意味している．後で述べるように，特にEUにとってロシアは重要な貿易相手国である．莫大なエネルギー資源をもち，経済の発展の可能性を秘めているロシアとの貿易は，世界の国々にとって，今後ますます重要度を増すものと予想される．

最後に，ロシアが世界最大級の軍事大国である点に触れておこう．東西冷戦時代にアメリカ合衆国と世界パワーを二分したソ連が崩壊し，ロシアはソ連の軍事力の大部分を継承した．そのことは，例えば核弾頭保有状況に明らかである．2014年の保有数をみると，実戦配備分と予備分の総数は7,500発であり，第2位のアメリカ合衆国の7,200発を上回る世界最大の核保有国である．さ

らに，同年の国防支出総額は700億4,800万ドルで，中国の1,294億800万ドルに次ぐ規模である．

この膨大な規模の軍事力は，広大な国土の安全を維持し，防衛していく上で不可欠な戦力といえる．しかし，これまでソ連・ロシアが各地でとってきた軍事行動をみるにつけ，世界の多くの国々に大きな脅威として受け取られているのも事実である．第二次世界大戦後に絞って主な軍事行動をあげると，ハンガリー動乱（1956年），プラハの春（1968年），中ソ国境紛争（1969年），アフガニスタン侵攻（1979-89年）などがある．さらにロシアになってからでも，チェチェン紛争（1994-96年，1999-2009年），南オセチア紛争（2008年），ウクライナ内戦（2014年〜），シリア内戦介入（2015年〜）などで大規模な軍事活動を展開している．なお，ウクライナ内戦はロシアの不当な介入であるとして，EU諸国をはじめアメリカ合衆国や日本が経済制裁に踏み切っており，国際的な孤立を深めている．

とはいえ，ロシアの発言力はいささかも衰えず，国際社会では様々な国家間関係においてロシアの存在は注目されている．ロシア政府は2016年のアメリカ合衆国大統領選挙に敏感に反応し，同年，地球温暖化防止に向けたパリ協定では，ロシアが批准することを明言したことによって早期発効への期待が大いに高まった．世界の温室効果ガス総排出量の8%を占めるだけでなく，広大な国土と人口を擁するロシアの発言は，安定した国際関係を維持していく上で，けっして見過ごすことができないのである．

12.2　深まるEUとの関係

東西冷戦時代のソ連は，東欧の社会主義諸国においてその広い範囲にわたって強い影響をもたらし，そこでは政治や経済はもちろん，ソ連を中心にした人の交流があり，モスクワ発信の文化が浸透していた．1991年のソ連の崩壊と相前後して，東欧諸国では政治・経済システムの転換が起こり，駐留ソ連軍の撤退，必須とされたロシア語学習の縮小など，目にみえる形でロシアの影響は小さくなっていった．そして21世紀に入ると，こ

れらの国々は相次いでEUやNATOに加盟したために，国家間関係は大きく変わった．その間，ヨーロッパにおけるロシアの関与の程度は明らかに低下していった．

その一方で，国境の開放とロシアの市場経済化が進むにつれて，ロシアとヨーロッパ・EUの関係は新しい段階へと入っていった．人やモノ，カネや情報が相互に行き交うようになり，両地域はきわめて緊密な関係をもつようになった．

今日，EUにとってロシアはきわめて重要な貿易のパートナーである．2013年のEUの輸出総額374億7,300万ドルのうち，ロシアは14億5,400万ドルでアメリカ合衆国，スイス，中国に次ぐ規模になっている．これに対して輸入は，総額366億300万ドルのうち，25億5,500万ドルで，中国に次いで第2位である．主に石油・天然ガスの輸入が占めており，ロシアがEUにとって欠かせない状況であることは明らかである．

実際，東西冷戦体制の崩壊後，ヨーロッパ諸国はロシアからのパイプラインの敷設に強い関心を寄せた．それまでソ連・ロシアからのパイプラインは，ドルジバ（友好）パイプラインに代表されるように，東ヨーロッパ諸国に限定されていた．これは，1959-64年にソ連から石油を輸送し，社会主義諸国の産業発展を目指したものだった．それが冷戦後はドイツまで延長され，EUに大量のエネルギー源を供給している．

一方，天然ガスもロシアからのパイプラインによってEUに大量輸送されている．近年注目されるのは，ロシアからバルト海を経てドイツに向かって建設されたノルド・ストリームと呼ばれる新しいパイプラインであろう．これは，ロシアのサンクトペテルブルク北郊の町ヴィボルグからバルト海を経てドイツ島北部の町グライフスヴァルトに達する1,224 kmもの海底パイプラインである（図12.1）．ロシアとドイツの間で建設が取り決められたが，それは，当時すでに原子力発電所の縮小を決めていたドイツにとって，天然ガスがきわめて重要なエネルギー源だったからである．テロによる妨害のない安全な輸送システムとして積極的に建設が進められた．

また，このパイプライン建設には，従来からのパイプラインがかかえる問題をカバーする意味も込められていた．従来からの陸上のパイプラインはウクライナを経由するものであるが，ガス価格をめぐってロシアとウクライナの間でしばしばトラブルが発生した．そのために2005年以降，数度にわたってウクライナを経由するパイプラインへのガス供給がストップされる事態となった．これは，その先に位置するEU諸国に十分な天然ガスが供給されないことを意味しており，実際，天然ガス供給は滞り，EUは危機的状況に陥った．そこでロシアからのパイプラインを，他国を経由せずに直接EUにつなげることが強く求められるようになった．ノルド・ストリームは，北極海に面したヤマル半島などで産する天然ガスをEUに直送するものであり，2011年11月に稼働が開始された．

他方，EUでは，天然ガス供給がロシアの政策によって一方的に決まることに対する警戒感も高まっている．ロシアからのエネルギーにあまりにも依存した状況は危険であるとの見方も広まっており，ロシア以外の地域からの天然ガス供給の可能性が模索されている．特に近年はカスピ海沿岸

図12.1 ロシアからEUにのびる天然ガスパイプライン
点線は計画中．
(European Chemical Site Promotion Platform HPより作成)

12.2 深まるEUとの関係

地域のガス田が注目されており，アゼルバイジャンの天然ガス田からトルコ，ブルガリア，ルーマニア，ハンガリーを経てオーストリアまで輸送するナブッコ・パイプラインの建設計画が EU 主導で立てられ，すでに建設が進められている．しかし，パイプラインが通過する国々の建設費負担や環境問題などで折り合いがつきにくく，完成のめどは残念ながら立っていない．ロシアにとって天然ガスが EU との関係を維持し，場合によっては政治的な手段としてもきわめて重要かつ有効であるだけに，パイプラインをめぐる駆け引きは今後も続けられるであろう．

以上のように，EU からロシアへの移動は，以前に比べれば比較にならないほど容易になった．しかし，今なおヨーロッパとの違いは様々なところにみられる点も指摘しておきたい．例えば陸上での入国についてみると，いまだに多くの障害がある．EU の多くが使用する中央ヨーロッパ標準時とモスクワとの間には 3 時間の時差がある上に，鉄道の軌間がロシアの広軌（1,520 mm）に対して，ヨーロッパでは標準軌（1,435 mm）であるため，同じ広軌のベラルーシとポーランドの国境駅ブレストでは，軌間を変更するために長時間の停車を余儀なくされる．また，ロシア入国には依然としてビザが必要であり，前もって申請せねばならない．

ともあれ，ロシアと EU には相互の協調関係が求められており，今後，より緊密になるための手立てが徐々に施されるものと期待されている．

12.3 フィンランド，ラトビアとの EU 国境

ロシアは EU と国境線で接している．フィンランドが 1995 年，エストニア，ラトビアは 2004 年にそれぞれ EU に加盟しており，またいずれの国もシェンゲン協定を実施していることから，これらの国々に入国すれば，EU 域内を自由に移動することができる．その点で，この国境はまさに EU の玄関口になっている．

一方，これらの国々は歴史的にロシアと深い関係をもってきた．国境線は時代ごとに様々な役割を果たしてきたし，国境線のありようはそれぞれ

の国の命運と密接に関わってきた．

フィンランドに対してロシアは，帝政時代に長く支配者の立場にあった．第一次世界大戦とロシア革命を契機にして，フィンランドは悲願の独立を果たす．しかし，フィンランドにとってロシア・ソ連は脅威の対象であり続ける．1938 年に結ばれた独ソ不可侵条約において，ソ連がフィンランドをその勢力下におくのを認められたことから，ソ連の軍事侵攻が起こり，ソ連・フィンランド戦争が勃発した．当時のレニングラード周辺の安全確保を理由にして，ロシアはフィンランド南東部，ラドガ湖沿岸を含む産業地域を獲得するとともに，フィンランドの東部地域を併合して国境線を大きく前進させる．フィンランド国境に沿った今日のロシア領カレリア共和国は，こうした経緯で誕生した．

戦後，ソ連はフィンランドと一定の緊密な関係をもち続ける．1948 年にフィンランド・ソ連友好協力相互援助条約が締結され，両国は政治的・軍事的関係を保持していく．これは，中立を維持することによって国家の安全を確保するというフィンランドの巧みな政治戦略によるものであった．フィンランドは資本主義体制をとりながらも，西側諸国とは一定の距離をおき，EC にも NATO にも加盟してこなかったのである．

1991 年のソ連崩壊はフィンランドにとって大きな転機となった．翌 1992 年には友好協力相互援助条約を破棄し，代わってロシアと基本条約を締結した．1994 年には NATO との間に PfP（平和のためのパートナーシップ）協定を締結して，西側諸国との関係を強めた．EU 加盟に続いて，2000 年にはユーロを導入した．

ロシアは，こうしたフィンランドの国際的立場の変化をふまえて，バルト海方面の国家間関係に積極的に関わる姿勢を示している．例えば深刻化するバルト海の環境汚染に対して，その改善に向けてバルト海沿岸国が結成した環バルト海諸国評議会（CBSS）が 1992 年に発足したが，ロシアもこれに参加し，環境汚染対策だけでなく，ロシアを含む旧社会主義諸国の経済発展，沿岸市町村の地域振興，安全保障の確保といった作業にも積

極的に関与している.

フィンランドにとってロシアは重要な貿易相手であり，2014年の輸出をみるとドイツ，スウェーデン，アメリカ合衆国，オランダに次ぐ相手国で全体の6%を占める．紙・パルプなどの木材関連，情報通信機器などが特徴的である．同年の輸入では，ロシアはドイツ，スウェーデンに次ぐ，全体の11%を占めている.

ロシアに隣接する国々の歴史は，ロシアによる長い支配と，それに抗して勝ち得た独立で彩られている．フィンランドが西側諸国とロシア・ソ連との間で一貫してとってきた巧みな外交政策は，大国ロシアに翻弄されてきた小国ならではの生き残りをかけた熟慮の成果といえるであろう.

この点で，バルト三国のエストニアとラトビアもソ連の直接支配下に置かれ，きわめて大きな影響を受けてきた．特にラトビアは国内に多くのロシア語系住民をかかえており，ロシアとの関係を複雑にしている．以下，俯瞰してみよう.

ラトビアは，フィンランドと同様に第一次世界大戦後，ロシアから独立を果たした．しかし，第二次世界大戦が開始されると，独ソ不可侵条約に基づいて1940年にソ連に併合される．以来，ソ連の統治下では，徹底した社会主義化が進められ，土地を所有する富裕農民やエリート層，さらにはソ連政府への反動的な活動者などがシベリアに追放された．1941年6月4日に約1.5万人，戦後の1949年3月25日には約4.3万人のラトビア人が，粗末な貨物列車で西シベリアの都市オムスクやトムスクなどに移送された．こうした事実を記憶として残すために，ラトビアでは今日，両日を「共産主義ジェノサイド犠牲者追悼記念日」とし，首都リガにはラトビア占領博物館が開設されている.

一方，戦後はロシア人の流入が推進され，ラトビア総人口に占めるロシア人の割合はきわめて大きくなった．特にソ連においてラトビアの工業化が重点的に推進されると，労働力不足を補てんするために多くのロシア人が流入した．ソ連時代にはおよそ90万人ものロシア語系住民が流入したといわれている．その結果，ロシア人人口の割合

は著しく高くなった．ラトビア人の割合が1935年には77%を占めたのに対して，1989年には52%に減少した一方で，ロシア人の割合はその間に9%から34%に増加した.

1991年にラトビアは，エストニアとリトアニアとともにソ連から独立して主権を回復した．憲法を制定し，ラトビア語を公用語と定めた．しかし，国内には3割を超すロシア語系住民が居住していることから，彼らの処遇が大きな問題であり続けている．ラトビアの国籍法では，第二次世界大戦前の独立国家が40年間ロシアに占領され，再び主権を取り戻したとする見方を基本としており，それゆえに国内のロシア人にはラトビア国籍が与えられず，非市民として位置づけられた．こうした措置はロシアが激しく非難するところとなり，またEUからも人権侵害に当たるとの批判が寄せられた．そこで改善に向けた取り組みの結果，国籍法は改正され，ロシア人のラトビアへの帰化が認められるようになった．しかし，依然として無国籍のロシア語系住民が多く，2013年1月現在で29万8,000人（総人口の14%）が非市民のままになっている.

現在，ロシア語系住民はラトビア東部のロシア国境に近いラトガレ地方に多く居住しており，ロシアに近い国内第2の都市ダウガウピルスではロシア人が過半数を占めている.

在外ロシア人の保護を名目にしたロシア軍のウクライナ侵攻を目のあたりにするにつけ，ラトビアではロシアとの関係は今なお，慎重に取り扱わねばならない政治的課題である．その一方で，国内に住むロシア語系住民の間には，ラトビアへの帰属意識をもつ者が増えている．ロシアのロシア人とは異なる文化をもち，彼らが話すロシア語がラトビア独特のロシア語であることを意識する向きも出てきている．ロシアとラトビアは，長い歴史的関係を背景としながら，いかに協調していくかを模索している.

ラトビアは2004年のEU加盟を弾みにして経済の成長を進めている．2014年にはユーロを導入し，EU諸国との関係を強めている．一方，ロシアは依然としてラトビアにとって重要な貿易パ

ートナーであり続けている．2012年のラトビアの輸出入をみると，ロシアは総輸出額の11%を占め，リトアニア，エストニアに次ぐ規模である．主に食品加工品，木材製品，化学製品・薬品などであり，中でもイワシの缶詰は古くからロシアの市場で高い評価を得ている．総輸入額ではロシアは9%を占め，リトアニア，エストニア，ドイツについでいる．

12.4 EUに浮かぶ島 ——カリーニングラード州

ロシアの最西端に，バルト海に面する飛地カリーニングラード州がある．面積15,125 km²，人口約94万2,000人（2010年）で，岩手県とほぼ同じ大きさの地域である．南をポーランド，北をリトアニアと接する．中心都市はカリーニングラードである．

この地域は第二次世界大戦が終わった1945年に，それまでのドイツ帝国領からソ連に併合された．ドイツ時代には東プロイセンと呼ばれ，第一次世界大戦後のドイツにおいて飛地だったところである．カリーニングラードの当時の呼称はケーニヒスベルクで，中世以来のハンザ都市の伝統をもち，バルト海通商圏における拠点の1つとして繁栄してきた町である．ドイツ敗戦に伴って東プロイセンの北半部がソ連，南半部がポーランドにそれぞれ併合され，ソ連領だったところが現在のカリーニングラード州になる．

第二次世界大戦終了時，東プロイセンの住民の大部分はドイツ人だった．領土の変更に伴って彼らのほとんどはドイツ本国に強制的に追放された．東プロイセン全域からドイツに移動した人の数は，約198万5,000人にものぼるといわれる．そして，彼らが去った地域にはソ連領内各地から新住民が募集された．その多くはベラルーシやウクライナからの戦争被災者をはじめ，戦争捕虜からの帰還者，軍人たちであった．ソ連政府はドイツ時代からの歴史的遺産のほとんどを破壊しつくし，徹底したロシア化を進めた．ドイツ語の地名も，すべてロシア語地名に変更された．ケーニヒスベルクはカリーニングラードに改称され，この地域は，ロシアを構成するカリーニングラード州

となった．なお，カリーニングラードとは「カリーニンの町」の意で，ソ連政府の最高幹部の1人だったカリーニンの名にちなんでいる．

ソ連がこの地域を併合したのは，カリーニングラードが不凍港だからであった．当時のソ連は長大な海岸線をもち，バルト海にもサンクトペテルブルクやリガなどいくつもの港をもっていた．しかし，その多くは冬期に結氷することから，年間航行できる港を得ることがソ連の悲願であった．大戦時の激しい空襲と市街戦によって都市機能のほとんどが破壊され，住民の入れ替えが行われたカリーニングラードは，ソ連の軍事拠点の1つとされ，バルチック艦隊の本拠地として機能してきた．西側諸国に最も近いソ連領にあることから戦略的に重要視され，州内には核兵器も配備された．そのためカリーニングラード州は軍用地区として一般外国人の立ち入りが禁止され，国内からの流入も著しく制限された．

その結果として，カリーニングラード州の経済成長は著しく遅れた．ドイツ時代には，産業の拠点だったケーニヒスベルクを中心にして，一帯は豊かな農業地帯だった．しかし，大戦後に住民が一斉に追放されると産業は衰退した．リトアニアとの国境の町ティルジット（現，ソヴェツク）特産で知られる人気のチーズ「ティルジッター」も，今日のドイツで人気の郷土料理「ケーニヒスベルガー・クロプセ（肉団子のホワイトソースがけ）」も現地での伝統は失われた．代わって軍関係の機能のみが特化した地域となり，新たな労働力の流入が抑えられたことによって，農業も工業も停滞していった．

こうした状況は，ペレストロイカが進み，立ち入り禁止が解除された1991年以降，大きく変わった．市場経済が導入されると，新生ロシアにおいて経済特区に指定され，ヨーロッパに最も近いロシアという地の利を生かした自由貿易地区の構想も立てられ，「バルト海沿岸の香港」を目指す計画に一時は大きな関心が寄せられた．

しかし，ロシアの飛地という環境は予想以上に厳しいものであった．ソ連解体後，モスクワからの陸路はベラルーシとリトアニアを経由せねばな

164   12. 世界の中のロシア——EUとの関わり

らなくなった．通行にビザが必要な上に，これら
の国々に比べてカリーニングラード州の経済水準
がかなり低く，時間のかかる検問による交通の障
害が問題化した．

とりわけ2004年に隣接するポーランドとリト
アニアがEUに加盟したことによって，国境の検
問はさらに厳しくなり，人やモノの移動はかなり
制限されるようになった．漂準時も国境線で異な
っており，それが心理的な隔たりを大きくした．
カリーニングラード港には国内最大規模の漁業船
団が錨をおろしているものの，依然としてはびこ
る官僚主義や，老朽化したインフラなどが経済の
成長を抑えており，EU域内に孤立して浮かぶ島
のような状況が続いている．

ポーランドとリトアニアが2004年にNATO
に加盟したことも，カリーニングラード州の経済
的発展にとって逆風になっている．ロシアにおけ
る戦略的な意義が十分にあることから，レーダー
基地の拡充がなされるなど軍事的な機能は依然と
して強く維持されている．

そうした一方で，市場経済化とともに成長した
企業もある．例えば1996年にカリーニングラー
ド市内に設立された自動車メーカーのアフトトル
は，1998年に韓国のKIA，1999年にドイツの
BMWの自動車組み立てを開始している．安価な
労働力でロシア国内の市場向けの生産拡大を続け
ており，ロシア有数の企業に成長している．創業
者はソ連の副首相を務めたシェルヴァコフで，社
会主義時代の地位を背景にして，体制の転換に乗
じて成功した典型的な例といえる．

観光にも力が入れられている．外国人の立ち入
りが可能になるや，1990年代前半には多くのド
イツ人がこの州を訪れた．いわゆるノスタルジー
ツアーであり，家族と過ごした土地への郷愁をか
かえた旅行者の数は急増した．しかし，ドイツ時
代の名残がほとんど失われていること，観光イン
フラが未整備であること，ビザの取得に手間がか
かることなどから，この種の旅行ブームは一時的
なもので終わった．これに対して2000年前後か
らは，砂州の美しい海岸に向かってロシア国内か
ら海水浴客が増加している．とはいえ，国際観光

地として発展するにはまだかなりの時間を要する
状況にある．

その一方で，ヨーロッパとの結びつきを強める
動きも目立ってきている．例えばドイツとはこれ
までの歴史的な文脈もあって，積極的な交流事業
が行われている．州都カリーニングラードに「ド
イツ・ロシア館」が設置され，ドイツ語授業や図
書館，クラブ活動などが提供されている．NPO
をはじめ，両国政府からの経済援助もあって市民
レベルでの文化交流も行われており，カリーニン
グラード州での文化的アイデンティティの確立が
目指されている．またカリーニングラード旧市街
では，残されたドイツ時代の建造物（例えば大聖
堂）の補修や，歴史的町並みの復元が進んでいる．
カリーニングラード国立大学は，2005年にケー
ニヒスベルク大学教授だった哲学者カントにちな
んで，イマニュエルカント・バルチック連邦大学
に改称している．

これからのカリーニングラード州にとって，地
域がこれまで経てきた長い歴史と現在とをいかに
結びつけるかが大きなカギになっている．

[加賀美雅弘]

引用・参考文献

加賀美雅弘・木村　汎編（2007）：東ヨーロッパ・ロシア
　（朝倉世界地理講座10）．朝倉書店．
志摩園子（2004）：物語　バルト三国の歴史—エストニア・
　ラトヴィア・リトアニア．中央公論新社．
志摩園子（2016）：ラトヴィアを知るための47章．明石書
　店．
ジョーダン＝ビチコフ，T. G.・ジョーダン，B. B. 著，山
　本正三・石井英也・三木一彦訳（2005）：ヨーロッパ—
　文化地域の形成と構造．二宮書店．
羽場久美子（2016）：ヨーロッパの分断と統合—拡大EUの
　ナショナリズムと境界線—包摂か排除か．中央公論新
　社．
松戸清裕（2011）：ソ連史．筑摩書房．
百瀬　宏・志摩園子・大島美穂（1995）：環バルト海—地域
　協力のゆくえ．岩波書店．
山本健児・平川一臣編（2014）：中央・北ヨーロッパ（朝倉
　世界地理講座9）．朝倉書店．
和田春樹（2002）：ロシア史．山川出版社．

コラム　大祖国戦争とヨーロッパ

ソ連の後継国ロシアでは，第二次世界大戦での勝利が今なお多くの人々の心を揺さぶる．対ドイツ戦を大祖国戦争と呼び，2,700万人にものぼる多大な犠牲を払いながら総力戦で勝利した記憶は，ロシア国民にとって輝かしい歴史になっている．かつてソ連時代には，ファシズムを倒して世界の覇者となったことが大々的に喧伝され，社会主義政権の正当性を強調する拠りどころとされてきた．多様な民族集団からなるソ連の国民をまとめ上げ，国家を強化してゆくために，大祖国戦争の勝利は重要な道具として位置づけられたのである．

世界の超大国ソ連が解体してその圧倒的なパワーが失われたことは，新生ロシアにとって明らかに大きな痛手であった．強いロシアを取り戻すことが望まれており，そのためにロシア国民の意識をいかに高めるか，政治家の手腕が試されている．

この点でプーチン政権も余念がない．例えば対ドイツ戦勝記念日（5月9日）には，ソ連時代から毎年大規模なイベントが行われてきたが，2005年の戦勝60周年記念では，ブッシュ大統領やシラク大統領など連合国側だけでなく，枢軸国だったドイツのシュレーダー首相や日本の小泉首相も招待して，盛大に戦勝を祝った．また2008年には，ソ連崩壊後，規模を縮小していた軍事パレードをもとの規模に戻している．さらに2016年の記念日には，「団結と祖国への献身」を強調するなど，記憶と結びつけた国民統合に意欲的に取り組んでいる．

ロシアで戦争の記憶がいかに重要視されてきたかは，国内各地にある様々なモニュメントからも読み取れる．その最も顕著な例は，ロシア南部の都市ヴォルゴグラードにみることができる．この町はかつてスターリングラードと呼ばれ，対ドイツ戦最大の激戦地として知られてきた．攻め込んできたドイツ軍を激しい市街戦の末に退け，ソ連の勝利につなげたことから，戦後は「英雄都市」の名で特別の名誉が与えられた．廃墟と化した市街地は復興され，戦争の貴重な記憶の場として整備された．市内には多くの記念碑が建てられ，博物館が開設された．破壊された家屋など戦跡の保存も積極的に行われてきた．

中でもひときわ目を引くのが，近郊のママエフ・クルガンと呼ばれる丘に立つ「母なる女神像」である（写真C12.1）．1967年に建造された高さ85 mの巨大な像は，当時，世界で最も高い建築物であり，かつての戦場を見下ろすような構えになっている．また丘に登る階段は，戦闘が200日間続いたことから200段になっており，戦争の記憶を継承するための工夫がなされている．多大な犠牲者を出したことと，祖国が守られたことがシンボル化され，今日も多くの人がこの町を訪れている．

一方，過去の記憶を隣国と共有することにも注意が払われている．カティンの森事件をめぐる経緯もその1つである．この事件は，1939年にソ連がポーランドの東半分を併合後，1941年にソ連の内務人民委員部（のちのソ連国家保安委員会KGB）が，ポーランド軍将校など2万人以上をロシア西部の町スモレンスク近郊のカティン村付近で虐殺したものである．その後，ソ連に侵攻したドイツ軍が，土中に埋められた多くの犠牲者を発見して知られるようになったが，その真相は闇に包まれたままだった．

当時，東に向かう貨物列車に乗せられた将校らが目撃されていたことから，戦後のポーランド国内ではソ連に対して疑惑がくすぶっていた．しかし，社会主義体制下でこの事件を語ることはタブーであり，誰もが口をつぐんでいた．1980年代後半，ゴルバチョフによる政治改革とともに事件の検証作業が再開された結果，証拠となる文書が見つかり，1990年，これがスターリンによる犯罪行為であったことをソ連政府が認めることになった．

1994年にはロシアとポーランドの間で，この事件の記念碑を建設することが合意され，2000年に事件現場に近い場所に開設された．また2010年には，事件70周年を記念した式典を行うなど，国外に向けた記憶の共有アピールも積極的に行われている．

［加賀美雅弘］

写真C12.1　ヴォルゴグラードに立つ「母なる女神像」

さらなる学習のための参考文献

●第1章　総論——ロシアの地域形成とその特性
加賀美雅弘・木村　汎編（2007）：東ヨーロッパ・ロシア（朝倉世界地理講座—大地と人間の物語— 10）．朝倉書店．

川端香男里・佐藤経明・中村喜和・和田春樹・塩川伸明・楢原　学・沼野充義監修（2004）：　新版ロシアを知る事典．平凡社．

小松久男編（2000）：中央ユーラシア史．山川出版社．

田辺　裕監修，木村英亮訳（2010）：ロシア・北ユーラシア（図説大百科　世界の地理 14）．朝倉書店．

和田春樹編（2002）：ロシア史．山川出版社．

●第2章　広大な国土と多様な自然
エムブレトン，C. 編著，大矢雅彦・坂　幸恭監訳（1997）：ヨーロッパの地形（上）．大明堂．

柿澤宏昭・山根正伸編著（2003）：ロシア　森林大国の内実．J-FIC．

川端香男里・佐藤経明・中村喜和・和田春樹・塩川伸明・楢原　学・沼野充義監修（2004）：　新版ロシアを知る事典．平凡社．

白岩孝行（2011）：魚附林の地球環境学．昭和堂．

田辺　裕監修，木村英亮訳（2010）：ロシア・北ユーラシア（図説大百科　世界の地理 14）．朝倉書店．

福田正己（1996）：極北シベリア（岩波新書）．岩波書店．

●第3章　開発の歴史，豊かな資源
大村次郎（2010）：シルクロード—歴史と今がわかる事典．岩波書店．

小俣利男（2006）：ソ連・ロシアにおける工業の地域的展開—体制転換と移行期社会の経済地理．原書房．

ダダバエフ，ティムール（2006）：マハッラの実像—中央アジア社会の伝統と変容．東京大学出版会．

田畑伸一郎編著（2008）：石油・ガスとロシア経済（北海道大学スラブ研究センタースラブ・ユーラシア叢書）．北海道大学図書刊行会．

浜由樹子訳（2013）：ロシアのオリエンタリズム—ロシアのアジアイメージ，ピョートル大帝から亡命者まで．成文社．

藤本和貴夫訳（2016）：ウラジオストク—日本人居留民の歴史 1860〜1937 年．東京堂出版．

細川隆雄（1983）：シベリア開発とバム鉄道（アモスブックス 5）．地球社．

Newell, J. (2004): The Russian Far East. 2nd Ed. Daniel & Daniel Publishers.

●第4章　世界の穀倉地帯——ロシアとその周辺：ウクライナ，中央アジア
奥田　央編（2006）：20 世紀ロシア農民史研究．社会評論社．

帯谷知可・北川誠一・相馬秀廣編（2012）：中央アジア（朝倉世界地理講座—大地と人間の物語— 5）．朝倉書店．

加賀美雅弘・木村　汎編（2007）：東ヨーロッパ・ロシア（朝倉世界地理講座—大地と人間の物語— 10）．朝倉書店．

金田辰夫（1990）：農業ペレストロイカとソ連の行方（NHK ブックス 589）．NHK 出版．

中山弘正（1981）：ソビエト農業事情（NHK ブックス 389）．NHK 出版．

野部公一（2003）：CIS 農業改革研究序説—旧ソ連における体制移行下の農業．農林水産政策研究所．

野部公一・崔　在東編（2012）：20 世紀ロシアの農民世界．日本経済評論社．

山村理人（1997）：ロシアの土地改革：1989-1996 年．多賀出版．

●第5章　産業化と工業地域の形成

小川和男（1993）：ソ連解体後—経済の現実（岩波新書）．岩波書店．

小俣利男（2006）：ソ連・ロシアにおける工業の地域的展開—体制転換と移行期社会の経済地理．原書房．

田辺　裕・竹内信夫監訳，柏木隆雄・鈴木　隆編訳（2011）：ロシア・中央アジア（ベラン世界地理大系8）．朝倉書店．

徳永昌弘（2013）：20世紀ロシアの開発と環境—「バイカル問題」の政治経済学的分析．北海道大学出版会．

中村泰三（1985）：ソ連邦の地域開発．古今書院．

●第6章　ハイテク化と資源依存

安達祐子（2016）：現代ロシア経済．名古屋大学出版会．

酒井明司（2010）：ガスパイプラインとロシア—ガスプロムの世界戦略．東洋書店．

坂口　泉・富山栄子（2012）：ロシアの自動車市場—激戦区のゆくえ．東洋書店．

塩原俊彦（2003）：ロシアの軍需産業—軍事大国はどこへ行くか（岩波新書）．岩波書店．

トレーニン，ドミートリー著，河東哲夫・湯浅　剛・小泉　悠訳（2012）：ロシア新戦略—ユーラシアの大変動を読み解く．作品社．

藤原克美（2012）：移行期ロシアの繊維産業—ソビエト軽工業の崩壊と再編．春風社．

●第7章　ポスト社会主義で変わる社会経済

栢　俊彦（2007）：株式会社ロシア．日本経済新聞出版社．

川端香男里・佐藤経明・中村喜和・和田春樹・塩川伸明・楢原　学・沼野充義監修（2004）：新版ロシアを知る事典．平凡社．

武田友加（2011）：現代ロシアの貧困研究．東京大学出版会．

野中　進・三浦清美・グレチュコ，ヴァレリー・井上まどか編（2011）：ロシア文化の方舟：ソ連崩壊から二〇年．東洋書店．

山村理人（1997）：ロシアの土地改革：1989〜1996年．多賀出版．

吉井昌彦・溝端佐登史編著（2011）：現代ロシア経済論．ミネルヴァ書房．

●第8章　発達する都市——ロシア全域，モスクワ，サンクトペテルブルク

井上章一（2006）：夢と魅惑の全体主義．文芸春秋社．

井本沙織（2008）：ロシア人しか知らない本当のロシア．日本経済新聞社．

川端香男里（1998）：ロシア—その民族とこころ．講談社．

川村二朗編集解説（1975）：都市の肖像（ヴァルター・ベンヤミン著作集11）．晶文社．

中沢新一（2012）：東方的．講談社．

望月哲男（2007）：創造都市　ペテルブルグ．北海道大学出版会．

米原万里（2001）：ロシアは今日も荒れ模様．講談社．

●第9章　ロシアの伝統文化，人の暮らし

小宮　豊（2007）：ロシア四季暦．東京書籍．

関　啓子（2002）：多民族社会を生きる—転換期ロシアの人間形成．新読書社．

高橋和彦・田中良英・巽由樹子・青島陽子訳（2014）：＜遊ぶ＞ロシア—帝政末期の余暇と商業文化．法政大学出版局．

武田友加（2011）：現代ロシアの貧困研究．東京大学出版会．

中村逸郎（2013）：ろくでなしのロシア—プーチンとロシア正教．講談社．

沼野恭子（2009）：ロシア文学の食卓（NHKブックス1126）．NHK出版．

濱本真美（2011）：共生のイスラーム—ロシアの正教徒とムスリム．山川出版社．

道上真有（2013）：住宅貧乏都市モスクワ．東洋書店．

百瀬　響（2002）：ロシア極東に生きる高齢者たち—年金生活者のネットワーク．東洋書店．

森田　稔・梅津紀雄・中田朱美訳（2006）：ロシア音楽史．春秋社．

●第10章　多様な民族と地域文化

宇山智彦編著（2003）：中央アジアを知るための60章．明石書店．

帯谷知可・北川誠一・相馬秀廣編（2012）：中央アジア（朝倉世界地理講座―大地と人間の物語―5）．朝倉書店．

加賀美雅弘・木村　汎編（2007）：東ヨーロッパ・ロシア（朝倉世界地理講座―大地と人間の物語―10）．朝倉書店．

北川誠一・前田弘毅・廣瀬陽子・吉村貴之編著（2006）：コーカサスを知るための60章．明石書店．

木村　崇・鈴木　董・篠野志郎・早坂眞理編（2006）：カフカース―二つの文明が交差する境界．彩流社．

小松久男・梅村　坦・宇山智彦・帯谷知可・堀川　徹編（2005）：中央ユーラシアを知る事典．平凡社．

高倉浩樹編著（2012）：極寒のシベリアに生きる―トナカイと氷と先住民．新泉社．

ダダバエフ，ティムール（2010）：記憶の中のソ連　中央アジアの人々の生きた社会主義時代．筑波大学出版会．

前田弘毅（2009）：多様性と可能性のコーカサス―民族紛争を超えて．北海道大学出版会．

増田清隆・佐々木史郎・岡　洋樹編（2012）：東北アジア（朝倉世界地理講座―大地と人間の物語―2）．朝倉書店．

●第11章　日本，東アジアとの関係――ロシア極東地域

岩下明裕（2005）：北方領土問題―4でも0でも，2でもなく．中央公論新社．

大津定美・松野周治・堀江典生編著（2010）：中ロ経済論―国境地域から見る北東アジアの新展開．ミネルヴァ書房．

奥脇直也・城山英明編著（2013）：北極海のガバナンス．東信堂．

環日本海国際学術交流協会編（2012）：環日本海地域の協力・共存・持続的発展．環日本海国際学術交流協会．

小林由香利訳（2012）：2050年の世界地図―迫りくるニュー・ノースの時代．NHK出版．

塩川伸明・池田嘉郎編（2016）：東大塾　社会人のための現代ロシア講義．東京大学出版会．

下斗米伸夫・島田　博編著（2012）：現代ロシアを知るための60章（第2版）．明石書店．

帝国書院編集部（2016）：日本と世界の領土．帝国書院．

堀内賢志・齋藤大輔・濱野　剛編著（2012）：ロシア極東ハンドブック．東洋書店．

●第12章　世界の中のロシア――EUとの関わり

亀山郁夫・佐藤　優（2008）：ロシア　闇と魂の国家（文春新書623）．文藝春秋．

塩川伸明・池田嘉郎編（2016）：東大塾　社会人のための現代ロシア講義．東京大学出版会．

下斗米伸夫（2014）：プーチンはアジアをめざす―激変する国際政治（NHK出版新書448）．NHK出版．

武田善憲（2010）：ロシアの論理―復活した大国は何を目指すか（中公新書）．中央公論新社．

廣瀬陽子（2008）：コーカサス国際関係の十字路（集英社新書452A）．集英社．

付録　統計資料

連邦構成主体	中心都市	面積 (km²)	人口 (人) (2010年)	域内総生産 (GRP) (百万ユーロ) (2013年)	直接投資 (FDI) (百万ドル) (2013年)	失業率 (%) (2014年)
中央連邦管区						
イヴァノヴォ州	イヴァノヴォ	21,400	1,148,329	3,725	86.9	4.3
ヴォロネジ州	ヴォロネジ	52,200	2,378,803	14,328	600.0	4.5
ウラジーミル州	ウラジーミル	29,100	1,523,990	7,262	753.8	4.3
オリョール州	オリョール	24,700	860,262	3,886	9.2	5.1
カルーガ州	カルーガ	29,800	1,041,641	6,930	1,329.0	4.2
クルスク州	クルスク	30,000	1,235,091	6,430	75.0	3.9
コストロマ州	コストロマ	60,200	736,641	3,380	39.4	4.3
スモレンスク州	スモレンスク	49,800	1,049,574	5,328	382.0	5.1
タンボフ州	タンボフ	34,500	1,178,443	5,571	6.0	4.3
トヴェリ州	トヴェリ	84,200	1,471,459	6,883	74.0	5.3
トゥーラ州	トゥーラ	25,700	1,675,758	8,197	105.0	4.1
ブリャンスク州	ブリャンスク	34,900	1,378,941	5,275	41.0	5.0
ベルゴロド州	ベルゴロド	27,100	1,511,620	13,449	47.7	4.0
モスクワ市	——	2,600	10,382,754	208,675	3,998.0	1.4
モスクワ州	モスクワ	44,300	6,618,538	60,257	6,735.0	2.7
ヤロスラヴリ州	ヤロスラヴリ	36,200	1,367,398	3,380	39.4	4.3
リペック州	リペック	24,000	1,213,499	7,435	1,063.0	3.7
リャザニ州	リャザニ	39,600	1,227,910	6,583	14.0	4.4
北西連邦管区						
アルハンゲリスク州	アルハンゲリスク	589,900	1,336,539	12,102	588.0	7.2
ヴォログダ州	ヴォログダ	144,500	1,269,568	8,062	7.9	5.6
カリーニングラード州	カリーニングラード	15,100	955,281	6,551	172.0	5.4
カレリア共和国	ペトロザヴォーツク	180,500	716,281	4,156	43.0	8.1
コミ共和国	スィクティフカル	416,800	1,018,674	11,590	192.0	6.0
サンクトペテルブルク市	——	1,400	4,662,547	58,964	13,431.0	1.4
ネネツ自治管区	ナリヤンマル	176,800	41,546	4,057	468.0	5.3
ノヴゴロド州	ノヴゴロド	54,500	694,355	4,202	147.0	3.7
プスコフ州	プスコフ	55,400	760,810	2,698	27.0	6.5
ムルマンスク州	ムルマンスク	144,900	892,534	7,262	20.0	6.7
レニングラード州	サンクトペテルブルク	83,900	1,669,205	16,363	2,079.0	4.5
南部連邦管区						
アストラハニ州	アストラハニ	49,000	1,005,276	6,318	3.0	7.5
アディゲ共和国	マイコープ	7,800	447,109	1,701	0.2	8.6
ヴォルゴグラード州	ヴォルゴグラード	112,900	2,699,223	14,316	367.0	6.6
カルムイク共和国	エリスタ	74,700	292,410	972	N.D.	10.9
クラスノダル地方	クラスノダル	75,500	5,125,221	38,212	1,055.0	5.7
ロストフ州	ロストフナドヌー	101,000	4,404,013	21,812	1,709.0	5.9
沿ヴォルガ連邦管区						
ウドムルト共和国	イジェフスク	42,100	1,572,316	9,562	46.2	5.1
ウリヤノフスク州	ウリヤノフスク	37,300	1,382,811	6,149	29.0	4.8
オレンブルク州	オレンブルク	124,000	2,179,551	16,758	83.0	4.4
キーロフ州	キーロフ	120,800	1,503,529	5,308	32.0	5.1
サマラ州	サマラ	53,600	3,239,737	24,580	3,536.0	3.0
サラトフ州	サラトフ	100,200	2,668,310	12,486	88.3	4.6
タタールスタン共和国	カザニ	68,000	3,779,265	36,541	893.9	3.9
チュヴァシ共和国	チェボクサル	18,300	1,313,754	5,301	4.2	5.0

連邦構成主体	中心都市	面積 (km²)	人口 (人) (2010年)	域内総生産 (GRP) (百万ユーロ) (2013年)	直接投資 (FDI) (百万ドル) (2013年)	失業率 (%) (2014年)
沿ヴォルガ連邦管区						
ニジニーノヴゴロド州	ニジニーノヴゴロド	76,900	3,524,028	21,867	702.0	4.2
バシコルトスタン共和国	ウファ	143,600	4,104,336	29,924	93.0	5.3
ペルミ地方	ペルミ	160,600	2,819,421	21,101	30.9	5.8
ペンザ州	ペンザ	43,200	1,452,941	6,397	65.5	4.6
マリ・エル共和国	ヨシュカルオラ	23,200	727,979	2,938	7.6	4.8
モルドヴィア共和国	サランスク	26,200	888,766	3,527	9.0	4.2
北カフカス連邦管区						
イングーシ共和国	メガス	3,600	412,520	1,067	N.D.	29.8
カバルダ・バルカル共和国	ナリチク	12,500	859,939	2,674	N.D.	9.5
カラチャイ・チェルケス共和国	チェルケスク	14,300	477,859	1,481	N.D.	13.0
北オセチア共和国	ウラジカフカス	8,000	712,980	2,649	N.D.	8.6
スタヴロポリ地方	スタヴロポリ	66,200	2,786,281	11,298	41.9	5.3
ダゲスタン共和国	マハチカラ	50,300	2,910,249	10,144	94.0	10.2
チェチェン共和国	グロズヌイ	15,600	1,268,989	2,791	N.D.	21.5
ウラル連邦管区						
クルガン州	クルガン	71,000	910,807	65,887	1,734.0	4.6
スヴェルドロフスク州	エカテリンブルク	194,800	4,297,747	37,464	1,574.0	6.1
チェリャビンスク州	チェリャビンスク	87,900	3,476,217	20,767	44.0	6.2
チュメニ州	チュメニ	1,435,200	3,395,755	118,516	1,208.0	4.7
ハンティマンシ自治管区	ハンティマンシースク	534,800	1,532,243	65,887	1,734.0	4.6
ヤマロネネツ自治管区	サレハルド	750,300	522,904	32,440	792.2	3.1
シベリア連邦管区						
アルタイ共和国	ゴルノアルタイスク	92,900	206,168	782	0.3	10.4
アルタイ地方	バルナウル	168,000	2,419,755	9,703	1.4	7.2
イルクーツク州	イルクーツク	774,800	2,248,750	18,814	169.0	8.8
オムスク州	オムスク	141,100	1,977,665	13,067	511.0	6.7
クラスノヤルスク地方	クラスノヤルスク	2,366,800	2,828,187	29,681	3,941.0	5.0
ケメロヴォ州	ケメロヴォ	95,700	2,763,135	15,784	1,710.0	6.2
ザバイカリエ地方	チタ	431,900	1,107,107	5,427	135.0	10.0
トゥヴァ共和国	クズル	168,600	307,930	986	114.0	19.1
トムスク州	トムスク	314,400	1,047,394	13,067	511.0	6.7
ノヴォシビルスク州	ノヴォシビルスク	177,800	2,665,911	19,400	859.5	5.1
ハカス共和国	アバカン	61,600	532,403	3,390	121.0	6.2
ブリャート共和国	ウランウデ	351,300	971,021	4,197	252.0	8.4
極東連邦管区						
アムール州	ブラゴヴェシチェンスク	361,900	830,103	4,989	597.2	5.6
沿海地方	ウラジオストク	164,700	1,956,497	13,595	1,712.7	6.9
カムチャッカ地方	ペトロパヴロフスクカムチャッキー	464,300	322,079	3,107	5.8	6.1
サハ共和国	ヤクーツク	3,083,500	958,528	13,442	1,549.0	7.4
サハリン州	ユジノサハリンスク	87,100	497,973	15,913	10,648.0	6.5
チュクチ自治管区	アナディリ	721,500	50,526	1,110	97.0	3.2
ハバロフスク地方	ハバロフスク	787,600	1,343,869	11,188	1,070.0	5.9
マガダン州	マガダン	462,500	156,996	2,090	78.8	3.1
ユダヤ自治州	ビロビジャン	36,300	176,558	895	125.0	8.7

資料：ロシア統計局．N.D.はデータなし．

索　引

欧　文

APEC　155, 160
BRICs　4
CBSS　162
CIS　4, 159
COMECON　159
EAEU　159
ESPO　147
EU　1
G7　159
G8　159
GDP　4
GNI　4
KMA　56, 76
LNG　147
NATO　162
SCO　159
SCTO　159
SODECO　146
TPK　60
UKK　60
UNDP　151

ア　行

愛琿条約　149
アウトバウンド　89
赤の広場　106
アジア太平洋経済協力　155, 160
アジャリア　138
アゼリ語　138
アゼリ人　140
アゼルバイジャン　139
アゼルバイジャン語　138
アゼルバイジャン人　139
アナドゥイリ　150
アフガニスタン侵攻　160
アブハジア　138
アブラモヴィッチ　150
アムール川　143
アムール州　149
アムール・ヤクーツク鉄道　150
アラス　17
アララート山　139
アラル海　31
アリュート　143
アルバート通り　109
アルメニア　139
アルメニア教会　139, 140
アルメニア語　138

アルメニア人　139
アルメニア文字　138
アルメニア料理　142
アンガルスク　147
安定大陸　10

イコン　118
イサーク聖堂　112
イスラーム　135, 140
一月蜂起　9
イディッシュ語　131
イテリメン　143
イノベーション型地域クラスター　73
インバウンド　89

ヴォストーチヌイ宇宙基地　149
ヴォストーチヌイ港　148
ヴォルガ＝ドン運河　5
ウクライナ　44, 128
ウクライナ語　128
ウクライナ人　129, 135
ウクライナ内戦　160
ウクライナ料理　142
ウシ　43
ウズベキスタン　47, 135
ウズベク人　136
ウズベク料理　141
ウスリー川　148
ウスリースク　153
ウラジオストク　143, 154
ウラジオストク自由港　155
ウラル　41
ウラル・クズネックコンビナート　60
ウラル工業地域　59
ウラル山脈　9, 12
ウルップ（得撫）島　144

永久凍土　17, 19
エカチェリーナ2世　2
液化天然ガス　147
択捉島　144
エリツィン　144, 159
沿ヴォルガ　41
沿ヴォルガ工業地域　59
沿海地方　148

オイミャコン　14, 149
欧州連合　1
オオムギ　41, 42
オホーツク海　150
オホートヌイ・リャート　108
オリガルヒ　104

温帯　16
温帯湿潤気候　16

カ　行

改革　3
貝殻島　145
科学都市　71
カザフ人　136
カザフスタン　47, 136
カザフステップ　24
カーシャ　120
ガスプロム　77, 147
家畜トナカイ　43, 134
担ぎ屋　83, 152
カフカス三国　137
カフカス問題　132
カムチャッカ地方　150
カムチャッカ半島　13, 143
カラカルパク人　136
樺太　144
樺太・千島交換条約　144
カリーニングラード　164
カリンカ　120
環境政策　30
環境問題　32
乾燥帯　16
寒帯　15
カント　165
環日本海経済圏　150
環日本海構想　151
環バルト海諸国評議会　162
漢民族　148

キオスク　125
企業・組織の私有化　81
キタイ・ゴロド　106
北カフカス　37, 137
ギムナージヤ　123
救世主キリスト教会　111
牛乳　46
教育の有料化　93
強制収容所　150
極東　41, 133, 143
極東開発省　155
極東連邦管区　147
極東連邦大学　155
巨大ショッピングセンター　84
金角湾　155

クズネック工業地域　59
国後島　144

グム百貨店　110
クラスキノ　153
グラスノスチ　3
クリミア　41
クリミア戦争　2
クリル諸島　145
グルジア語　138
グルジア紅茶　139
グルジア正教会　138, 140
グルジア文字　138
グルジア問題　132
クルスク異常磁地域　56
グレートゲーム　25
クレムリン　106
軍産複合体企業　64
軍需産業　64

経済相互援助会議　159
経済特区　164
ケーニヒスベルク　164
毛皮税　143

工業　53
「工業組み立て」措置　67, 80
工業団地　73
工業地域　28
工場疎開　65
交通　87
高麗人　148
五カ年計画　26, 103
国営企業の民営化　104
国営農場　3, 48
国際観光化　89
黒土　18, 38, 44
国土総合開発計画　29
国内総生産　4
国民総所得　4
国連開発計画　151
コジミノ港　147
個人副業経営　49
国境貿易　152
琥珀　78
コムギ　38, 42, 47
コムソモリスクナアムーレ　148
コリヤーク　143
コルシュノフ選鉱コンビナート　77
ゴルバチョフ　3, 144
コルホーズ　3, 40, 48, 134
コンビナート　61, 103

サ　行

在外ロシア人　163
サドーヴォエ環状道路　106
サトウダイコン　37
サハ共和国　147, 149
砂漠　16
サハリン　144
サハリンエナジー　147
サハリン州　149

サハリン石油ガス開発　146
サービス業　92
ザルビノ（トロイツァ）港　153
サンクトペテルブルク　111
サンクトペテルブルク工業地域　58
サンフランシスコ講和条約　144

資源依存型工業　60
色丹島　144
市場経済化　81
自然改造計画　7, 29
自然資源開発　32
自然・文化資源　92
ジニ係数　97
シベリア　20, 41, 129
シベリア出兵　144
シベリア鉄道　3, 26, 35, 88, 143
シベリア北方先住少数民族　133
シベリア抑留　144
シホテアリニ山脈　13
社会主義圏　101
社会の二極化　96
ジャガイモ　38
上海協力機構　152, 159
集団安全保障条約機構　159
集団農場　3, 48
「住民の経営」　38, 49
住民向け有料サービス　93
シュコーラ　123
主要国首脳会議　159
商業　83
情報公開　3
ジョージア　138
ジョージア人　138
ジョージア料理　141
所得格差　97
シーラ・シビーリ（シベリアの力）パイ
　　プライン　79
シルクロード　24, 46, 135
新型特区　155
森林火災　17
森林資源　29

スコヴォロジノ　147
スコルコヴォ　75
スターリン　150
スターリン・ゴシック　108
ステップ　16, 18, 37, 45, 47, 135
ステップ気候　16
スラヴ民族　128, 148
スラヴ主義　107

生活水準　95
製造業　53
ゼムリャノイ・ゴロド　106
先進国首脳会議　159
先進社会経済発展区　155

ソヴィエト宮殿　111
ソヴェツカヤガヴァニ港　148

ソフホーズ　3, 40, 48, 134
ソ連型社会主義　48
ソ連崩壊　104

タ　行

大ウスリー島　152
タイガ　16, 17, 134, 149
タイガ気候　16
第3のローマ　20
タイシェト　147
第二シベリア鉄道　29
高田屋嘉兵衛　143
卓状地　11
タタール海峡　148
タタール人　129
タタールのくびき　20
ダーチャ　124
盾状地　10
タラカン　147

地域生産コンプレクス　60
チェチェン人　6
チェチェン紛争　160
チェチェン問題　132
チェルノーゼム　18, 38
チェルノック　83
チェルノブイリ原発事故　46
チェーンストア　84
地球温暖化　156
畜産　43, 45
千島列島　144
血の日曜日事件　114
中央アジア　46, 135
中央黒土地帯　41
中央シベリア高原　12
中央ユーラシア　135
中国脅威論　152
中古車　154
中ソ国境紛争　160
中ロ友好善隣協力条約　152
チュクチ人　150
チュコト自治管区　150
チュメニ油田　5, 104
朝鮮民族　148

ツングース　148
ツンドラ　15, 41, 134, 149

ディアスポラ　129, 139
デカブリストの乱　114
テンサイ　37
天然ガス　4
天然資源　26

ドイツ人　130
トヴェルスカヤ通り　109
冬宮　113
東清鉄道　144
東北現象　152

東北病　152
図們江開発　151
図們江地域開発計画　151
トウモロコシ　38, 42, 44, 139
独ソ不可侵条約　162
独立国家共同体　4, 159
土地の私有化　82
トナカイ牧畜　133
トナカイ遊牧民　133
トランスネフチ　147
トルキスタン　25
トルコ　139
ドルジバ（友好）パイプライン　79, 161

ナ　行

ナゴルノ・カラバフ自治州　132, 139
ナヒチェヴァン自治共和国　140
ナホトカ　147
ナホトカ港　148
ナロード　133
ナロードナヤ山　12
ナロードノスチ　133

二月革命　114
西シベリア　37
西シベリア低地　12
ニジニーノヴゴロド　104
日露戦争　144
日露通好条約　144
日ソ中立条約　144
人間開発指数　96

ネヴァ川　111
ネネツ人　134
ネフスキー大通り　112

ノヴォシビルスク　103
農業集団化　48
「農業組織」　38, 49
ノルド・ストリーム　79, 161

ハ　行

パイプライン　78
ハサン　158
ハバロフスク　143
ハバロフスク地方　147
歯舞群島　144
バム鉄道　29, 32, 35, 148
パリ協定　160
春コムギ　37, 42
ハンガリー動乱　160
反シオニズム　131
反ユダヤ主義　130

東シベリア　41
東シベリア・太平洋パイプライン　79,
　147
東プロイセン　164

東ヨーロッパ平原　11
ビザなし交流　145
ヒツジ　43, 138
ヒマワリ　40, 45
氷雪気候　15
ピョートル大帝　2
ピョートル大帝湾　148
ピロシキ　118
ビロビジャン　149
貧困人口　95

フィンランド・ソ連友好協力相互援助条
　約　162
「農民（フェルメル）経営」　38, 49
プーチン　104, 145
プトラナ台地　13
富裕層　98
冬コムギ　41, 42, 45
ブラゴヴェシチェンスク　149
ブラーツク・ウスチイリムスク TPK
　63, 69
プラハの春　160
ブリヴァール環状道路　106
プリゴロドノエ　147
文化遺産　115
文化的アイデンティティ　165
分散的大都市集中立地　65

閉鎖行政地域体　71
北京条約　2
ペトラシェフスキー事件　114
ペトロパヴロフスクカムチャッキー
　150
ペトロパバロフスク要塞　111
ベラルーシ　46, 128
ベラルーシ語　128
ベラルーシ人　130
ベーリイ・ゴロド　106
ベーリング海　150
ペレストロイカ　3, 136
変動帯　11

北東アジア経済圏　150
ポグラニチヌイ　152
ポシェット港　153
北極海　150
北極海航路　155
北極圏　150
ポツダム宣言　144
北方航路　155
北方四島交流事業　145
北方領土　144
北方林　16
ポーツマス条約　144
ポドゾル　17
ボルシチ　118
ボローニャ・プロセス　123

マ　行

マガダン　150
マガダン州　150
松田伝十郎　143
マハッラ　137
間宮海峡　143
間宮林蔵　143
満州鉄道　144

南オセチア　138
南オセチア紛争　4, 160
南カフカス　137
南樺太　144
南シベリア　38
民芸品産業　69

メドベージェフ　145
綿花　47

モスクワ　105
モスクワ川　106
モスクワ工業地域　58
モスクワシティ　104
モノゴロド　71

ヤ　行

ヤギ　43
ヤクーツク　149
ヤクート人　150
ヤサーク　143
ヤズィデイ人　139
ヤマル・ネネツ（ヤマロネネツ）自治管
　区　134
ヤルタ協定　144

ユジノサハリンスク　149
ユダヤ教　140
ユダヤ自治州　131, 149
ユダヤ人　130
ユダヤ料理　142
ユーラシア経済連合　159

ヨーロッパロシア　37

ラ　行

ライムギ　37, 42
酪農　43, 45
ラックスマン　143

リツェイ　123
リングア・フランカ　128

ルイノック　83
ルースキー橋　155
ルースキー島　155

索引　175

冷温夏雨気候　16
冷戦体制　101
冷帯　15
冷帯湿潤気候　16
歴史・文化遺産　91
レザノフ　143
レナ川　13, 149
レーニン　3
レニングラードの攻防戦　114

ロシア革命　3, 103, 114
ロシア語　128
ロシア人　128
ロシア性　128
ロシア正教　117, 128
ロシア卓状地　11
ロシア連邦国勢調査　128
ロステフ　69
ロスネフチ　146

ロマ人　132

ワ　行

ワシーリー寺院　110
ワニノ港　148

編集者略歴

加賀美雅弘
（かがみまさひろ）

1957 年　大阪府に生まれる
1985 年　筑波大学大学院地球科学研究科博士課程単位取得退学
現　　在　東京学芸大学教育学部教授
　　　　　理学博士

世界地誌シリーズ 9
ロ　シ　ア
　　　　　　　　　　　　　　　　　　　定価はカバーに表示

2017 年 9 月 25 日　初版第 1 刷

編集者　加　賀　美　雅　弘
発行者　朝　倉　誠　造
発行所　株式会社　朝　倉　書　店
　　　　東京都新宿区新小川町 6-29
　　　　郵 便 番 号　162-8707
　　　　電　話　03（3260）0141
　　　　F A X　03（3260）0180
　　　　http://www.asakura.co.jp

〈検印省略〉

© 2017 〈無断複写・転載を禁ず〉　　　　　　シナノ印刷・渡辺製本

ISBN 978-4-254-16929-4　C3325　　　　Printed in Japan

JCOPY ＜㈳出版者著作権管理機構 委託出版物＞

本書の無断複写は著作権法上での例外を除き禁じられています．複写される場合は，
そのつど事前に，㈳出版者著作権管理機構（電話 03-3513-6969，FAX 03-3513-
6979，e-mail：info@jcopy.or.jp）の許諾を得てください．

◆ 世界地誌シリーズ ◆
世界の諸地域を正確に認識するためのテキストシリーズ

首都大 菊地俊夫編
世界地誌シリーズ 1
日　　　　本
16855-6 C3325　　　　B 5 判 184頁 本体3400円

教員を目指す学生のための日本の地誌学のテキスト。自然・歴史・産業・環境・生活・文化・他地域との関連を例に，各地域の特色を解説する。〔内容〕総論／九州／中国・四国／近畿／中部／関東／東北／北海道／世界の中の日本

前学芸大 上野和彦編
世界地誌シリーズ 2
中　　　　国
16856-3 C3325　　　　B 5 判 180頁 本体3400円

教員を目指す学生のための中国地誌学のテキスト。中国の国と諸地域の地理的特徴を解説する。〔内容〕多様性と課題／自然環境／経済／人口／工業／農業と食糧／珠江デルタ／長江デルタ／西部開発と少数民族／都市圏／農村／世界の中の中国

学芸大 加賀美雅弘編
世界地誌シリーズ 3
Ｅ Ｕ
16857-0 C3325　　　　B 5 判 164頁 本体3400円

教員を目指す学生のためのヨーロッパ地誌学のテキスト。自然，工業，観光などのテーマごとに，特徴のあるEU加盟国を例として解説する。〔内容〕総論／自然・農業／工業／都市／観光／移民／民俗／東欧／生活／国境／世界とEU

日大 矢ケ﨑典隆編
世界地誌シリーズ 4
ア　メ　リ　カ
16858-7 C3325　　　　B 5 判 176頁 本体3400円

教員を目指す学生のためのアメリカ地誌学のテキスト。生産様式，生活様式，地域が抱える諸問題に着目し，地理的特徴を解説する。〔内容〕総論／自然／交通・経済／工業／農業／多民族社会／生活文化／貧困層／人口構成／世界との関係

広大 友澤和夫編
世界地誌シリーズ 5
イ　　ン　　ド
16925-6 C3325　　　　B 5 判 160頁 本体3400円

インド地誌学のテキスト。インド共和国を中心に，南アジアの地域と人々のあり方を理解するために最適。〔内容〕地域編成と州／巨大人口と多民族社会／自然／農業／鉱工業／ICT産業／交通と観光／農村／巨大都市圏／他

立教大 丸山浩明編
世界地誌シリーズ 6
ブ　ラ　ジ　ル
16926-3 C3325　　　　B 5 判 184頁 本体3400円

ブラジル地誌学のテキスト。アマゾン，サンバ，コーヒー，サッカーだけでなくブラジルを広く深く理解するために。〔内容〕総論／自然／都市／多民族社会／宗教／音楽／アグリビジネス／観光／日本移民／日本の中のブラジル社会／サッカー

首都大 菊地俊夫・成蹊大 小田宏信編
世界地誌シリーズ 7
東南アジア・オセアニア
16927-0 C3325　　　　B 5 判 176頁 本体3400円

東南アジア・オセアニア地域の地誌学のテキスト。自然・生活・文化などから両地域を比較しつつ，その特色を追求する。〔内容〕自然環境／歴史・文化の異質性と共通性／資源／伝統文化／グローバル化と経済活動／都市の拡大／比較地誌

名古屋外大 島田周平・一橋大 上田　元編
世界地誌シリーズ 8
ア　フ　リ　カ
16928-7 C3325　　　　B 5 判 176頁 本体3400円

アフリカ地誌学のテキスト。〔内容〕自然的多様性・民族的多様性／気候・植生／生業と環境利用（焼畑・牧畜・ブドウ栽培）／都市と農村／都市環境問題／地域紛争／グローバル化とフォーマル経済／開発援助・協力／大衆文化／日本との関係

前阪大 柏木隆雄・獨協大 鈴木　隆編訳
ベラン世界地理大系 8
ロ シ ア・中 央 ア ジ ア
16738-2 C3325　　　　B 4 変判 288頁 本体16000円

〔内容〕ロシアの改革／パイオニア世界の主役／世界の最大国／モスクワ／シベリア／北極地方／ヨーロッパへのもう一つの横断点／ウクライナ／ベラルーシ／バルト諸国／コーカシア／アジアのオアシス／中央アジアのステップ地域／他

京大 帯谷知可・東北大 北川誠一・
元奈良女大 相馬秀廣編
朝倉世界地理講座 5
中　央　ア　ジ　ア
16795-5 C3325　　　　B 5 判 484頁 本体17000円

中央アジアと南コーカサスを，新疆とアフガニスタンも含め，最近の地域研究成果も反映させ多角的・総体的に捉える。〔内容〕自然／産業／都市／基層文化／ロシア・ソ連体制の光と影／紛争・和解・共存／芸術／シルクロード／日本との接点

学芸大 加賀美雅弘・拓大 木村　汎編
朝倉世界地理講座10
東 ヨ ー ロ ッ パ・ロ シ ア
16800-6 C3325　　　　B 5 判 440頁 本体16000円

〔東ヨーロッパ〕東ヨーロッパの諸特性／改革後の新しい変化／新しいEU加盟諸国と加盟予定国／EU統合と東ヨーロッパ〔ロシア〕自然地理／人口論／多民族国家／産業／エネルギー資源／環境汚染と保護／宗教／ジェンダー／他

上記価格（税別）は 2017 年 8 月現在

モスクワ

0 4km

モスクワ環状自動車道

レノトフ

コシノ

ジュレビノ

リュベルツィ

コチェーリニキ

カボトーニャ

グラニエヴォ

ノヴォギレーエヴォ

ペロヴォ

イズマイロヴォ公園

イズマイロフスカヤ

セミョーノフスカヤ

クズミンキ

川

セレブリャンカ川

ソコーリニキ公園

ソコーリニキ

ポクロフスコエ

ジョーリニ

ボタニーチェスキー植物園

マリイナ

オスタンキノ植物園

オスタンキノ・テレビ塔

ワスドッキン

平和通り

リガ駅

日本大使館

科学アカデミー植物園

ポクロンスコエ・ストレシネヴォ

クルザン

ヒムキ・ホヴリノ

レニングラード通り

チェルキーゾヴォ

プレオブラジェンスカヤ

カザン駅

ヤロスラブリ駅

クルスキー駅鉄道博物館

ボリショイ劇場

歴史博物館

赤の広場

プーシキン美術館

日本大使館

革命博物館

市庁舎

トルガマゾフ

マヤコフスカヤ

チャイコフスキー

ツヴェルスカヤ

サンドゥノフ

ルビャンカ

レーニン廟

救世主キリスト博物館

救世主キリスト大聖堂

トレチャコフ美術館

パヴェレツ駅

競馬場

ディナモスタジアム

フィリ

ホロショヴォ

ルジニキスタジアム

モスクワ大学（ヴォロブヨーヴィ丘）

国立ゴーリキー公園

抗日ソ連戦勝記念パノラマ博物館

ムネフニキ

クリラーツコエ

セレブリャヌイ・ボール

銀の森公園

モスクワ記念公園

ヒムキ・ホヴリノ

ボルジョミ

トロパリョーヴォ

ノヴォペレデルキノ

ソルンツェヴォ

ザレチェ

カントゥイ

モスクワ川

クンツェヴォ

セッチ

トゥシノ

クラスノゴルスク

オジェーニキ

ダヴィドコヴォ

モスクワ市街図（製作：株式会社 平凡社地図出版）